VIAGEM DE UM NATURALISTA AO REDOR DO MUNDO

volume 2

Andes, ilhas Galápagos e Austrália

Coleção **L&PM** POCKET, vol. 694

Texo de acordo com a nova ortografia.
Título do original: *The Voyage of the Beagle*

Primeira edição na Coleção **L&PM** POCKET: junho de 2008
Esta reimpressão: novembro de 2019

Tradução: Pedro Gonzaga
Capa: Marco Cena
Preparação: Bianca Pasqualini
Revisão: Jó Saldanha
Mapas: Fernando Gonda

CIP-Brasil. Catalogação na fonte
Sindicato Nacional dos Editores de Livros, RJ

D248v
v.2

Darwin, Charles, 1809-1882
Viagem de um naturalista ao redor do mundo, volume 2 / Charles Darwin; tradução de Pedro Gonzaga. – Porto Alegre: L&PM, 2019.
320p. – 18 cm (L&PM POCKET; v.694)

Tradução de: *The voyage of the Beagle*
ISBN 978-85-254-1764-0

1. História natural. 2. América do Sul - Descrições e viagens. 3. Geologia. 4. Viagens ao redor do mundo. I. Título. II. Série.

08-1370. CDD: 570
CDU: 502.2

Rua Comendador Coruja, 314, loja 9 – Floresta – 90.220-180
Porto Alegre – RS – Brasil / Fone: 51.3225.5777

Pedidos & Depto. comercial: vendas@lpm.com.br
Fale conosco: info@lpm.com.br
www.lpm.com.br

Impresso no Brasil
Primavera de 2019

Charles Darwin

VIAGEM DE UM NATURALISTA AO REDOR DO MUNDO

volume 2

Andes, ilhas Galápagos e Austrália

Diários de pesquisa sobre a história natural e a geologia dos países visitados durante a viagem do *Beagle*

Tradução de PEDRO GONZAGA

www.lpm.com.br

L&PM POCKET

AÇORES
OCEANO ATLÂNTICO NORTE
Madeira
ILHAS CANÁRIAS
HAVAÍ
OCEANO PACÍFICO NORTE
CABO VERDE
Arquipélago de São Paulo
ILHAS MARQUESAS
ILHAS GALÁPAGOS
Fernando de Noronha
Callao
Bahia
Taiti
ILHAS DA SOCIEDADE
Rio de Janeiro
OCEANO ATLÂNTICO SUL
Valparaíso
Arquipélago Juan Fernandez
OCEANO PACÍFICO SUL
Montevidéu
Buenos Aires
Arquipélago Chonos
ILHAS MALVINAS
Geórgia do Sul
Cabo Horn

OCEANO
PACÍFICO
NORTE
MALDIVAS
NOVA GUINÉ
ILHAS
SALOMÃO
SEICHELES
NOVAS
HÉBRIDAS
Ilhas
Cocos
Ilhas Maurício
Nova Caledônia
Ilha da Reunião
MADAGASCAR
Ilha Norfolk
Sydney
OCEANO ÍNDICO
da
rança
Canal King George
Waimate
TASMÂNIA
Hobart
Crozet
Ilhas Kerguelen
Ilha Auckland
Ilha Campbell

Sumário

CAPÍTULO XIX 237

Sidney – Excursão para Bathrust – Aspecto das matas – Grupo de nativos – Gradual extinção dos aborígines – Infecção gerada por reunião de homens sadios – Montanhas Azuis – Paisagem dos grandes vales em forma de golfo – Sua origem e formação – Bathrust, civilidade geral das camadas inferiores – Situação da sociedade – Terra de Van Diemen – Hobart Town – Expulsão dos aborígines – Monte Wellington – Canal Rei George – Melancólico aspecto da região – Bald Head, galhos de árvores com manifestações calcárias – Grupo de nativos – Partida da Austrália.

CAPÍTULO XX 260

Ilha Keeling – Aparência Singular – Flora escassa – Transporte de sementes – Aves e insetos – Fluxo e refluxo das nascentes – Campos de corais mortos – Pedras transportadas nas raízes de árvores – Grande caranguejo – Corais aferroantes – Peixes comedores de coral – Formações coralinas – Ilhas lagunas ou atóis – Profundidade a que podem viver os corais que formam recifes – Vastas Áreas intercaladas com baixas ilhas corais – Afundamento de suas fundações – Barreira de recifes – Recifes franjados – Conversão de recifes Franjados em barreiras de recifes e em atóis – Evidência de mudanças de nível – Brechas nas barreiras de recifes – Atóis maldiva, sua estrutura peculiar – Recifes submergidos e mortos – Áreas de abaixamento e elevação – Distribuição dos vulcões – Abaixamento lento e vasto em quantidade.

CAPÍTULO XXI 294

Maurício e sua bela aparência – Grandes anéis de montanhas crateriformes – Hindus – Santa Helena – História das mudanças na vegetação – Causa da extinção de conchas terrestres – Ilha da Ascensão – Variação dos Ratos importados – Bombas Vulcânicas – Leitos de infusórios – Bahia – Brasil – Esplendor do cenário tropical – Pernambuco – Recife singular – Escravidão – Retorno à Inglaterra – Retrospectiva da nossa viagem.

Prefácio

Expus no prefácio para a primeira edição desta obra, e na parte zoológica da *Viagem do Beagle*, que foi em consequência de um desejo expresso pelo capitão Fitz Roy, de ter algum cientista a bordo, acompanhado de uma oferta da parte dele de desfrutar de suas próprias acomodações, que ofereci meus serviços, os quais receberam, graças à gentileza do hidrógrafo, capitão Beaufort, a sanção do Ministério da Marinha. Permita-se, pois, que eu expressasse toda a minha gratidão ao capitão Fitz Roy, porque a ele devo a oportunidade de ter estudado a história natural dos diferentes países que visitamos. Acrescentarei que, durante os cinco anos que passamos juntos, tive sempre em sua pessoa um amigo sincero e obsequioso. Também quero manifestar meu agradecimento aos oficiais do *Beagle**, que sempre me trataram com invariável cortesia durante nossa longa viagem.

Este volume contém, em forma de diário, a história de nossa viagem e algumas breves observações acerca da história natural e da geologia, que, por seu caráter, me parecem capazes de interessar ao público. Para esta nova edição condensei severamente algumas partes e corrigi outras, assim como adicionei determinados trechos a outras partes, sempre com o fim de tornar a obra mais acessível a todos os leitores. Confio, porém, que os naturalistas recordarão que, se estiverem em busca de detalhes, será preciso que consultem publicações maiores que compreendam os resultados científicos da Expedição. A parte zoológica da viagem do *Beagle* contém: um registro do professor Owen a respeito dos mamíferos fósseis; outro do sr. Waterhouse a respeito dos mamíferos vivos; outro do sr. Gould acerca das aves; outro do reverendo L. Jenyns acerca dos peixes e outro do sr. Bell sobre os répteis. Acrescentei à descrição de cada espécie algumas observações a respeito de

* Aproveito esta ocasião para agradecer especialmente ao sr. Bynoe, médico do *Beagle*, por toda atenção que me dispensou quando fiquei doente em Valparaíso. (N.A.)

seus costumes e o meio em que vivem. Esses trabalhos, dos quais sou devedor tanto no que diz respeito às enormes capacidades de seus distintos autores, quanto ao zelo desinteressado que mostraram, não poderiam ter sido empreendidos sem a generosidade dos Lordes Comissários do Tesouro de Sua Majestade, os quais, por meio da representação do Excelentíssimo Chanceler de Exchequer, se dignaram a nos conceder a quantia de mil libras esterlinas para custear parte dos gastos requeridos para esta publicação.

Eu mesmo publiquei volumes separados de: *Estrutura e distribuição dos recifes de corais;* sobre *As ilhas vulcânicas visitadas durante a viagem do* Beagle, e sobre *A geologia da América do Sul.* O volume sexto de *Geological Transactions* contém dois estudos que escrevi sobre *As pedras erráticas e os fenômenos vulcânicos na América do Sul.* Os senhores Waterhouse, Walter, Newman e White já publicaram vários estudos interessantes sobre os insetos recolhidos por mim, e espero que ainda se publiquem muitos mais. As plantas da parte sul da América serão estudadas pelo doutor J. Hooker, em sua grande obra de botânica sobre o hemisfério austral. A flora do arquipélago de Galápagos é o assunto de uma memória sua em separado, publicada em *Linnean Transactions*. O professor-reverendo Henslow publicou uma lista das plantas que recolhi nas Ilhas Keeling, e o reverendo J.M. Berkeley descreveu minhas plantas criptógamas.

Ao longo desta obra, terei o prazer de indicar a grande ajuda que me foi prestada por outros naturalistas. Desejo, porém, que aqui se me permita prestar meus mais sinceros agradecimentos ao professor Henslow, pois foi ele que, quando eu estudava na Universidade de Cambridge, fez com que eu me apaixonasse pela história natural; foi ele que, durante minha ausência, encarregou-se das coleções que, de tempos em tempos, eu remetia à Inglaterra; foi ele que, com suas cartas, dirigiu minhas investigações e quem, desde meu retorno, ofereceu-me toda assistência, sendo para mim o amigo mais afetuoso que se poderia desejar.

DOWN, BROMLEY, KENT,
JUNHO DE 1845.

VIAGEM DE UM NATURALISTA AO REDOR DO MUNDO

volume 2

Andes, ilhas Galápagos e Austrália

Amblyrynchus demarlii
Um espécime do lagarto encontrado em algumas ilhas do arquipélago de Galápagos.

Capítulo XI

Estreito de Magalhães: Clima das Costas do Sul

Estreito de Magalhães – Port Famine – Escalada do Monte Tarn – Florestas – Fungos comestíveis – Zoologia – Alga gigante – Deixando a Terra do Fogo – Clima – Árvores frutíferas e as produções das Costas do Sul – Altura da linha de neve na cordilheira – Descida de geleiras para o mar – Formação de *icebergs*– Transporte de blocos – Clima e produções das Ilhas Antárticas – Preservação de carcaças congeladas – Recapitulação

No final de maio, 1834, entramos, pela segunda vez, na abertura oriental do estreito de Magalhães. Ambos os lados dessa parte do estreito consiste em planícies quase niveladas, como aquelas da Patagônia. O Cabo Negro, um tanto para dentro do segundo canal, pode ser considerado como o ponto onde a terra começa a assumir as características peculiares à Terra do Fogo. Na costa leste, ao sul do estreito, o cenário semelhante a um parque partido conecta de maneira similar essas duas regiões que estão opostas uma a outra em quase todas as características. É realmente surpreendente encontrar em um espaço de 32 quilômetros tamanha mudança na paisagem. Se tomarmos uma distância ainda maior, como entre Port Famine e a Baía Gregory, que é de aproximadamente cem quilômetros, a diferença é ainda mais fantástica. Se no primeiro local encontramos montanhas escondidas por florestas impenetráveis que são encharcadas com as chuvas trazidas pelas perpétuas sucessões de vendavais, no segundo há um céu claro e azul sobre as planícies secas e estéreis. As correntes atmosféricas[1], embora

1. As brisas de sudoeste são geralmente muito secas. Quando estávamos ancorados no cabo Gregory no dia 29 de janeiro, um vendaval muito forte de oeste para sul limpou o céu, deixando-o com poucas nuvens; a temperatura era de 57º (14º C), o ponto de orvalho 36º (2º C), a diferença 21º (-6º C). No dia 15 de janeiro, pela manhã, quando estávamos no Porto San Julian, enfrentamos um vento suave com muita chuva, seguido por uma forte ventania com chuva (continua na p. 16)

rápidas, turbulentas e aparentemente não limitadas por qualquer tipo de barreira, ainda assim pareciam seguir, como um rio em seu leito, um curso determinado e regular.

Durante a nossa visita anterior (em janeiro), tivemos, no cabo Gregory, um encontro com os famosos gigantes da Patagônia, que nos deram uma recepção muito cordial. Sua altura parece maior do que realmente é por causa de suas grandes mantas de guanaco, seus cabelos longos e soltos e o aspecto geral de suas figuras. Em média, sua altura é de aproximadamente um metro e oitenta, com alguns homens mais altos e apenas uns poucos mais baixos. As mulheres são igualmente altas. É certamente a raça mais alta que vimos em qualquer lugar. Sua aparência lembra muito a dos indígenas que vi mais ao norte na companhia de Rosas, mas esses têm uma aparência mais selvagem e mais formidável. Suas faces eram pintadas de vermelho e preto, e um homem usava pinturas brancas, como as dos fueguinos. O capitão Fitz Roy se ofereceu para levar três deles a bordo, escolhidos aleatoriamente, e todos pareciam determinados a estar entre os selecionados. Demorou muito até que conseguíssemos liberar o barco, e finalmente subimos a bordo com nossos três gigantes os quais jantaram com o capitão e se comportaram quase como cavalheiros, fazendo uso de facas, garfos e colheres. Nada era tão apreciado quanto o açúcar. Essa tribo tinha tido tanta comunicação com foqueiros e baleeiros que a maioria dos homens falava um pouco de inglês e espanhol, eles são semicivilizados e proporcionalmente depravados.

Na manhã seguinte, um grande grupo veio à costa para trocar peles e penas de avestruz. Uma vez que as armas de fogo lhes foram recusadas, o tabaco era muito solicitado, bem mais do que machados ou ferramentas. Toda a população dos toldos, homens, mulheres e crianças, estava acomodada na praia. Era uma cena divertida e seria impossível não ter simpatia pelos chamados "gigantes", pois eram muito bem-humorados

---

(continua da p. 15) que logo se transformou em um terrível vendaval com nuvens carregadas. Esta condição se desfez por meio de um vento muito forte de sul para sudoeste. A temperatura era de 60° (16° C), o ponto de orvalho 42° (6° C), a diferença 18° (-8° C). (N.A.)

e agiam de boa-fé. Convidaram-nos a visitá-los novamente. Pareciam gostar de ter europeus em sua companhia, e a velha Maria, uma mulher importante na tribo, uma vez implorou ao sr. Low para que deixasse um de seus marujos com eles. Passam a maior parte do ano aqui, mas durante o verão caçam ao longo do pé da cordilheira e, algumas vezes, viajam até o Rio Negro, 1.200 quilômetros ao norte. Possuem muitos cavalos, e alguns homens chegam a ter, de acordo com o sr. Low, seis ou sete. Todas as mulheres e até mesmo as crianças possuem seus próprios cavalos. No tempo de Sarmiento (1580), esses índios usavam arco e flecha, há muito em desuso. Naquela época eles já possuíam alguns cavalos. Esse é um fato muito curioso, que mostra quão rapidamente os cavalos se multiplicam na América do Sul. O cavalo foi primeiramente introduzido em Buenos Aires no ano de 1537. Como a colônia ficou abandonada por um tempo, os cavalos se tornaram selvagens[2]; em 1580, apenas 43 anos depois, temos notícias deles no estreito de Magalhães! O sr. Low me informa que uma tribo vizinha de índios que andavam a pé está se transformando em uma tribo montada: a tribo na Baía Gregory lhes dá seus cavalos mais cansados e no inverno mandam alguns de seus homens mais habilidosos caçar para eles.

1º de junho – Ancoramos na bela baía de Port Famine. Era o começo do inverno, e nunca tinha me deparado com uma visão tão desoladora. As matas escuras, cobertas pela neve, podiam ser vistas vagamente através de uma atmosfera enevoada. Tivemos, entretanto, sorte ao desfrutarmos de dois dias bonitos. Em um desses dias, o Monte Sarmiento, uma montanha com 2.070 metros de altura, ofereceu-nos um belo espetáculo. Frequentemente eu me surpreendia com paisagem da Terra do Fogo, pois, apesar de as elevações parecerem pequenas, eram, na verdade, muito altas. Suspeito que isso se deva a uma causa que a princípio não se poderia imaginar, isto é, que toda a massa, do cume até o limite com a água, pode ser, em geral, completamente abarcada pela visão. Lembro de ter visto uma montanha, primeiro a partir do canal de Beagle, onde toda a

2. Rengger, *Natur. der Saeugethiere von Paraguay*. S. 334. (N.A.)

extensão do cume até a base estava completamente à vista e depois do Braço Ponsonby, por trás de sucessivas cordilheiras. Era curioso observar, no último caso, como cada nova cordilheira possibilitava novos meios para avaliarmos, ao longe, a altura da montanha.

Antes de chegarmos a Port Famine, vimos dois homens correndo pela costa em saudação ao navio. Um bote foi mandado para buscá-los. Eram dois marujos que tinham fugido de um barco foqueiro e se juntado aos patagônios. Esses índios os trataram com a discreta hospitalidade que lhes era de costume. Tinham se separado do grupo por acidente e agora seguiam para Port Famine com a esperança de encontrar algum navio. Ouso dizer que eram vagabundos sem nenhum valor, mas nunca tinha visto algum em condições tão miseráveis. Estavam vivendo há alguns dias de mexilhões e amoras, e suas roupas esfarrapadas tinham sido queimadas por dormirem muito perto do fogo. Ficaram expostos noite e dia, sem nenhum abrigo, às recentes e incessantes ventanias, com chuva, granizo e neve, e mesmo assim gozavam de boa saúde.

Durante nossa permanência no Port Famine, os fueguinos por duas vezes vieram nos importunar. Como havia muitos instrumentos, roupas e homens na praia, foi necessário afastá-los. Na primeira vez, foram efetuados disparos de arma de grande calibre quando eles ainda estavam distantes. Era muito engraçado observá-los através da luneta. Cada vez que os tiros atingiam a água, os índios pegavam pedras e, desafiando-nos, lançavam-nas em direção ao nosso navio, embora estivéssemos a aproximadamente dois quilômetros de distância! Um bote foi enviado com ordens de disparar alguns mosquetes contra uma localidade próxima de onde eles se encontravam. Os fueguinos se esconderam atrás de árvores e, a cada descarga de mosquetes, atiravam suas flechas. Todas, entretanto, caíam antes do barco, e o oficial apontava para eles e ria. Isso deixou os fueguinos tomados de raiva, e eles sacudiam suas mantas em uma fúria vã. Finalmente, ao ver as balas cortando e acertando as árvores, fugiram, deixando-nos em paz e quietude. Durante a viagem anterior, os fueguinos daqui causaram muitos problemas e, para assustá-los, um foguete foi disparado sobre suas ocas durante a noite. O estratagema deu certo, e um dos oficiais me contou que chegava a ser cômico o contraste entre a balbúrdia gerada pelo disparo, somado ao latido dos cães, com o profundo silêncio que em um ou dois minutos prevaleceu. Na manhã seguinte não se viu um fueguino na vizinhança.

Quando o *Beagle* esteve aqui no mês de fevereiro, comecei, certa manhã, às quatro em ponto, a escalar o monte Tarn, que tem 790 metros de altura e é o ponto mais elevado neste distrito. Fomos em um bote até o pé da montanha (mas infelizmente não para a melhor parte) e então começamos nossa subida. A floresta começa na linha da marca da cheia, e abandonei todas as esperanças de chegar ao topo nas primeiras duas horas. A mata era tão fechada que eu precisava recorrer constantemente à bússola; cada marco, embora numa região montanhosa, ficava completamente fora de vista. Nas ravinas profundas, a desolação era tamanha que inviabilizava a possibilidade de ser descrita, assemelhando-se a uma cena de morte. Do lado de fora um vendaval soprava, mas, nestes vales, nem um suspiro de vento movimentava as folhas até mesmo das árvores mais altas. Cada parte era tão sombria, fria e úmida que nem mesmo fungos, musgos ou samambaias vingavam. Nos vales, era difícil até mesmo rastejar pelos caminhos, de tal forma estavam interrompidos por grandes troncos apodrecidos que tinham caído em todas as direções. Quando passávamos sobre essas pontes naturais, a perna de alguém frequentemente penetrava até o joelho na madeira apodrecida. Em outras vezes, ao tentar se apoiar em uma árvore firme, alguém se surpreendia ao descobrir uma massa putrefata, pronta a se desmanchar ao menor toque. Finalmente nos encontramos em meio às árvores atarracadas, e então logo alcançamos a cordilheira limpa, que nos conduziu ao topo. Dali se tinha uma vista das peculiares características da Terra do Fogo: cadeias de montanhas irregulares, sarapintadas com neve, vales profundos de um amarelo esverdeado e braços de mar interseccionando a terra em muitas direções. O vento era forte, frio e cortante, e a atmosfera enevoada, de forma que ficamos muito tempo no topo da montanha. Nossa descida não foi tão trabalhosa quanto a subida, pois o peso do corpo forçava a passagem e os escorregões e quedas eram na direção certa.

Já mencionei o caráter sombrio e monótono das florestas sempre-verdes[3], nas quais crescem duas ou três espécies de árvores, o que leva à exclusão de todas as outras. Acima do terreno da floresta, há uma enormidade de pequenas plantas alpinas que brotam da massa de turfa, e também ajudam a compô-la. Essas plantas destacam-se por sua ligação íntima com as espécies que crescem nas montanhas da Europa, apesar de distarem milhares de quilômetros umas das outras. A parte central da Terra do Fogo, onde ocorre a formação argilo-ardósia, é a mais adequada para o crescimento de árvores; na costa externa, o solo pobre e granítico e uma situação de maior exposição aos violentos ventos não permitem que elas atinjam um tamanho muito grande. Próximo ao Port Famine, tenho visto árvores maiores do que em qualquer outro lugar. Medi uma *Winter's Bark*/caneleira branca que tinha 1,37 metro de circunferência e muitas das faias atingiam quatro metros. O capitão King também menciona uma faia que tinha dois metros de diâmetro, a cinco metros acima das raízes.

Há um produto vegetal que merece atenção por sua importância como alimento para os fueguinos. É um fungo redondo, amarelo vibrante, que se desenvolve em grande número nas faias. Antes de ficar maduro, é elástico e túrgido, com uma superfície lisa, mas, após a maturação, encolhe e se torna mais rígido, tendo a sua superfície profundamente furada, no formato de uma colmeia, como representado no desenho. Esse

---

3. O capitão Fitz Roy me informa que em abril (estação do ano equivalente ao nosso outubro), as folhas dessas árvores que crescem perto da base das montanhas mudam de cor, mas não as das partes mais elevadas. Lembro de ter lido algumas observações mostrando que na Inglaterra as folhas caem mais cedo em um outono quente e de bom tempo do que em um tardio e frio. Estando a mudança na cor aqui retardada nas folhas mais elevadas, e, portanto, submetidas a situações mais frias, relacionada à mesma lei geral da vegetação. Durante nenhuma época do ano, as árvores da Terra do Fogo perdem inteiramente suas folhas. (N.A.)

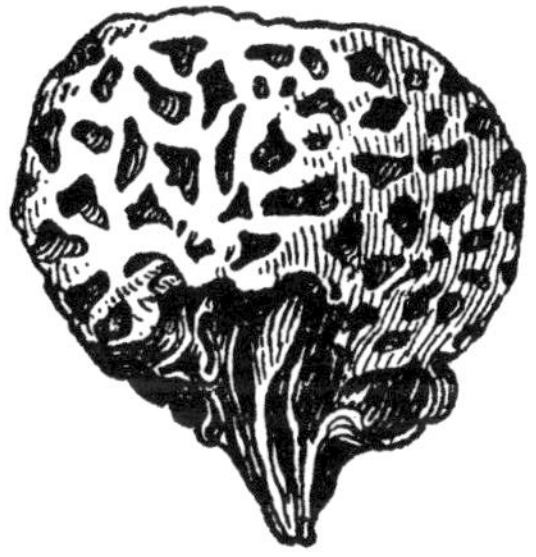

fungo pertence a um novo e curioso gênero[4]; encontrei uma segunda espécie em outros tipos de faias no Chile; e o dr. Hooker me informa que bem recentemente uma terceira espécie foi descoberta na Terra de Van Dieman. Como é singular a relação entre fungos parasitas e as árvores em que eles crescem, em partes distantes do mundo! Na Terra do Fogo o fungo em seu estado rígido e maduro é recolhido em grandes quantidades pelas mulheres e crianças, e é comido cru. Ele tem um gosto pegajoso e levemente doce, com um odor fraco como o de um cogumelo comum. Com exceção de umas poucas bagas, principalmente de um arbusto pequeno, os nativos não comem nenhum outro alimento vegetal. Na Nova Zelândia, antes da introdução da batata, as raízes de samambaia eram largamente consumidas. Hoje em dia, acredito que a Terra do Fogo é a única região do mundo onde uma planta criptogâmica é o principal artigo de consumo.

A zoologia da Terra do Fogo, como poderia se esperar graças à natureza desse clima e de sua vegetação, é muito pobre. De mamíferos, além de baleias e focas, há um morcego, um tipo de rato (*Reithrodon chinchilloides*), dois tipos de camundongos verdadeiros, um *ctenomys* associado ou idêntico ao tuco-tuco, duas raposas (*Canis Magellanicus* e *C. Azarae*), uma lontra do mar, o guanaco e um veado. A maioria desses animais habita apenas as partes mais ao leste e mais secas da região. O veado nunca foi visto ao sul do estreito de Magalhães. Observando a similaridade dos paredões de arenito macio, lama e lascas de pedra nos lados opostos do estreito, e em algumas ilhas intermediárias, se é fortemente tentado a acreditar que esta terra esteve unida um dia, permitindo,

4. Descrito entre os meus espécimes e com notas do reverendo J. M. Berkeley, no *Linnean Transactions* (vol. XIX, p. 37), sob o nome de *Cyttaria Darwinii*; a espécie chilena é a *C. Berteroii*. Esse gênero é associado à Bulgária. (N.A.)

dessa forma, que animais tão delicados e indefesos, como o tuco-tuco e o *Reithrodon*, pudessem passar. Contudo, a correspondência dos penhascos está longe de provar qualquer união, porque tais penhascos geralmente são formados pela intersecção de depósitos de declive que, antes da elevação do terreno, tinham se acumulado próximo às praias então existentes. É, entretanto, uma notável coincidência que nas duas grandes ilhas separadas do resto da Terra do Fogo pelo canal de Beagle uma tenha penhascos compostos de uma matéria que pode ser chamada de aluvião estratificado e que isso se dê de modo similar ao do lado oposto do canal, enquanto que a outra é exclusivamente composta por antigas rochas cristalinas. Na primeira, chamada ilha Navarin, tanto raposas quanto guanacos podem ser encontrados, mas na segunda, a ilha Hoste, embora similar em cada característica, e separada apenas por um canal com pouco mais de meio quilômetro de largura, nenhum desses animais é encontrado. Apoio-me nas palavras de Jemmy Button para fazer essa afirmativa.

As matas sombrias são habitadas por algumas poucas aves. Ocasionalmente o canto lamuriento de um tirano papa-moscas com crista branca (*Myiobius albiceps*) pode ser ouvido, enquanto este se esconde perto do topo das árvores mais altas. Ainda mais raramente, o grito forte e estranho de um pica-pau preto, com uma bela crista escarlate em sua cabeça, também pode ser ouvido. Uma cambaxirra pequena e de cor escura (*Scytalopus Magellanicus*) salta esquivamente em meio à massa emaranhada de troncos caídos e apodrecidos. Mas o (*Oxyurus tupinieri*) é a ave mais comum na região. Pode ser encontrada por toda a parte nas florestas de faias, bem no alto e rente ao solo, nas mais escuras, úmidas e impenetráveis ravinas. Essa pequena ave sem dúvida parece mais numerosa do que realmente é por causa do seu hábito de seguir com aparente curiosidade qualquer pessoa que entre nessas matas silenciosas. Quando alguém se aproxima, ela se agita de árvore em árvore, soltando continuamente um gorjeio rascante próximo ao intruso. Essa ave não faz a menor questão de se ocultar como a trepadeira-do-bosque (*Certhia familiaris*), e não corre como esta ave para cima dos troncos das árvores. Faz isso de modo industrioso, da mesma forma que uma cambaxirra dos salgueiros, saltando sobre os troncos a procura de insetos em cada ramo e em cada galho. Nas partes mais abertas, podem ser vistos três dos quatro espécimes de tentilhão, um tordo, um estorininho (ou *Icterus*), dois *Opetiorhynchi* e muitos falcões e corujas.

A ausência de qualquer espécie da classe de répteis é uma característica marcante na zoologia dessa região, bem como na das ilhas Falkland. Não baseio essa afirmação meramente na minha própria observação, mas a ouvi também dos habitantes espanhóis deste último local e de Jemmy Button com relação à Terra do Fogo. Nas margens do Santa Cruz, a 50º de latitude sul, avistei um sapo, e não é improvável que esses animais, tanto como os lagartos, possam ser encontrados tão ao sul quanto o estreito de Magalhães, onde a região mantém certas características da Patagônia. Entre a umidade e o frio limite da Terra do Fogo, porém, tais presenças não ocorrem nenhuma vez. Esse clima não teria sido adequado, como poderíamos prever para algumas das ordens, tais como lagartos. Com respeito aos sapos, todavia, isso não ficou tão óbvio.

A ocorrência de escaravelhos é muito pequena; demorou muito antes que eu pudesse acreditar que uma região tão grande quanto a Escócia, coberta de vegetais e com variedade de estações, pudesse ser tão improdutiva. Os poucos que encontrei eram espécies alpinas (*Harpalidae* e *Heteromidae*) vivendo sob pedras. O *Chrysomelidae* que se alimenta de vegetais, tão eminentemente característico dos trópicos, aqui é quase ausente[5]. Vi muito poucas moscas, borboletas ou abelhas e quaisquer grilos ou *Orthoptera*. Nas piscinas de água,

5. Creio que devo excluir uma *Haltica* alpina, e um único espécime de *Melasoma*. O sr. Waterhouse me informa que das *Harpalidae* há oito ou nove espécies – sendo muito peculiares as formas das mais numerosas. De *Heteromera*, quatro ou cinco espécies; de *Rhyncophora*, seis ou sete; e das famílias seguintes uma espécie de cada: *Staphylinidae*, *Eluterida*, *Cebrionidae*, *Melolonthidae*. As espécies nas outras ordens são ainda menos numerosas. Em todas as ordens a escassez de indivíduos é ainda mais notável do que aquela das espécies. A maioria das *Coleópteras* tem sido cuidadosamente descrita pelo sr. Waterhouse nos Anais de história natural. (N.A.)

encontrei somente uns poucos besouros aquáticos, e nenhuma concha de água doce. A *Succinea*, a princípio, parece uma exceção, mas aqui deve ser chamada de concha terrestre, pois vive no erval úmido longe da água. Conchas terrestres só poderiam ser obtidas em situações alpinas junto com besouros. Já comparei também o clima, assim como a aparência geral da Terra do Fogo com a da Patagônia, e a diferença é fortemente exemplificada na entomologia. Não creio que tenham alguma espécie em comum; certamente a característica geral dos insetos é muito diversa.

Se passarmos da terra para o mar, encontraremos o último repleto de criaturas vivas de modo inversamente proporcional à pobreza da primeira. É que em qualquer parte do mundo uma costa rochosa e parcialmente protegida talvez suporte, em um dado espaço, um maior grupo de animais do que qualquer outra região. Há um dos produtos marinhos que, por sua importância, é digno de uma história particular. É uma alga, ou *Macrocystis pyrifera*. Essa planta cresce em todas as rochas, desde a mais baixa marca d'água até grande profundidade, tanto na costa externa quanto dentro dos canais[6]. Creio que, durante as viagens do *Adventure* e do *Beagle*, nenhuma rocha próxima à superfície foi encontrada que não tivesse marcas dessa planta flutuante. O bom serviço que ela presta aos navios que viajam perto dessa terra tempestuosa é evidente, e certamente salvou muitos barcos do naufrágio. Poucas coisas que tive a oportunidade de observar são mais surpreendentes do que a visão dessa planta crescendo e florescendo em meio àquelas grandes ondas do oceano ocidental, às quais nem mesmo a rocha mais sólida resiste por muito tempo. O caule dela é redondo, viscoso, liso e raramente tem um diâmetro de mais

6. Seu alcance geográfico é notavelmente grande, é encontrada das ilhotas do extremo sul perto do cabo Horn, e ao norte na costa leste (de acordo com a informação fornecida pelo sr. Stokes) até a latitude 43°. Na costa oeste, por outro lado, como me relata o dr. Hooker, ela se estende até o rio São Francisco, na Califórnia, e talvez até Kamtschatka. Dessa forma temos um imenso alcance em latitude, e, como Cook, que devia estar bem familiarizado com a espécie, encontramos na Terra Kerguelen, não menos de 140° em longitude. (N.A.)

de quatro centímetros. Uns poucos exemplares juntos são suficientemente fortes para suportar o peso das grandes pedras soltas às quais aderem nos canais internos. Além disso, o peso de algumas dessas pedras é tamanho que, quando trazidas à superfície, mal podem ser erguidas ao barco por uma pessoa. O capitão Cook, na sua segunda viagem, diz que essa planta na Terra Kerguelen nasce a uma profundidade maior do que 43 metros, e "como ela não cresce perpendicularmente, mas faz um ângulo bem agudo com o fundo e depois se estende muitas braças na superfície do mar, estou suficientemente seguro para dizer que partes dela chegam a sessenta braças ou mais". Não creio que o caule de qualquer outra planta atinja 110 metros, como afirmado pelo capitão Cook. O capitão Fitz Roy, além disso, encontrou-a à enorme profundidade de 86 metros. Os leitos dessa alga marinha, mesmo quando não possuem largura tão grande, propiciam um excelente quebra-mar flutuante e natural. É muito curioso ver, em um porto exposto, como as ondas do mar aberto diminuem e se tornam águas calmas assim que passam pelos caules.

É maravilhoso o número de criaturas vivas de todas as ordens cuja existência depende intimamente da alga laminária. Um grande volume poderia ser escrito a respeito dos habitantes de um desses leitos de alga marinha. Quase todas as folhas, excetuando aquelas que flutuam na superfície, são tão incrustadas com coralinas que chegam a ser de uma cor branca. Encontramos estruturas primorosamente delicadas, algumas habitadas por um pólipo simples similar à *hydra*, outras por tipos mais organizados e belos, compostos de *Ascidiae*. Nas folhas, várias conchas pateliformes, *Trochi*; moluscos também foram descobertos, e alguns bivalves estão presos ali. Inumeráveis crustáceos frequentam cada parte da planta. Ao sacudir as grandes raízes emaranhadas, uma pilha de peixes pequenos, ostras, sépias, caranguejos de todas as ordens, ouriços, estrelas-do-mar, belas *Holuthuriae*, *Planariae*, e animais rastejantes e nereidosos de uma multiplicidade de formas caem de uma vez. Muitas das vezes que recorri a um ramo da alga, sempre encontrei animais de estruturas novas e curiosas. Em Chiloé, onde ela não cresce muito bem, as numerosas ostras, coralinas e crustáceos estão ausentes, mas ainda assim restam uns poucos *Flustraceae* e alguns compostos *Ascidiae*. Os últimos, entretanto, são de espécies diferentes daqueles da Terra do Fogo. Vemos aqui o *fucus* com um alcance maior do que os animais que o usam como uma moradia. Só posso comparar essas grandes florestas aquáticas do hemisfério sul com as florestas terrestres nas regiões intertropicais. Ainda assim, se em alguma região uma floresta fosse destruída, não acredito que tantas espécies de animais pereceriam como aconteceria aqui caso ocorresse a destruição das algas. Entre as folhas dessa planta, vivem numerosas espécies de peixes que em nenhum outro lugar poderiam encontrar comida ou abrigo. Com sua destruição, os cormorões e outras aves pesqueiras, as lontras, focas e golfinhos logo pereceriam também. E finalmente, o selvagem fueguino, o senhor miserável desta terra miserável, redobraria seu banquete canibal, diminuiria em quantidade e talvez deixasse de existir.

8 de junho – Cedo pela manhã zarpamos de Port Famine. O capitão Fitz Roy decidiu deixar o estreito de Magalhães pelo canal Magdalen, que tinha sido recentemente descoberto. Nosso curso se estendia para o sul, ao longo daquela sombria passagem a que antes aludi como parecendo levar para um mundo diferente e pior. O vento era moderado, mas a atmosfera estava muito densa, de forma que perdemos muito do curioso cenário. As nuvens negras e irregulares eram rapidamente levadas por sobre as montanhas, de seus cumes descendo até suas bases. Os vislumbres que obtínhamos através da massa escura eram altamente interessantes; pontos recortados, cones de neve, geleiras azuis, contornos fortes, marcados em um céu fantástico eram vistos a distâncias e alturas diferentes. Em meio a tal cenário, ancoramos no cabo Turn, perto do Monte Sarmiento, que estava então escondido pelas nuvens. Na base dos paredões, altos e quase perpendiculares, de nossa pequena angra havia uma oca abandonada como que para nos lembrar de que o homem certas vezes anda por essas regiões desoladas. Mas seria difícil imaginar um cenário onde ele pudesse ter menos voz ou autoridade. Os trabalhos inanimados da natureza – rocha, gelo, neve, vento e água –, embora se digladiando entre si, aqui reinavam em absoluta soberania, todos juntos contra o homem.

9 de junho – Pela manhã, ficamos deleitados ao ver o véu da bruma gradualmente subir, revelando o Sarmiento à nossa vista. Esse monte, que é um dos mais altos da Terra do Fogo, tem uma altitude de 2.072 metros. Sua base, com aproximadamente um oitavo de sua altura total, é coberta por uma mata escura, e, acima, um campo de neve se estende até o cume. Esse vasto monte, cuja neve nunca derrete e que parece destinado a durar até o fim dos tempos, propiciava um espetáculo nobre e até mesmo sublime. O contorno da montanha era admiravelmente limpo e definido. Devido à abundância da luz refletida pela superfície branca e brilhante, não havia sombra em parte alguma, o que fazia com que aquelas linhas que interseccionavam o céu pudessem ser distinguidas separadamente, dando à massa que se erguia o mais ousado relevo. Muitas geleiras desciam das grandes extensões de gelo da parte superior até a costa do mar, acompanhando o curso do vento. Nesse aspecto se assemelhavam a grandes Niágaras congeladas, e talvez essas cataratas de gelo azul sejam tão cheias de beleza quanto as de água em movimento. À noite, alcançamos a parte ocidental do canal, mas a água era tão profunda que não encontramos ancoragem. Em função disso, fomos obrigados a resistir nesse estreito braço de mar durante uma noite escura como piche e que durou catorze horas.

10 de junho – Pela manhã, percorremos grande parte do caminho em direção ao Pacífico. A costa ocidental geralmente consiste de colinas baixas, arredondadas e um tanto estéreis de granito e *greenstone*. *Sir* J. Narborough chamou uma parte de South Desolation (Desolação Sul), por ser “uma terra tão desolada de se contemplar”, e pode-se dizer que ele realmente tinha razão. Fora das ilhas principais, há um número incontável de rochas espalhadas, sobre as quais o constante golpear do mar aberto lança, de modo incessante, sua fúria. Passamos entre as Fúrias Oriental e Ocidental. Um pouco mais ao norte, a quantidade de espuma das ondas faz com que o mar seja chamado de Via Láctea. A simples visão de tal costa é suficiente para fazer um homem acostumado à vida em terra firme sonhar por uma semana com naufrágios, terríveis perigos e morte. Foi diante dessa imagem que demos nosso adeus definitivo à Terra do Fogo.

***

A discussão seguinte sobre o clima das partes meridionais do continente e a relação com suas produções na linha de neve, na extraordinariamente lenta descida das geleiras, e sobre a zona de congelamento perpétuo nas ilhas antárticas pode ser ignorada por qualquer um que não estiver interessado nesses curiosos assuntos, ou então ser lida apenas em sua recapitulação final. Devo, entretanto, oferecer aqui apenas um resumo, remetendo ao Décimo Terceiro Capítulo e ao Apêndice da edição anterior para maiores detalhes.

Sobre o clima e produções da Terra do Fogo e da costa sudoeste – A tabela seguinte dá a temperatura média da Terra do Fogo e das ilhas Falkland e, para comparação, a de Dublin:

	Latitude	Temperatura no verão	Temperatura no inverno	Média do verão e do inverno
Terra do Fogo	53° 38' S.	50° (10° C)	33° 08' (-1 °C)	41° 54 (6° C)
Ilhas Falkland	51° 38' S.	51 (11° C)	–	–
Dublin	53° 21' N.	59,54 (16° C)	39,2 (4° C)	49,37 (9° C)

Vemos, por conseguinte, que a parte central da Terra do Fogo em comparação a Dublin é mais fria no inverno e que no verão a temperatura da primeira ainda é inferior em seis graus. De acordo com Von Buch, a temperatura média de julho (que não é o mês mais quente no ano) em Saltenford, na Noruega, chega a 57,8° (14° C), e esse lugar na verdade está treze graus mais próximo do polo do que Port Famine[7]! Por mais inóspito, contudo, que nos pareça esse clima, árvores perenes ali florescem luxuriantemente. Beija-flores podem ser vistos em atividade, além de papagaios se alimentando de sementes de casca-de-anta na Latitude 55º. Já relatei a que ponto o mar se encontra repleto de criaturas vivas, e as conchas (como a *Patellae*, *Fissurellae*, *Chitons* e *Barnacles*), de acordo com o sr. G. B. Sowerby, são de tamanho muito maior e de crescimento mais vigoroso do que as espécies análogas do hemisfério norte. Uma grande Voluta é abundante na parte sul da Terra do Fogo e nas ilhas Falkland. Em Baía Blanca, na latitude 39º, os moluscos mais abundantes eram três espécies de *Oliva* (uma de tamanho grande), uma ou duas *Volutas* e uma *Terebra*. Agora, essas estão entre as formas tropicais mais bem caracterizadas. É de se duvidar que mesmo uma espécie pequena de Oliva exista nas praias ao sul da Europa, e não há quaisquer espécies dos outros dois gêneros. Se um geólogo encontrasse na costa de Portugal, à latitude 39º um leito contendo numerosas conchas das três espécies de Oliva, de uma Voluta e de uma Terebra, provavelmente afirmaria que o clima no período de suas existências deve ter sido tropical, mas julgando pela América do Sul, tal inferência poderia ser errônea.

O clima constante, úmido e ventoso da Terra do Fogo se estende, com apenas um pequeno aumento de temperatura, por muitos graus ao longo da costa oeste do continente. As florestas, por 965 quilômetros a norte do cabo Horn, têm um aspecto muito similar. Como uma prova da constância do clima, mesmo a 480 ou 640 quilômetros ainda mais ao norte, posso mencionar que no Chile (correspondendo em latitude às regiões do norte da Espanha) o pessegueiro raramente produz frutos, enquanto que frutas como morangos e maçãs se desen-

7. Com respeito à Terra do Fogo, os resultados foram deduzidos das observações feitas pelo capitão King (*Geographical Journal*, 1830) e daquelas tomadas a bordo do *Beagle*. Sobre as ilhas Falkland, sou grato ao capitão Sulivan pela temperatura média (obtida através de cuidadosas observações à meia-noite, oito horas da manhã, meio-dia e oito da noite) dos três meses mais quentes, a saber, dezembro, janeiro e fevereiro. A temperatura de Dublin é tomada de Barton. (N.A.)

volvem perfeitamente. Mesmo as colheitas de cevada e trigo[8] são frequentemente trazidas para dentro das casas para serem secas e amadurecidas. Em Valdívia (na mesma latitude de 40º, como Madri) uvas e figos amadurecem, mas não são comuns. Azeitonas raramente amadurecem, e as laranjas não vingam de jeito nenhum. Essas frutas, nas latitudes correspondentes da Europa, são bem conhecidas por crescerem perfeitamente, e mesmo neste continente, no Rio Negro, praticamente no mesmo paralelo que Valdívia, batatas-doces (*convolvulus*) são cultivadas. Uvas, figos, azeitonas, laranjas, melancias e melões produzem frutos abundantes. Apesar do clima constante e úmido de Chiloé, e de sua costa ao norte e ao sul ser tão desfavorável aos nossos frutos, ainda assim as florestas nativas da latitude 45º até 38º quase rivalizam em abundância com aquelas que crescem nas regiões intertropicais. Majestosas árvores de muitos tipos, com cascas lisas e altamente coloridas são carregadas de plantas parasitas monocotiledôneas, grandes e elegantes samambaias são numerosas e uma grama arborescente enlaça as árvores em uma massa emaranhada a uma altura de nove a doze metros acima do chão. Palmeiras crescem na latitude 37º; uma grama arborescente muito similar ao bambu na latitude 40º, e outro tipo intimamente associado e de grande cumprimento, mas não ereto, floresce ao sul a até 45º.

Um clima que é evidentemente constante devido à grande área de mar se comparado com a de terra parece se estender sobre a maior parte do hemisfério sul e, como consequência, a vegetação partilha de uma característica semitropical. Árvores de samambaias crescem luxuriantemente na Terra de Van Diemen (lat. 45º), e medi um tronco com não menos de um metro e oitenta centímetros de circunferência. Uma samambaia arborescente foi encontrada por Forster na Nova Zelândia a 46º, onde plantas orquidáceas são parasitárias nas árvores. Nas ilhas Auckland, as samambaias, de acordo com o dr. Dieffenbach[9] têm troncos tão grossos e altos que quase podem ser chamados de árvores-samambaias. Nessas ilhas e mesmo

8. Agüeros, Descrip. *Hist. de la Prov. de Chiloé*, 1791, p. 94. (N.A.)

9. Veja a tradução alemã desse Diário e, para outros fatos, o Apêndice do sr. Brown para a *Viagem do Flinders*. (N.A.)

tão ao sul como a latitude 55º nas ilhas Macquarrie, há muitos papagaios.

Sobre a altura da linha da neve e sobre o deslizamento das geleiras na América do Sul – Para os detalhes sobre a autoria da tabela a seguir, devo remeter à edição anterior:

Latitude	Altura em metros da linha de neve	Observador
Região equatorial; resultado médio	4.572	Humboldt
Bolívia, latitude 16º a 18º Sul	5.181,6	Pentland
Chile Central, latitude 33º Sul	4.419,6 – 4.572	Gillies e o Autor
Chiloé, latitude 41º a 43º Sul	1.828,8	Oficiais do Beagle e o Autor
Terra do Fogo, 54º S	1.066,8 – 1.219,2	King

Como a altura da superfície de neve perpétua parece ser determinada principalmente pelo extremo calor do verão muito mais do que pela temperatura média do ano, não devemos ficar surpresos com seu deslizamento no estreito de Magalhães, onde o verão é tão frio, apenas 1.066 ou 1.220 metros acima do nível do mar, enquanto que, na Noruega, devemos viajar para uma latitude norte entre 67º e 70º, que é aproximadamente 14º mais próxima ao polo, para encontrarmos neve perpétua a essa baixa altura. A diferença de altura, ou seja aproximadamente 2.470 metros, entre a linha de neve da cordilheira atrás de Chiloé (com seus pontos mais altos variando de apenas 1.700 a 2.300 metros) e da parte central do Chile[10] (uma distância de apenas 9º de latitude) é realmente maravilhosa. A terra, desde a parte sul de Chiloé até próximo a Con-

10. Na cordilheira central do Chile, acredito que a linha da neve varia, em altura, excessivamente em diferentes verões. Asseguraram-me que durante um verão muito longo e seco toda a neve desaparece do Aconcágua, embora atinja a prodigiosa altura de sete mil metros. É provável que muito da neve a essas grandes alturas evapore em vez de derreter. (N.A.)

cepción (latitude 37°), é escondida por uma densa floresta de gotejante umidade. O céu é nublado, e temos visto quão mal as frutas da Europa meridional ali se desenvolvem. No Chile central, por outro lado, um pouco ao norte de Concepción, o céu é geralmente limpo, a chuva não cai pelos sete meses do verão e frutos da Europa meridional crescem admiravelmente. Até mesmo a cana-de-açúcar tem sido cultivada[11]. Sem dúvida, o terreno de neve perpétua está abaixo da notável altura de 2.740 metros, sem paralelo em outras partes do mundo, não longe da latitude de Concepción, onde a terra deixa de ser coberta com árvores de floresta, pois as árvores na América do Sul indicam um clima chuvoso, e a chuva indica um céu encoberto e pouco calor no verão.

O deslizamento das geleiras para o mar deve, imagino, depender principalmente (sujeito, é claro, a um suprimento adequado de neve na região superior) de quão baixa está a linha de neve perpétua nas montanhas escarpadas próximas à costa. Como a linha de neve era baixa demais na Terra do Fogo, era de se esperar que muitas geleiras alcançassem o mar. Mesmo assim, fiquei surpreso quando vi pela primeira vez a apenas 910 a 1.220 metros de altura, na latitude de Cumberland, os vales preenchidos com correntes de gelo que desciam para a costa. Quase todo braço de mar que penetra no interior da cadeia mais alta, não apenas na Terra do Fogo, mas na costa por 1.045 quilômetros em direção ao norte, termina em "tremendas e surpreendentes geleiras", de acordo com a descrição de um dos oficiais na pesquisa. Grandes massas de gelo frequentemente caem dessas geleiras, e a queda reverbera como uma carga de artilharia de um navio de guerra pelos canais solitários. Essas quedas, como anotadas no último capítulo, produzem grandes ondas que quebram nas costas adjacentes. É sabido que terremotos frequentemente causam a queda de grandes pedaços de terra de penhascos à beira-mar. Como seria tremendo, então, o efeito de um tremendo choque

11. Mier's Chile, vol. I. p. 415. É dito que a cana-de-açúcar cresce em Ingenio, latitude 32° até 33°, mas não em quantidade suficiente para fazer a manufatura lucrativa. No vale de Quillota, ao sul de Ingenio, vi algumas grandes palmeiras. (N.A.)

(e acontecem aqui[12]) em um corpo já em movimento como uma geleira atravessada por fissuras! Acredito, de imediato, que a água seria jogada para fora do canal mais profundo e então retornaria com uma força devastadora, fazendo rolar as enormes massas de rochas como se fossem simples cascalhos. No braço do Eyre, na latitude de Paris, há geleiras imensas, e ainda assim a mais eminente montanha vizinha tem apenas 1.890 metros de altura. Nesse braço, aproximadamente cin-

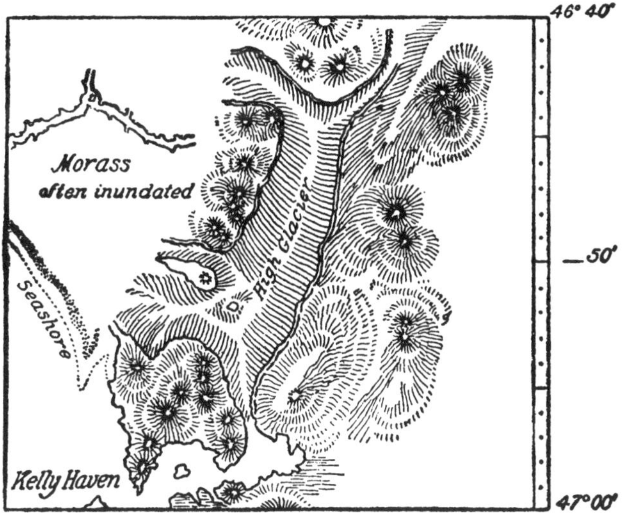

quenta *icebergs* foram vistos flutuando de uma só vez, e um deles devia ter pelo menos cinquenta metros de altura. Alguns dos *icebergs* estavam carregados com blocos de granito de tamanho nada desprezível e outras rochas diferentes da argila-ardósia das montanhas ao redor. A geleira mais distante do polo pesquisada durante as viagens do *Adventure* e do *Beagle* está na latitude 46°50', no golfo de Penas. Tem vinte e quatro quilômetros de comprimento e, em uma parte, onze quilômetros de largura. Movimenta-se da costa para o mar. Mas mesmo a alguns quilômetros em direção ao norte dessa geleira, na

12. *Bulkeley's and Cummins's Faithful Narrative of the Loss of the Wager*. O terremoto aconteceu em 25 de agosto, 1741. (N.A.)

Laguna de São Rafael, alguns missionários espanhóis[13] encontraram "muitos *icebergs*, alguns grandes, alguns pequenos, e outros de tamanho médio", em um estreito braço de mar, no dia 22 do mês que corresponde ao nosso junho e em uma latitude correspondente à do Lago de Genebra!

Na Europa, a geleira mais ao sul que desce para o mar se encontra, segundo Von Buch, na costa da Noruega, na latitude 67°. Bem, isso é mais de 20° de latitude, ou 1.980 quilômetros mais próximo do polo do que a Laguna de São Rafael. A posição das geleiras nesse lugar e no Golfo de Penas pode ser colocada em um ponto de vista mais impressionante, pois descem da costa para o mar na latitude de 7,5°, ou 724 quilômetros distantes de um porto onde três espécies de Oliva, uma Voluta e uma Terebra são os moluscos mais comuns. Isso ocorre a menos de 9° de onde há palmeiras, a 4,5° de uma região onde o jaguar e o puma dominam as planícies, e a menos de 2,5° das gramas arborescentes e (olhando em direção ao oeste no mesmo hemisfério) a menos de 2° de onde existem orquídeas parasitas e, o mais impressionante, a um simples grau de uma região tomada por samambaias!

Esses fatos são de alto interesse geológico com respeito ao clima do hemisfério norte no período em que os blocos foram transportados. Não vou aqui detalhar quão facilmente a teoria dos *icebergs* carregados com fragmentos de rocha explica a origem e posição dos blocos gigantes da parte leste da Terra do Fogo, na alta planície de Santa Cruz e na ilha de Chiloé. Na Terra do Fogo, o maior número blocos se localiza nas linhas dos antigos canais marítimos, agora convertidos em vales secos pela elevação da terra. Eles são associados com uma grande formação estratificada de lama e areia, que contém fragmentos redondos e angulares de todos os tamanhos originados[14] pelas repetidas aragens do fundo do mar, pela submersão de *icebergs* e pela matéria transportada por eles. Poucos geólogos duvidam agora que esses blocos errantes que estão perto de montanhas altas tenham sido empurrados em direção às geleiras e que aquelas, distantes das montanhas e embebidas em depósi-

13. Agüeros, *Desc. Hist. de Chiloé*, p. 227. (N.A.)

14. *Geological Transactions*, vol. VI, p. 415. (N.A.)

tos subaquáticos, são transportadas para lá em *icebergs* ou costas congeladas. A conexão entre o transporte de blocos e a presença de algum tipo de gelo é surpreendentemente demonstrada pela sua distribuição geográfica sobre a terra. Na América do Sul, não são encontradas além de 48° de latitude a partir do Polo Sul. Na América do Norte, parece que o limite de seu transporte se estende até 53,5° do Polo Norte, mas, na Europa, para não mais de 40° de latitude, a partir do mesmo ponto. Por outro lado, nas partes intertropicais da América, da Ásia e da África, eles nunca foram observados, nem no Cabo da Boa Esperança, nem na Austrália[15].

Sobre o clima e produtos das ilhas antárticas. – Considerando a exuberância da vegetação na Terra do Fogo e na costa ao norte dali, a condição das ilhas sul e sudoeste da América é verdadeiramente surpreendente. A Terra Sandwich, na mesma latitude do norte da Escócia, foi encontrada por Cook, durante o mês mais quente do ano, "coberta de muitas braças de grossa neve perene", e lá parece existir pouca vegetação. Geórgia, uma ilha com 155 quilômetros de comprimento e 16 de largura, na latitude de Yorkshire, "na mesma altura do verão, é completamente coberta com neve congelada". A vegetação lá é apenas musgo, alguns tufos de grama e pimpinela selvagem. A ilha tem apenas uma ave terrestre (*Anthus correndera*), e a Islândia, que é 10° mais próxima do polo, tem, de acordo com Mackenzie, quinze aves terrestres. As ilhas Shetland do Sul, na mesma latitude da metade sul da Noruega, possui apenas alguns líquens, musgos e um pouco de grama; e o tenente Kendall[16] viu a baía em que ele estava ancorado começar a congelar em um período correspondente ao nosso 8 de setembro. O solo aqui consiste de gelo e cinzas vulcânicas interestratificadas e possivelmente permanece sempre congelada a

15. Forneci detalhes (creio ser o primeiro a publicar) sobre esse assunto na primeira edição e no Apêndice dessa mesma edição. Lá mostrei que as aparentes exceções para a ausência de blocos erráticos em certas regiões quentes são devidas a observações errôneas; muitas afirmações que lá fiz têm sido, desde então, confirmadas por outros autores. (N.A.)

16. *Geographical Journal*, 1830, p. 65, 66. (N.A.)

uma pequena profundidade da superfície, pois o tenente Kendall encontrou o corpo de um marujo estrangeiro perfeitamente preservado. É um fato singular que nos dois grandes continentes do hemisfério norte (mas não no terreno fragmentado da Europa entre eles) tenhamos a zona de solo subterrâneo perpetuamente congelado em uma baixa latitude – a saber, em 56° na América do Norte e a uma profundidade de noventa centímetros[17] e em 62° na Sibéria a uma profundidade de três a quatro metros e meio – como o resultado da condição diretamente oposta aos do hemisfério sul. Nos continentes do norte, o inverno é excessivamente frio pela radiação de uma maior área de terra dentro de um céu limpo, e ele não é abrandado nem pelo calor trazido pelas correntes do mar. O verão curto, por outro lado, é quente. No Oceano do Sul, o inverno não é tão excessivamente frio, mas o verão é bem menos quente, pois o céu nublado raramente permite ao sol aquecer o oceano, sendo ele mesmo um mau absorvedor de calor e, por isso, a temperatura média do ano que regula a zona de solo subterrâneo perpetuamente congelado é baixa. É evidente que uma vegetação fértil, que não requer tanto calor como requer proteção do frio intenso, se aproximaria muito mais dessa zona de perpétuo congelamento sob o clima constante do hemisfério sul do que sob o clima extremo dos continentes do norte.

O caso do corpo do marujo perfeitamente preservado no solo gelado das ilhas Shetland do Sul (latitude 62° até 63° Sul), em uma latitude bem mais baixa do que aquela (latitude 64° Norte) sob a qual Pallas encontrou um rinoceronte congelado na Sibéria, é muito interessante. Embora seja uma falácia, como tentei mostrar no capítulo anterior, supor que os quadrúpedes maiores requeiram uma vegetação luxuriante para sua sobrevivência, é importante encontrar nas ilhas Shetland do Sul um solo subterrâneo congelado a 580 quilômetros das ilhas cobertas por florestas próximas ao cabo Horn, onde, no que diz respeito à quantidade de vegetação, qualquer número de grandes quadrúpedes poderia viver. A perfeita preservação de carcaças dos elefantes e rinocerontes siberianos é certa-

17. O Apêndice de Richardson a *Expedição do Back*, e *Humboldt's Fragm. Asiat.*, tom. II, p. 386. (N.A.)

mente um dos fatos mais maravilhosos na geologia, mas independentemente da dificuldade imaginada de supri-los com comida das regiões próximas, o caso todo não causa, acho, tanta perplexidade como geralmente se considera. As planícies da Sibéria, como as dos pampas, parecem ter sido formadas sob o mar, ao qual os rios trouxeram os corpos de muitos animais. Da maioria deles, apenas os esqueletos foram preservados, mas do restante, a carcaça estava perfeita. Agora se sabe que, nos mares rasos na costa ártica da América, o fundo congela[18] e não derrete tão cedo na primavera quanto a superfície da terra. Além disso, a grandes profundidades, onde o fundo do mar não congela, a lama alguns metros abaixo da camada superior pode permanecer a uma temperatura inferior a 0° C no verão, como no caso do solo em terra firme a uma profundidade de poucos metros. Em profundidades ainda maiores, a temperatura da lama e da água provavelmente não seria baixa o suficiente para preservar a carne. E corpos levados além das partes rasas próximas da costa ártica teriam apenas seus esqueletos preservados. Mas nas partes extremamente ao norte da Sibéria ossos são infinitamente numerosos, de forma que se acredita que até mesmo algumas ilhotas são compostas quase só de ossos[19], e aquelas ilhotas jazem a não menos de dez graus de latitude ao norte do lugar onde Pallas encontrou os rinocerontes congelados. Por outro lado, a carcaça lavada pela enchente em uma parte rasa do Mar Ártico seria preservada por um período indefinido, se fosse logo depois coberta com lama suficientemente grossa para impedir que o calor da água do verão a atingisse e se, quando o fundo do mar fosse elevado para terra, a cobertura fosse suficientemente grossa para impedir o calor do ar e do sol de verão de derretê-la e corrompê-la.

Recapitulação – Recapitularei os principais fatos com relação ao clima, ação do gelo e produtos orgânicos do hemisfério sul, transpondo os lugares em imaginação para a Europa, com a qual estamos mais bem inteirados. Então, perto de

---

18. Messrs. Dease e Simpson, in *Diário Geograf.*, vol. VIII p. 218 e 220. (N.A.)

19. Cuvier (*Ossemens Fossiles*, tom. I. p. 151), da *Viagem de Billing*. (N.A.)

Lisboa, as ostras mais comuns, a saber, três espécies de *Oliva*, uma *Voluta* e uma *Terebra*, teriam uma característica tropical. Nas províncias do sul da França, magníficas florestas entretecidas com gramas arborescentes e com árvores carregadas de plantas parasitas esconderiam o aspecto da terra. O puma e o jaguar assombrariam os Pirineus. Na latitude de Mont Blanc, exceto em uma ilha tão a oeste como o centro da América do Norte, árvores de samambaias e orquídeas parasitas floresceriam em meio às matas fechadas. Tão ao norte como a região central da Dinamarca, beija-flores seriam vistos agitando-se sobre as flores delicadas e papagaios se alimentariam nas matas sempre verdes. Lá fora, no mar, teríamos uma *Voluta*, e todas as conchas seriam enormes e vigorosas. Apesar disso, em algumas ilhas a apenas 580 quilômetros ao norte do nosso cabo Horn, na Dinamarca, um corpo enterrado no solo (ou em um mar raso, coberto com lama) estaria preservado e perpetuamente congelado. Se algum ousado navegador tentasse seguir em direção ao norte dessas ilhas, correria mil perigos entre *icebergs* gigantes, em algum dos quais provavelmente veria grande blocos de pedras sendo carregadas para longe de seus locais originais. Outra ilha de tamanho grande na latitude do sul da Escócia, mas duas vezes mais a oeste, seria "quase totalmente coberta com neve perpétua", e teria cada baía terminada em penhascos de gelo, de onde grandes massas iriam anualmente se descolar. Essa ilha iria ostentar apenas um pouco de musgo, grama e pimpinela, e uma calhandra seria seu único habitante terrestre. Do nosso novo cabo Horn, na Dinamarca, uma cadeia de montanhas quase com metade da altura dos Alpes correria numa linha reta em direção ao sul e no seu flanco ocidental cada enseada profunda de mar ou fiorde acabariam em "íngremes e surpreendentes geleiras". Esses canais solitários frequentemente reverberariam com as quedas de gelo, e com a mesma frequência grandes ondas correriam por suas costas. Numerosos *icebergs*, alguns tão altos quanto catedrais, seriam retidos nas ilhotas externas e ocasionalmente carregados com "blocos de rocha não desconsideráveis". Em intervalos, terremotos violentos atirariam prodigiosas massas de gelo para dentro das águas em sua base. Por último, alguns missionários na tentativa de penetrar um longo braço de mar contemplariam as montanhas não muito imponentes ao redor com suas torrentes de gelo descendo para o litoral, e seu progresso em botes seria colocado em xeque por inumeráveis *icebergs* flutuantes, alguns pequenos e alguns grandes. E isso teria ocorrido no nosso 22 de junho, e onde o Lago de Genebra agora se estende[20]!

---

20. Na edição anterior e no apêndice da mesma, forneci alguns fatos sobre o transporte de blocos erráticos e *icebergs* no oceano Antártico. Esse assunto foi recente e excelentemente tratado pelo sr. Hayes no *Diário de Boston* (vol. IV, p. 426). O autor não parece ciente de um caso publicado por mim (*Geographical Journal*, vol. IX, p. 528) de um pedregulho gigante incrustado em um *iceberg* gigante no oceano antártico distante, quase certamente 160 quilômetros de qualquer terra e talvez muito mais distante. No Apêndice, discuti longamente a probabilidade (naquela época dificilmente imaginada) de *icebergs*, quando encalhados, abrirem ranhuras e polirem rochas como geleiras. Isso é agora uma opinião comumente aceita, e ainda não posso evitar a suspeita de que isso se aplica mesmo nos casos como aqueles de Jura. Dr. Richardson afirmou-me que os *icebergs* mais distantes da América do Norte arrastaram consigo seixos e areia e deixaram a superfície rochosa totalmente nua. É difícil duvidar que tais orlas sejam polidas e sulcadas na direção de um grupo de correntes que prevalecem. Desde a escrita desse apêndice, vi em Gales do Norte (*London Phil. Mag.*, vol. XXI, p. 180) a ação conjunta de geleiras e *icebergs* flutuantes. (N.A.)

Capítulo XII

Chile Central

Valparaíso – Excursão à base dos Andes – Estrutura da terra – Escalada do monte Bell de Quillota – Massas fragmentadas de *greenstone* – Vales imensos – Minas – Condição dos mineiros – Santiago – Banhos termais de Cauquenes – Minas de ouro – Moinhos para os minérios – Pedras perfuradas – Hábitos do puma – El Turco e Tapacolo – Beija-flores

23 de julho – O *Beagle* ancorou tarde da noite na baía de Valparaíso, o principal porto do Chile. Quando amanheceu, tudo parecia agradável. Depois da Terra do Fogo, não havia como não considerar esse clima maravilhoso – a atmosfera tão seca e os céus tão limpos e azuis com o sol brilhando tão forte que toda a natureza parecia viva e resplandecente. A vista do ancoradouro era muito bonita. A cidade localiza-se bem na base de uma série de montanhas muito íngremes de aproximadamente 2.600 metros de altura. Devido a essa posição, a cidade se estende por uma longa rua paralela à praia e, onde quer que haja uma ravina, as casas se amontoam em ambos os lados. As colinas arredondadas, que são apenas parcialmente protegidas por uma vegetação muito escassa, estão desgastadas na forma de pequenos canais que expõem um solo vermelho singularmente brilhante. Por causa disso e das baixas casas caiadas cobertas de telha, a vista me lembrava Santa Cruz, em Teneriffe. Em direção noroeste, tem-se belos vislumbres dos Andes, mas essas montanhas parecem muito maiores quando vistas das montanhas vizinhas, pois dessa forma a grande distância a que se situam pode ser mais facilmente percebida. O vulcão do Aconcágua é particularmente magnífico. Essa massa enorme e cônica tem uma elevação maior do que o Chimborazo, pois, de acordo com as medidas feitas pelos oficiais no *Beagle*, sua altura não é menor que sete mil metros. Vista desse ponto, entretanto, a cordilheira deve a maior parte de sua beleza à atmosfera através da qual é vista. Quando o sol estava se pondo no Pacífico, era admirável ver quão claramente seus contornos sulcados se distinguiam e também quão variados e delicados eram os tons de suas cores.

Tive a boa sorte de encontrar morando aqui o sr. Richard Corfield, um velho colega de colégio e amigo, a cuja hospitalidade e gentileza devo meus agradecimentos, e que me propiciou a mais agradável hospedagem durante a estada do *Beagle* no Chile. A região bem próxima a Valparaíso não é muito produtiva para o naturalista. Durante o longo verão, o vento sopra constantemente do sul e às vezes da praia, de forma que, nessa época, não chove. Durante os três meses de inverno, entretanto, a chuva é suficientemente abundante. A vegetação, por causa disso, é muito escassa. Excetuando-se alguns vales profundos, não há árvores, apenas um pouco de grama e alguns arbustos baixos que se espalham sobre as partes menos íngremes das montanhas. Quando pensamos que, a uma distância de 560 quilômetros ao sul, esse lado dos Andes é completamente escondido por uma floresta impenetrável, o contraste é muito notável. Dei longas caminhadas enquanto coletava objetos de história natural. A região é muito agradável para o exercício. Há muitas flores bonitas e, como na maioria dos outros climas secos, as plantas e arbustos possuem odores fortes e peculiares – até mesmo as roupas pegam cheiro apenas ao se esfregar nelas. Não cessei de me maravilhar ao descobrir que cada dia era tão belo quanto o precedente. Que diferença o clima faz no gozo da vida! Quão opostas são as sensações que se tem ao se ver montanhas negras semienvoltas em nuvens e uma outra cadeia sob a clara névoa de um belo dia! A primeira, por um tempo, pode até ser muito sublime; a outra é toda júbilo e alegria de viver.

14 de agosto – Parti numa excursão com o propósito de analisar a geologia das partes basais dos Andes que somente nesta época do ano não estão fechadas pela neve do inverno. Nosso primeiro dia de jornada foi em direção ao norte, ao longo da praia. Após escurecer, alcançamos a *hacienda* de Quintero, propriedade que antigamente pertencia ao Lorde Cochrane. Meu objetivo em vir aqui era ver os grandes leitos de conchas que ficam a alguns metros acima do nível do mar e são queimados para obtenção de cal. As provas da elevação de toda essa linha da costa são inequívocas: à altura de algumas poucas centenas de metros, há grande quantidade de conchas antigas, e encontrei mesmo algumas a uma altitude de 390 metros. Essas conchas se encontram soltas na superfície ou incrustadas em um molde vegetal preto avermelhado. Fiquei muito surpreso ao descobrir, sob o microscópio, que esse molde vegetal é, na verdade, lama marinha cheia de minúsculas partículas de corpos orgânicos.

15 de agosto – Retornamos em direção ao vale de Quillota. A região era extraordinariamente agradável, poetas a chamariam de pastoril: campos abertos separados por pequenos vales com arroios e cabanas, talvez pertencentes aos pastores, que se espalhavam ao lado das montanhas. Fomos obrigados a cruzar o cume de Chilicauquen. Na base deste, havia muitas belas florestas de árvores perenes, mas que floresciam apenas nas ravinas, onde havia água corrente. Qualquer pessoa que tivesse visto apenas a região perto de Valparaíso, jamais imaginaria que poderiam existir lugares tão pitorescos no Chile. Tão logo alcançamos o cume da *Sierra*, vimos o vale de Quillota sob nossos pés. A vista era de uma exuberância artificial digna de nota. O vale, muito largo e bem plano, é facilmente irrigado. Os pomares pequenos e quadrados estão repletos de laranjeiras e oliveiras e todos os tipos de vegetais. Em ambos os lados, montanhas enormes e nuas se elevam, e esse contraste torna o vale, feito de retalhos, ainda mais agradável. Quem quer que tenha chamado essa região de "Valparaíso", o "Vale do Paraíso", certamente estava pensando em Quillota. Cruzamos para a *hacienda* de San Isidoro, situada bem ao pé do monte Bell.

O Chile, como pode ser visto nos mapas, é uma estreita faixa de terra entre a cordilheira e o Pacífico, e essa faixa é atravessada por muitas linhas de montanhas que, nesta parte, correm paralelas à grande cadeia. Entre as cordilheiras mais externas e a principal, estende-se uma sucessão de depressões que geralmente se abrem uma para a outra por passagens estreitas. Nessas, estão situadas as principais cidades como San

Felipe, Santiago, San Fernando. Não tenho dúvida de que essas depressões ou planícies, formadas nos vales planos e transversais (como aquele de Quillota), que se conectam com a costa foram, um dia, as partes mais baixas de ilhotas e baías profundas, tais como as que hoje interseccionam cada parte da Terra do Fogo e da costa ocidental. O Chile deve antigamente ter se parecido com o último local citado na configuração de sua terra e água. A semelhança era fortemente demonstrada quando, ocasionalmente, um denso nevoeiro nivelado cobria, como um manto, todas as partes baixas da região. O vapor branco ondulando para dentro das ravinas representava lindamente pequenas enseadas e baías. Aqui e lá, um solitário morrinho despontava, mostrando que tinha, em tempos antigos, permanecido ali como uma ilhota. O contraste destes vales planos e destas depressões com as montanhas irregulares dava ao cenário uma característica que para mim era nova e muito interessante.

Por causa da inclinação natural para o mar essas planícies são facilmente irrigadas e, em consequência, singularmente férteis. Sem esse processo, a terra mal produziria algo, pois, durante todo o verão, o céu fica sem nenhuma nuvem. As montanhas e colinas são sarapintadas com arbustos e árvores pequenas e, excetuando-se esses, a vegetação é muito escassa. Cada proprietário de terra no vale possui uma porção de terreno montanhoso, onde seu gado semisselvagem, em número considerável, desenvolve uma maneira de encontrar pasto suficiente. Uma vez por ano há um grande "rodeo", quando todo o gado é levado para baixo, contado, marcado, e um certo número é separado para ser engordado nos campos irrigados. O trigo é extensivamente cultivado, assim como há o milho indiano também em boa quantidade. Entretanto, o principal artigo de consumo dos trabalhadores comuns é um tipo de feijão. Os pomares produzem uma superabundância de pêssegos, figos e uvas. Com todas essas vantagens, os habitantes da região deveriam ser muito mais prósperos do que de fato são.

16 de agosto – O administrador da *hacienda* foi suficientemente gentil para me fornecer um guia e cavalos descansados. Pela manhã, partimos para nossa subida a Campana, ou

Montanha Bell, que tem 1.850 metros de altura. As estradas são muito ruins, mas tanto a geologia quanto a paisagem valem amplamente o esforço. Chegamos, pela tarde, a uma fonte chamada Água del Guanaco, que se situa a uma grande altitude. Este deve ser um nome antigo, pois já faz muitos anos que um guanaco bebeu dessas águas. Durante a subida, notei que nada, exceto arbustos, cresciam no declive norte, enquanto que no declive sul havia bambus de aproximadamente quatro metros e meio de altura. Em poucos lugares havia palmeiras, e fui surpreendido ao ver uma dessas plantas a uma altura de pelo menos 1.370 metros. Essas palmeiras são, por causa de sua família, árvores feias. O tronco é muito grande e tem uma forma curiosa, sendo mais grosso no meio do que na base ou no topo. Elas são excessivamente numerosas em algumas partes do Chile, e valiosas por causa de um melado feito de sua seiva. Em uma propriedade perto de Petorca, tentaram contálas, mas desistiram após ter numerado centenas de milhares. A cada ano, no começo da primavera, em agosto, muitas são cortadas e, quando o tronco está deitado no chão, a coroa de folhas é cortada. A seiva, então, começa a fluir imediatamente da ponta superior e continua por alguns meses. É necessário, entretanto, que uma fatia fina seja raspada daquela ponta a cada manhã a fim de expor uma nova superfície. Uma boa árvore dá quatrocentos litros, e seu produto deve ser guardado em vasilhas feitas do tronco aparentemente seco. Dizem que a seiva flui muito mais rapidamente nos dias em que o sol está forte e também que é absolutamente necessário tomar cuidado ao cortar a árvore para garantir que ela caia com a folhagem para cima, para o lado da montanha, pois se ela cai para baixo, na ladeira, quase nenhuma seiva pode ser obtida. Embora, nesse caso, se pudesse pensar que a força da gravidade ajudaria a extração da seiva, em vez de impedi-la. Através da fervura, obtém-se um concentrado da seiva que é chamado de melado, ao qual realmente se parece muito em gosto.

Desarreamos nossos cavalos perto da fonte e nos preparamos para passar a noite. O dia caía tranquilo e a atmosfera estava tão limpa que os mastros dos navios ancorados na baía de Valparaíso, embora distassem não menos de 41 quilômetros, podiam ser vistos claramente como pequenos riscos pretos. Um navio, com a vela dobrada, parecia uma mancha branca e brilhante. Anson, em sua viagem, expressou muita surpresa em relação à distância que seus navios foram vistos da costa. Ele não tinha, porém, a completa noção da altura da terra e da grande transparência do ar.

O pôr do sol foi glorioso. Os vales escureciam enquanto os picos nevados dos Andes ainda retinham o tom carmesim. Assim que escureceu, fizemos uma fogueira em um pequeno abrigo de bambus, assamos nosso charque, tomamos nosso mate e estávamos bem confortáveis. Há um encanto que não pode ser expresso em viver dessa forma, ao ar livre. A noite foi calma e quieta. O barulho agudo do bizcacha da montanha e o lânguido grito de um curiango eram ocasionalmente ouvidos. Além desses, poucos pássaros ou mesmo insetos frequentavam essas montanhas secas e ressecadas.

17 de agosto – Pela manhã subimos a massa bruta de diorito que coroa o cume. Essa rocha, como frequentemente acontece, estava quebrada em enormes fragmentos angulares. Observei, entretanto, um detalhe notável, isto é, que muitas das superfícies dos fragmentos apresentavam variados graus de exposição – algumas pareciam ter sido partidas no dia anterior, enquanto que, em outras, parecia que líquens tinham recém-surgido ou então estavam grudados ali há muito tempo. Eu tive tanta certeza que isso se devia a terremotos recentes que me senti inclinado a sair o mais rápido possível de cima das pilhas frouxas. Como se pode facilmente ser enganado em um fato como esse, duvidei de sua exatidão até subir o Monte Wellington, na Terra de Van Diemen, onde não ocorrem terremotos; naquele lugar, vi o cume da montanha de composição similar composto e similarmente partido, mas todos os fragmentos pareciam ter caído nas suas posições atuais há milhares de anos.

Passamos o dia no cume e nunca apreciei tanto estar no topo de uma montanha. O Chile, cercado pelos Andes e pelo Pacífico, era visto como num mapa. O prazer da paisagem, bela em si mesma, era intensificado pelas muitas reflexões que surgiram à mera visão da cadeia de Campana com as cadeias menos paralelas, e do largo vale de Quillota, que as cortava diretamente. Quem pode deixar de pensar na força que levantou essas montanhas e ainda mais nas incontáveis eras que foram necessárias para romper, remover e nivelar todas essas enormes massas de terra? Nesse caso, é bom lembrar dos vastos leitos tabulares e sedimentares da Patagônia que, se amontoados na cordilheira, aumentariam sua altura em muitos metros. Quando eu estava naquela região, pensei em como uma cadeia de montanhas poderia fornecer tais massas de sedimentos sem ser completamente destruída. Devemos agora fazer o raciocínio contrário e questionar se o tempo, todo-poderoso, pode reduzir montanhas – mesmo a gigante cordilheira – a cascalho e lama.

A aparência dos Andes era diferente daquela que eu esperava. A linha mais baixa da neve era obviamente horizontal, e até mesmo os cumes da cadeia pareciam paralelos a essa linha. Somente a longos intervalos um grupo de pontas ou um único cone mostrava onde um vulcão tinha existido ou ainda existe. Dessa forma, a cadeia lembrava uma grande e sólida parede com uma torre elevada aqui e ali e fazendo a mais perfeita barreira da região.

Quase toda a montanha tinha sido perfurada em tentativas de abrir minas de ouro. A fúria da mineração não deixou nem um ponto inexplorado no Chile. Passei o entardecer como antes, conversando ao redor do fogo com meus dois companheiros. Os guasos do Chile correspondem aos gaúchos dos pampas; entretanto, são um grupo de seres muito diferentes. O Chile é o mais civilizado dos dois países, e os habitantes, em consequência, perderam muito dos traços individuais. As classes são muito mais fortemente marcadas. O guaso não considera de maneira nenhuma todos os homens como seus iguais, e fiquei muito surpreso ao saber que meus companheiros não gostavam de comer ao mesmo tempo que eu. Essa desigualdade é uma consequência necessária da presença de uma aristocracia rica. Dizem que poucos grandes donos de terras ganham de cinco a dez mil libras esterlinas por ano: tal desigualdade, acredito, não é encontrada em nenhum outro país criador de gado a leste dos Andes. Um viajante não encontra aqui aquela hospitalidade que recusa qualquer pagamento, mas ainda assim ela lhe é tão gentilmente oferecida que não pode haver nenhum escrúpulo em aceitá-la. Quase todas as casas no Chile irão recebê-lo para a noite, mas uma pequena retribuição é esperada pela manhã. Mesmo um homem rico irá aceitar dois ou três xelins. O gaúcho, embora possa ser um degolador, é um cavalheiro; o guaso é, em alguns aspectos, melhor, mas ao mesmo tempo é um homem vulgar e ordinário. Os dois homens, embora empregados em posições muito semelhantes, são diferentes em seus hábitos e trajes, e as peculiaridades de cada um são comuns a todos em suas respectivas regiões. O gaúcho parece parte de seu cavalo e se recusa a fazer esforço, exceto quando montado. O guaso pode ser contratado como um trabalhador nos campos. O primeiro vive inteiramente de comida animal; o último quase só de vegetais. Não vemos aqui as botas brancas, as bombachas e a *chilipa* escarlate: o pitoresco costume dos pampas. Aqui, calças comuns são protegidas por perneiras pretas e verdes. O poncho, contudo, é comum a ambos. O maior orgulho do guaso reside em suas esporas, que são absurdamente grandes. Medi uma que tinha quinze centímetros de *diâmetro* na roseta, e a roseta em si tinha mais de trinta pontas. Os estribos acompanham a mesma escala, cada um se constitui de um bloco quadrado de madeira oca, ainda assim pesando um ou dois quilos. O guaso é talvez mais perito com o laço do que o gaúcho, mas, por causa da natureza da região, não sabe como usar as bolas.

18 de agosto – Descemos a montanha e passamos por alguns pontos muito bonitos com regatos e belas árvores. Tendo dormido na mesma *hacienda* de antes, cavalgamos durante dois dias sucessivos pelo vale e passamos por Quillota, que é mais uma coleção de viveiros para plantas do que uma cidade. Os pomares eram lindos, exibiam uma enorme quantidade de flores de pessegueiros. Vi também, em um ou dois lugares, palmeiras de tâmara: uma árvore muito majestosa e que me leva a pensar que deve ser esplêndido um grupo delas em seus desertos nativos, na Ásia ou na África. Passamos também por San Felipe, uma cidade bonita, isolada e pequena, similar a

Quillota. O vale, nessa parte, se expande em uma daquelas grandes baías ou planícies que alcançam o pé da cordilheira e que têm sido mencionadas por formar tão curiosa parte da paisagem chilena. Ao entardecer, chegamos às minas de Jajuel, situadas numa ravina no flanco da grande cadeia. Fiquei ali por cinco dias. Meu anfitrião, o superintendente da mina, era um mineiro de Cornwall, esperto, embora muito ignorante. Ele tinha casado com uma espanhola e não pretendia retornar para a Inglaterra, mas sua admiração pelas minas de Cornwall permanecia imensa. Entre muitas outras perguntas, ele me indagou:

– Agora que George Rex está morto, quantos da família dos Rex ainda estão vivos?

Esse Rex certamente deve ser parente do grande autor Finis, que escreveu todos os livros!

Essas minas são de cobre, e todo o minério é embarcado para Swansea para ser fundido. Assim, as minas têm um singular aspecto de quietude, se comparadas às da Inglaterra. Aqui não há fumaça, fornalhas ou grandes máquinas de vapor perturbando a calma das montanhas ao redor.

O governo chileno, ou melhor, a velha lei espanhola encoraja, de todas as maneiras, a procura por minas. O descobridor pode explorar a mina da forma que melhor lhe aprouver se pagar cinco xelins e, antes mesmo de pagar, pode tentar a sorte, mesmo no terreno de outro homem, por vinte dias.

Sabe-se agora que o método chileno de mineração é o mais barato. Meu anfitrião diz que as duas principais melhorias introduzidas por estrangeiros foram, primeiro, reduzir previamente por torrefação as piritas de cobre – que, por ser o minério comum em Cornwall, os mineiros ingleses ficaram impressionados, em sua chegada, ao encontrá-las jogadas fora como inúteis; e, em segundo, selar e lavar os restos de metal fundido nas velhas fornalhas, pois neste processo partículas de metal são recuperadas em abundância. Na verdade, tenho visto muitas mulas indo para a costa transportando cargas de hulhas para enviar para a Inglaterra. Mas o primeiro caso é o mais curioso. Os mineiros chilenos estavam tão convencidos que piritas de cobre não continham nenhuma partícula de cobre, que riram dos ingleses por sua ignorância. Os ingleses foram os que riram por último e compraram seus veios mais ricos por alguns dólares. É muito estranho que, numa região onde a mineração vem sendo extensivamente feita há muitos anos, um processo tão simples como levar o minério ao forno brando para expelir o enxofre antes de fundi-lo não tenha sido descoberto. Algumas melhorias têm sido introduzidas da mesma forma graças a um maquinário simples, mas, mesmo hoje em dia, a água ainda é removida de algumas minas por homens que a carregam à superfície em bolsas de couro!

Os trabalhadores levam uma vida dura. Têm pouco tempo para suas refeições e, durante o verão e o inverno, começam a jornada de trabalho quando amanhece e a encerram ao anoitecer. Recebem uma libra esterlina por mês e a comida para esse período: o desjejum consiste de 16 figos e duas fatias pequenas de pão; o almoço, feijões fervidos; a ceia, grãos partidos de trigo torrado. Raramente sentem o gosto de carne, pois, com as doze libras por ano, têm que vestir e alimentar suas famílias. Os mineiros que trabalham na mina propriamente dita recebem 25 xelins por mês e um pouco de charque. Mas esses homens saem de suas tristes habitações apenas uma vez a cada duas ou três semanas.

Durante minha estada aqui, aproveitei plenamente os passeios por essas enormes montanhas. A geologia, como era de se esperar, é muito interessante. As rochas partidas e endurecidas, atravessadas por inumeráveis diques de *greenstone*, revelavam os grandes abalos ocorridos antigamente. O cenário era muito parecido com aquele perto da montanha Bell de Quillota – montanhas secas e estéreis, sarapintadas, em intervalos, por arbustos com folhagem escassa. Os cactos, ou melhor, opúncias, eram muito numerosos. Medi um de forma esférica que, incluindo os espinhos, tinha 193 centímetros de circunferência. A altura do tipo comum e cilíndrico, incluindo-se os galhos, é de três a quatro metros e meio, e o cinturão (com espinhos) dos galhos tem entre noventa e cento e vinte centímetros.

Uma forte queda de neve nas montanhas me impediu, durante os últimos dois dias, de fazer excursões interessantes. Tentei ir a um lago que os habitantes, por alguma razão inexplicável, acreditavam ser um braço de mar. Durante uma estação muito seca, foi proposta a construção de um canal para se obter água, mas o padre, após uma consulta, declarou que era muito perigoso, como se todo o Chile fosse ser inundado, como em geral de supunha, se o lago fosse de fato conectado com o Pacífico. Subimos a uma grande altura, mas devido aos deslizamentos de neve e não conseguimos chegar até esse lago maravilhoso. Tivemos alguma dificuldade em retornar. Pensei que fôssemos perder nossos cavalos, pois não havia maneiras de saber quão profunda era a neve deslizada, e os animais, quando incentivados a se moverem, só podiam fazê-lo pulando. O céu negro mostrava que uma nova tempestade de neve estava se preparando. Portanto, ficamos muito satisfeitos quando conseguimos escapar. Na hora em que alcançamos a base, começou a tempestade, e foi sorte nossa que isso não tivesse acontecido três horas antes naquele mesmo dia.

26 de agosto – Deixamos Jajuel e novamente cruzamos a depressão de San Felipe. O dia estava verdadeiramente chileno: muito brilhante, e a atmosfera bem limpa. A cobertura de neve, grossa e uniforme, recém-caída, dava à vista do vulcão do Aconcágua e à principal cadeia de montanhas um aspecto glorioso. Estávamos agora no caminho para Santiago, a capital do Chile. Cruzamos o Cerro del Talguen e dormimos em um pequeno rancho. O anfitrião, falando sobre o estado do Chile em comparação com outros países, foi muito humilde:

– Alguns veem com dois olhos e alguns com um, mas, de minha parte, creio que o Chile não vê com nenhum.

27 de agosto – Após atravessar muitas montanhas baixas, descemos na pequena planície sem acesso ao mar de Guitron. Em depressões como essa, que se elevam algo entre trezentos e seiscentos metros acima do mar, há grande quantidade de duas espécies de acácia, que são atrofiadas em suas formas e ficam muito longe uma da outra. Essas árvores nunca são encontradas perto da costa marítima, o que é outra característica específica dessas depressões. Cruzamos uma cordilheira baixa que separa Guitron da grande planície em que fica Santiago. A paisagem aqui é preeminentemente impressionante: a superfície plana coberta em partes por matas de acácia e com a cidade na distância, limitada horizontalmente pela base dos Andes, cujos picos nevados brilhavam com o sol da tarde. No primeiro relance dessa paisagem, era evidente que a planície representava a extensão de um antigo mar interior. Assim que chegamos a uma estrada plana, fizemos nossos cavalos galoparem e chegamos à cidade antes que escurecesse.

Fiquei uma semana em Santiago e aproveitei muito. Pela manhã, cavalguei para vários lugares na planície e, ao entardecer, jantei com vários mercadores ingleses, cuja hospitalidade neste lugar é bem conhecida. Uma fonte de prazer inconteste era escalar uma pequena rocha (St. Lucia) que havia no meio da cidade. A paisagem era admirável e, como tenho dito, muito peculiar. Sei que essa mesma característica é comum às cidades do grande planalto mexicano. Da cidade, não tenho nada a dizer em particular: não é tão bonita ou grande como Buenos Aires, mas segue o mesmo modelo de construção. Cheguei aqui por um circuito vindo do norte, então decidi retornar para Valparaíso por um trajeto maior para o sul do que estrada direta.

5 de setembro – Perto do meio-dia chegamos a uma das pontes suspensas, feita de couro cru, que cruza o Maypu, um rio grande e turbulento algumas léguas ao sul de Santiago. Essas pontes são construções muito precárias. A estrada, seguindo a curvatura das cordas suspensas, é feita de feixes de paus colocados próximos uns dos outros. A ponte é cheia de buracos e oscilava de modo bastante terrível mesmo sob o peso de um homem puxando seu cavalo. À tarde, chegamos a uma confortável casa de fazenda, onde havia muitas e belas *señoritas*. Elas ficaram um tanto horrorizadas por eu ter entrado em uma de suas igrejas só por mera curiosidade. Elas me perguntaram:

– Por que você não se torna um cristão, já que nossa religião é a certa?

Assegurei-lhes que eu era uma espécie de cristão, mas que elas ainda não tinham ouvido falar disso. Reproduzo minhas próprias palavras:

– Seus padres e bispos não se casam?

O absurdo de um bispo ter uma esposa as surpreendeu de um modo extraordinário: elas mal sabiam se diante de tal monstruosidade ficavam surpresas ou horrorizadas.

Dia 6 – Seguimos em direção ao sul e dormimos em Rancagua. A estrada passava sobre uma planície estreita, limitada de um lado por montanhas imponentes e no outro pela cordilheira. No dia seguinte, dobramos o vale do rio Cachapual, onde se situam os banhos quentes dos Cauquenes, há muito celebrados por suas propriedades medicinais. As pontes suspensas, nas partes menos frequentadas, são geralmente postas abaixo durante o inverno quando os rios estão baixos. Esse era o caso neste vale, e fomos, portanto, obrigados a cruzar a corrente montados. Isso é bem desagradável, pois a água corrente, embora não muito funda, corria tão rapidamente sobre o leito de grandes pedras redondas que chegava a ser estonteante, dificultando até mesmo que percebêssemos se o cavalo estava se movendo para frente ou parado. No verão, quando a neve derrete, as torrentes são intransponíveis. Sua força e fúria são, então, extremamente grandes, como pode ser visto com clareza pelas marcas deixadas. Chegamos aos banhos à tarde e ficamos lá cinco dias, sendo que nos dois últimos passamos confinados por uma pesada chuva. As construções consistem de pequenas choupanas quadradas e miseráveis, cada uma com uma única mesa e banco. Elas estão situadas em um vale profundo e estreito bem na parte central da cordilheira. É um ponto quieto e solitário, de uma enorme beleza selvagem.

As fontes minerais de Cauquenes eclodem em uma linha de deslocamento que cruza uma massa de rocha estratificada, a qual é percebida pela ação do calor. Uma quantidade considerável de gás escapa continuamente dos mesmos orifícios junto com a água. Embora as fontes estejam separadas apenas por alguns metros, elas têm temperaturas muito diferentes. Isso parece ser o resultado de uma mistura desigual de água fria, pois aquelas com a temperatura mais baixa mal têm um gosto mineral. Após o grande terremoto de 1822, as fontes cessaram e a água não retornou por quase um ano. Elas foram também muito afetadas pelo terremoto de 1835, a temperatura mudou subitamente de 48° C para 33° C[21]. É provável que águas minerais, subindo das entranhas da terra, sejam sempre mais afetadas por distúrbios subterrâneos do que as próximas à superfície. O homem que tomava conta dos banhos me afirmou que, no verão, a água é mais quente e mais abundante do que no inverno. A primeira afirmação era de se esperar, por causa da menor mistura de água fria durante a estação seca, mas a última afirmação era muito estranha e contraditória. O aumento periódico de água durante o verão, quando nunca chove, pode, creio, ser associado apenas ao derretimento da neve. Ainda assim, as montanhas que são cobertas por neve nessa estação estão a catorze ou dezenove quilômetros de distância das fontes. Não tenho motivos para duvidar da precisão de meu informante, que vive no local lá muitos anos e deve estar bem familiarizado com essa circunstância, que, se verdadeira, certamente é muito curiosa. Devemos, portanto, supor que a água da neve, sendo conduzida através do estrato poroso para as regiões de calor, é novamente lançada para a superfície pela linha de rochas injetadas e deslocadas em Cauquenes, e a regularidade do fenômeno parece indicar que, nesse distrito, as rochas aquecidas ocorrem a uma profundidade não muito grande.

Certo dia, cavalguei vale acima para o ponto mais distante e desabitado. Imediatamente acima daquele ponto, o Cachapual se divide em duas tremendas ravinas, que penetram diretamente na grande cadeia. Subi uma montanha pontuda, provavelmente com mais de 1.800 metros de altura. Aqui, como de fato em todos os outros lugares, cenas do mais alto interesse podiam ser vistas. Foi por uma dessas ravinas que Pincheira entrou no Chile e devastou as regiões vizinhas. Esse é o mesmo homem cujo ataque a uma estância no rio Negro descrevi. Era um espanhol mestiço renegado que juntou um

21. Caldcleugh, em *Philosoph. Transact.* para 1836. (N.A.)

grande corpo de índios e se estabeleceu perto de um córrego nos pampas, que nenhuma das forças mandadas atrás dele jamais descobriu onde ficava. Ele costumava atacar desse ponto e, cruzando a cordilheira por passagens até agora não testadas, atacava casas de fazenda e levava o gado para seu ponto de encontro secreto. Pincheira era um excelente cavaleiro e fazia de todos ao seu redor igualmente bons, pois invariavelmente atirava em qualquer um que hesitasse em segui-lo. Foi contra esse homem e outras tribos errantes de índios que Rosas empreendeu a guerra de extermínio.

13 de setembro – Deixamos os banhos de Cauquenes e, voltando à estrada principal, dormimos em Rio Claro. Desse lugar, cavalgamos para a cidade de San Fernando. Antes de chegarmos lá, a última depressão cercada tinha se expandido numa grande planície que se estendia tão ao longe para o sul que cumes nevados do Andes, mais distantes, pareciam estar na linha de horizonte do mar. San Fernando está a cento e noventa quilômetros de Santiago e foi o ponto mais ao sul a que cheguei, pois daqui dobramos em ângulo reto em direção à costa. Dormimos nas minas de ouro de Yaquil, que são exploradas pelo sr. Nixon, um cavalheiro americano, a cuja gentileza fiquei muito agradecido durante os quatro dias em que permaneci em sua casa. Na manhã seguinte, cavalgamos para as minas que se situam à distância de algumas dezenas de quilômetros perto do cume de uma montanha alta. No caminho, tivemos um vislumbre do lago Taguatagua, celebrado por suas ilhas flutuantes descritas por M. Gay[22]. Elas são compostas de troncos de várias plantas mortas entrelaçadas e, na superfície, outras plantas vivas firmam raízes. Sua forma é geralmente circular, e sua grossura varia de um metro e vinte a um metro e oitenta centímetros. A maior parte da ilha flutuante fica imersa na água. Conforme o vento sopra, elas passam de um lado do lago para o outro e frequentemente carregam gado e cavalos como passageiros.

---

22. *Annales des Sciences Naturelles*, março, 1833. M. Gay, um naturalista natural zeloso e hábil, estava então estudando cada ramo da história natural através do reino do Chile. (N.A.)

Quando chegamos à mina, fui surpreendido pela pálida aparência de muitos dos homens e perguntei ao sr. Nixon sobre a situação deles. A mina tem 137 metros, e cada homem traz aproximadamente noventa quilos de pedras. Os homens têm que subir com essa carga por escadas de madeira em ziguezague em direção à entrada da mina, através de desfiladeiros estreitos e tortuosos. Até mesmo jovens com dezoito ou vinte anos, com pouco desenvolvimento muscular (estão nus, exceto por suas calças) sobem com essa mesma grande carga praticamente da mesma profundidade. Um homem forte não acostumado com esse trabalho transpira muito profusamente carregando apenas o seu próprio corpo. Mesmo com esse trabalho tão duro, eles vivem exclusivamente de feijões fervidos e pão. Prefeririam ter apenas pão, mas seus mestres, achando que eles não poderiam trabalhar tão duro apenas com isso, os tratam como cavalos, e os fazem comer feijões. Seu pagamento é aqui um pouco maior do que nas minas de Jajuel, ficando entre 24 e 28 xelins por mês. Deixam a mina apenas uma vez a cada três semanas, quando ficam com suas famílias por dois dias. Uma das regras dessa mina parece muito dura, mas dá ótimos resultados para o dono. O único método de roubar ouro é esconder pedaços dele e levá-los para fora quando a ocasião permitir. A qualquer hora que o gerente encontra uma pepita escondida dessa forma, seu valor é tirado dos salários de todos os trabalhadores que, assim, sem terem combinado, são obrigados a manter vigilância uns sobre os outros.

Quando o minério é trazido para o moinho, é moído em um pó fino. O processo de lavagem remove todas as partículas mais leves, e o amálgama finalmente se torna ouro em pó. A lavagem, quando descrita, soa como um processo muito simples, mas é bonito ver que a exata adaptação da corrente de água para a densidade do ouro facilmente separa a matriz em pó do metal. A lama que passa pelos moinhos é coletada em piscinas, onde se deposita e, de vez em quando, é limpa e atirada em uma pilha comum. Uma série de reações químicas então começa, sais de vários tipos afloram à superfície e a massa se torna dura. Após ser deixada por um ou dois anos e novamente lavada, libera o ouro. Esse processo pode ser repetido até mesmo seis ou sete vezes, mas a cada vez o ouro torna-se mais escasso e os intervalos necessários (como os habitantes dizem, para gerar o metal) são maiores. Não há dúvida de que a reação química, já mencionada, libera a cada vez uma nova quantidade de ouro de algum composto. A descoberta de um método para efetuar isso antes da primeira pulverização iria sem dúvida aumentar muito o valor do minério de ouro. É curioso como minúsculas partículas de ouro, espalhadas por aí e não gastas, finalmente se acumulam em alguma quantidade. Pouco tempo atrás, alguns mineiros ao saírem do trabalho obtiveram permissão para raspar o chão ao redor da casa e dos moinhos. Lavaram a terra que recolheram e assim obtiveram em ouro o valor equivalente a trinta dólares. Isso é uma exata reprodução do que acontece na natureza. Montanhas sofrem degradação e se desgastam, e, junto, os veios metálicos que ela contém. A rocha mais dura é desgastada em lama impalpável, os metais ordinários oxidam, e ambos são removidos, mas ouro, platina e alguns outros metais são praticamente indestrutíveis e, pelo seu peso, afundam às profundezas e são deixados para trás. Após montanhas inteiras passarem por esse moinho e serem lavadas pela mão da natureza, o resíduo se torna metalífero, e o homem encontra a sua parte em completar a tarefa de divisão.

Embora o tratamento dos mineiros recém-descritos pareça ruim, é bem aceito por eles, pois a condição dos agricultores é muito pior. Seus salários são menores e vivem quase que exclusivamente de feijão. Essa pobreza se deve principalmente ao sistema em que a terra é trabalhada, semelhante ao feudal. O proprietário dá um pequeno pedaço de terra para o trabalhador, para construir e cultivar, e em troca tem seus serviços (ou os de um representante) para cada dia de sua vida, sem nenhum salário. Até que um pai tenha um filho crescido, que possa por meio de seu trabalho pagar o aluguel, não há ninguém, exceto em dias eventuais, que possa cuidar de seu próprio pedaço de terra. Dessa forma, a pobreza extrema é comum entre as classes trabalhadoras nessa região.

Há algumas ruínas indígenas nessa vizinhança. Mostraram-me uma de pedras perfuradas que Molina menciona como sendo encontradas em muitos lugares e em número considerável. Elas têm forma circular e achatada com algo entre doze e quinze centímetros de diâmetro, com um buraco passando bem pelo centro. Supõe-se que eram usadas como ponteiras para tacapes, embora sua forma não pareça de nenhuma maneira bem adaptada a esse propósito. Burchell[23] afirma que algumas tribos na África do Sul cavam raízes com a ponta de um pau cuja força e peso é aumentada por uma pedra redonda com um buraco no meio, a qual é preso à outra ponta. É provável que os antigos índios do Chile usassem alguma forma de instrumento agrícola rudimentar.

Certo dia, um alemão colecionador de história natural, chamado de Renous, chegou praticamente ao mesmo tempo que um velho advogado espanhol. Diverti-me ao ouvir a conversa que ocorreu entre eles. Renous fala espanhol tão bem que o velho advogado o tomou por um chileno. Renous, aludindo a mim, interrogou-o sobre o que ele achava do rei da Inglaterra mandar um colecionador de seu país para pegar lagartos e escaravelhos e quebrar pedras? O velho cavalheiro pensou seriamente por algum tempo e disse:

– Não está certo, *hay um gato encerrado aqui* (há um gato escondido aqui). Nenhum homem é rico o suficiente para mandar pessoas pegar tais bobagens. Não gosto disso. Se um de nós tivesse que fazer tais coisas na Inglaterra, você não acha que o rei da Inglaterra iria logo nos mandar embora de seu país?

E esse velho cavalheiro, por sua profissão, pertence às mais bem informadas e mais inteligentes classes! O próprio Renous, dois ou três dias antes, havia deixado em uma casa em San Fernando algumas lagartas, aos cuidados de uma garota para alimentá-las, visto que podiam logo se transformar em borboletas. Essa notícia se espalhou pela cidade, e então os padres e o governador debateram e concordaram que devia ser alguma heresia. Consequentemente, quando Renous voltou, foi preso.

23. *As Viagens de Burchell*, vol. II, p. 45. (N.A.)

19 de setembro – Deixamos Yaquil e seguimos o vale plano exatamente como aquele de Quillota em que corre o rio Tinderica. Mesmo a poucos quilômetros ao sul de Santiago, o clima é muito úmido. Há, por consequência, belas pastagens que não necessitam de irrigação. Seguimos (dia 20) esse vale até que ele se abriu em uma planície maior que ia do mar até as montanhas a oeste de Rancagua. Rapidamente perdemos de vista todas as árvores e até mesmo os arbustos. Isso me leva a crer que os habitantes daqui praticamente não tenham lenha, como os dos pampas. Como nunca tinha ouvido falar dessas planícies, fiquei muito surpreso ao encontrar tal cenário no Chile. As planícies faziam parte a mais de uma série de diferentes elevações e eram cortadas por vales largos de base plana. Essas duas circunstâncias, como na Patagônia, evidenciam a ação do mar em elevar a terra de modo sutil. Nos penhascos escarpados costeando esses vales, há algumas cavernas grandes que, sem dúvida, foram formadas pelas ondas. Uma dessas é celebrada sob o nome de Cueva del Obispo, e antigamente foi consagrada. Durante o dia, senti-me muito mal e não me recuperei até final de outubro.

22 de setembro – Continuamos a passar sobre as planícies verdes sem uma árvore. No dia seguinte, chegamos a uma casa perto de Navedad, na costa do mar, onde um rico fazendeiro nos deu alojamento. Fiquei aqui os dois dias seguintes e, embora estivesse me sentindo muito mal, dei um jeito de coletar algumas conchas marinhas de formação terciária.

Dia 24 – Nosso curso estava agora direcionado para Valparaíso, onde com grande dificuldade cheguei no dia 27 e fui lá confinado à minha cama até o fim de outubro. Durante esse tempo, fiquei como que internado na casa do sr. Dorfield, cuja gentileza não sei como agradecer.

Vou adicionar aqui algumas observações sobre certos animais e aves do Chile. O puma, ou leão da América do Sul, não é incomum. Esse animal tem um enorme alcance geográfico, pode ser encontrado nas florestas equatoriais, nos desertos da Patagônia e tão ao sul quanto as latitudes úmidas e frias (53° a 54°) da Terra do Fogo. Vi suas pegadas na cordilheira do Chile central a pelo menos três mil metros de altitude. Em La Plata, o puma preda majoritariamente veados, avestruzes, bizcachas e outros pequenos quadrúpedes. Lá raramente ataca gado ou cavalos e ainda mais raramente homens. No Chile, entretanto, ele mata muitos cavalos e gado jovem, provavelmente por causa da escassez de quadrúpedes. Ouvi um relato de dois homens e uma mulher que foram vitimados por esse animal. Dizem que o puma sempre mata a presa pulando em seus ombros e então puxando a cabeça dela para trás com uma de suas patas até que as vértebras se quebrem. Tenho visto, na Patagônia, esqueletos de guanacos com os pescoços deslocados dessa forma.

O puma, após comer o suficiente, cobre o corpo com arbustos grandes e deita-se ao lado para manter vigilância. Esse hábito frequentemente faz com que ele seja descoberto, pois os condores, girando no ar, de vez em quando descem para participar do banquete e são ferozmente afastados, decolando agora juntos. O guaso chileno sabe então que há um leão observando sua presa – a ordem é dada – e homens e cães correm para a caçada. *Sir* F. Head diz que um gaúcho nos pampas, só de ver alguns condores girando no ar, gritou "Um leão!" Nunca encontrei ninguém que tivesse tais poderes de discernimento. É certo que, se um puma uma vez foi traído por vigiar a carcaça e então foi caçado, ele nunca retorna a esse hábito, em vez disso, depois de se empanturrar, vaga para longe. O puma é facilmente morto. Em uma região aberta, ele é primeiro preso com as bolas, então laçado e arrastado pelo chão até que fique inconsciente. Em Tandeel (sul do Prata), disseram-me que, em três meses, cem pumas tinham sido mortos dessa maneira. No Chile, são geralmente forçados a subir em arbustos ou árvores e então são abatidos ou molestados por cães até a morte. Os cães empregados nessa caçada pertencem a uma raça particular, chamada leoneros: são animais fracos e frágeis como *terriers* com pernas longas, mas nascem com um instinto para esse esporte. O puma é descrito como sendo muito astuto: quando perseguido, frequentemente retorna à sua trilha antiga e então subitamente salta para um lado e espera até que os cães tenham passado. É um animal muito silencioso que não solta nenhum grito mesmo quando está sendo abatido, apenas raramente se faz ouvir, durante a época de acasalamento.

De aves, duas espécies do gênero *Pteroptochos* (*megapodius* e *albicollis* de Kittlitz) são talvez as mais evidentes. A primeira, chamada pelos chilenos de "el turco", é um animal grande como um tordo, ave com a qual tem alguma semelhança, mas suas patas são muito mais longas, a cauda mais curta e o bico mais forte. Sua cor é de um marrom-avermelhado. O turco não é incomum. Vive no solo, protegido entre as moitas que estão espalhadas sobre as montanhas secas e estéreis. Com sua cauda ereta e patas similares a pernas de pau, ele pode ser visto, eventualmente, movendo-se com impressionante rapidez de um arbusto para outro. É preciso realmente pouca imaginação para acreditar que o pássaro está com vergonha de si mesmo e que está consciente de sua aparência ridícula. À primeira vista, alguém pode ficar tentado a exclamar: "Um espécime vilmente empalhado escapou de algum museu e voltou à vida!" Não se pode fazê-lo decolar sem uma grande perturbação. O animal não corre, apenas pula. Os vários gritos altos que solta são tão estranhos quanto sua aparência. Dizem que ele constrói seu ninho em um buraco fundo cavado no solo. Dissequei vários espécimes: a moela, que era muito musculosa, continha besouros, fibras vegetais e seixos. Por essa característica, pelo comprimento de suas patas, pelos pés que arranham, pelas coberturas membranosas nas narinas, asas curtas e arqueadas, por tudo isso, essa ave parece, em certo grau, estar relacionada com os tordos e com a ordem galinácea.

A segunda espécie (ou *P. albicollis*) se parece com a primeira em sua forma geral. É chamada de tapacolo, ou "cobre traseiro", e a ave sem-vergonha bem faz por merecer seu nome, pois carrega sua cauda mais que ereta, ou seja, inclinada, em direção à cabeça. É muito comum e frequenta as bases de fileiras de cercas vivas e os arbustos espalhados sobre as montanhas estéreis, onde raramente outra ave poderia viver. Pela maneira geral de se alimentar, de pular rapidamente de moita em moita, em busca de esconderijo, negando-se a decolar, e por sua nidificação, apresenta uma íntima semelhança com o turco, mas sua aparência não é tão ridícula. O tapacolo é muito astuto. Quando assustado por qualquer pessoa, permanece estático na base de uma moita e, após um tempo, tenta, com muito esforço, rastejar para longe, na direção oposta. É também uma ave ativa e faz um barulho contínuo. Esses sons são variados e estranhamente peculiares. Alguns são como o arrulhar das pombas, outros, como o borbulhar da água, e muitos desafiam quaisquer comparações. O povo da região diz que ele muda seu grito cinco vezes por ano – de acordo com alguma mudança de estação, suponho[24].

Duas espécies de beija-flores são comuns; o *Trochilus forficatus* é encontrado numa área de quatro mil quilômetros que vai da costa oeste da região quente e seca de Lima, às florestas da Terra do Fogo, onde pode ser visto voando em tempestades de neve. Na ilha de Chiloé, coberta de árvores, e que tem um clima extremamente úmido, esse pequeno pássaro, fugindo de um lado para outro entre a folhagem gotejante, é talvez mais abundante que quase qualquer outro tipo. Abri os estômagos de vários espécimes abatidos em diferentes partes do continente, e os restos de insetos encontrados foram tão numerosos como no estômago de um réptil. Quando essa espécie migra no verão em direção ao sul, é substituída pela chegada de outra espécie vinda do norte. Esse segundo tipo (*Trochilus gigas*) é um pássaro muito grande para a delicada família à qual pertence. Quando em voo, sua aparência é singular. Como outros do gênero, eles se movem de um lugar a outro com uma rapidez que pode ser comparada à do *Syrphus* entre moscas e à do *Sphinx* entre mariposas, mas, enquanto paira sobre uma flor, bate suas asas com um movimento muito lento e poderoso, totalmente diferente daquele vibratório

24. É um fato notável que Molina, ainda que descrevendo em detalhes todas as aves e animais do Chile, nem uma vez mencione esse gênero, espécie que é tão comum e tão notável em seus hábitos. Estaria ele perdido em como classificá-la e assim pensou que silêncio era o recurso mais prudente? É mais um caso das frequentes omissões de autores em assuntos em que deveriam se pronunciar. (N.A.)

comum para a maioria das espécies que produzem o zunido. Nunca vi nenhuma outra ave cuja força das asas parecesse (como em uma borboleta) tão poderosa em proporção ao peso de seu corpo. Quando paira perto de uma flor, sua cauda se expande e se fecha constantemente, como um leque, e o corpo é mantido em uma posição quase vertical. Essa ação parece estabilizar e sustentar a ave entre os lentos movimentos de suas asas. Embora voando de flor em flor para procurar comida, seu estômago geralmente contém abundantes restos de insetos, que suspeito serem o real objeto de sua busca, e não o mel. O canto dessa espécie, como o de quase toda sua família, é extremamente agudo.

Capítulo XIII

Ilhas Chiloé e Chonos

Chiloé – Aspecto geral – Excursão de bote – Índios nativos – Castro – Raposa mansa – Escalada do San Pedro – Arquipélago Chonos – Península de Três Montes – Cadeia granítica – Marujos náufragos – Porto de Low – Batata selvagem – Formação de turfa – *Myopotamus*, lontra e camundongos – Cheucau e pássaro que late – *Opetiorhynchus* – Singular natureza da ornitologia – Procelária

10 de novembro – O *Beagle* partiu de Valparaíso com o objetivo de pesquisar o sul do Chile, a ilha de Chiloé e uma terra fragmentada chamada de arquipélago Chonos até a península de Três Montes. No dia 21, ancoramos na baía de San Carlos, a capital de Chiloé.

A ilha tem aproximadamente 140 quilômetros de comprimento e uma largura de pouco menos de cinquenta. A terra é cheia de morros, mas não é montanhosa e é coberta por uma grande floresta, exceto onde uns poucos pedaços foram limpos ao redor de cabanas cobertas de palha. À distância, a vista lembra um pouco a da Terra do Fogo, mas as matas, quando vistas mais de perto, são incomparavelmente mais bonitas. Muitos tipos de árvores perenes e plantas com uma característica tropical tomam aqui o lugar das faias escuras das costas do Sul. No inverno, o clima é detestável e, no verão, é apenas um pouco melhor. Devo pensar que há poucas partes no mundo, dentro da região temperada, onde caia tanta chuva. Os ventos são muito violentos, e o céu está quase sempre nublado; ter uma semana de tempo bom é algo maravilhoso. É difícil até mesmo ter um único relance da cordilheira. Durante nossa primeira visita, apenas uma vez o vulcão de Orsono se evidenciou nitidamente, e isso foi antes do nascer do sol. Foi muito curioso observar, à medida que o sol subia, o contorno dele gradualmente desvanecendo no clarão do céu ao leste.

Os habitantes, por sua compleição e estatura baixa, parecem ter três quartos de sangue indígena em suas veias. São homens humildes, quietos e trabalhadores. Ainda que o solo fértil, resultado da decomposição de rochas vulcânicas, suporte uma abundante vegetação, o clima não é favorável para nenhuma produção que requeira luz do sol para amadurecer. Há muito pouco pasto para os quadrúpedes maiores, e, por isso, os artigos de consumo alimentar são o porco, as batatas e os peixes. As pessoas se vestem com trajes rústicos de lã, que cada família faz para si mesma, e tingem com uma cor azul-escuro. As artes, entretanto, estão no estado mais rudimentar, como pode ser visto no estranho modo com que aram a terra, tecem, moem o milho e constroem seus barcos. As florestas são tão impenetráveis que a terra não é cultivada em nenhum lugar exceto perto da costa e nas ilhotas adjacentes. Mesmo onde existem caminhos, eles mal podem ser atravessados devido ao estado pantanoso do solo. Os habitantes, como os da Terra do Fogo, transitam principalmente pela praia ou em botes. Embora tenham bastante comida, as pessoas são muito pobres, não há demanda por trabalho e, consequentemente, as classes mais baixas não conseguem juntar dinheiro nem mesmo para os menores luxos. Há também uma grande deficiência: uma moeda circulante. Vi um homem com um saco de carvão vegetal nas costas, com que comprou um pouco de bolo, e outro carregando uma tábua de madeira para trocar por uma garrafa de vinho. Dessa forma todo homem de negócios também tem que ser um comerciante e novamente vender os bens que recebe em troca.

24 de novembro – O veleiro e o baleeiro foram mandados, sob o comando do sr. (agora capitão) Sulivan, para pesquisar a parte leste ou o interior de Chiloé, e com ordens de encontrar o *Beagle* na extremidade sul da ilha, ponto que este deverá alcançar seguindo por fora, para poder circunavegar o todo. Acompanhei essa expedição, mas, em vez de ir nos botes, no primeiro dia, contratei cavalos para me levar para Chacao, na extremidade norte da ilha. A estrada seguia a costa e de vez em quando cruzava promontórios cobertos por florestas. Nesses caminhos escuros, é absolutamente necessário que toda a estrada seja feita com achas de madeira quadradas e colocadas uma ao lado da outra. Como os raios de sol nunca penetram na folhagem perene, o chão é tão úmido e macio que apenas dessa forma um homem ou cavalo seria capaz de passar pelo caminho. Cheguei à vila de Chacao logo depois das tendas pertencentes aos barcos terem sido armadas para a noite.

A terra nessa região tem sido extensivamente limpa e havia muitos recantos quietos e pitorescos na floresta. Chacao era antigamente o principal porto na ilha, mas como muitos navios haviam sido perdidos devido às perigosas correntes e rochas nos estreitos, o governo espanhol queimou a igreja e assim arbitrariamente obrigou a maioria dos habitantes a migrar para San Carlos. Não fazia muito que tínhamos acampado, quando o filho do governador veio descalço nos reconhecer. Vendo a bandeira inglesa içada no topo do mastro do iole, ele perguntou, com a mais completa indiferença, se ela sempre tremularia em Chacao. Em muitos lugares, os habitantes estavam muito surpresos com a aparência dos botes e do navio de guerra, esperavam e acreditavam que fosse um precursor de uma frota espanhola, vindo para recuperar a ilha do governo patriótico do Chile. Todos os homens no poder, entretanto, tinham sido informados de nossa visita e foram distintamente corteses. Enquanto estávamos comendo nossa ceia, o governador nos fez uma visita. Ele tinha sido um tenente-coronel no serviço espanhol, mas agora era miseravelmente pobre. Deu-nos duas ovelhas e aceitou em troca lenços de algodão, alguns adornos metálicos e um pouco de tabaco.

Dia 25 – Chuva torrencial: demos um jeito, entretanto, de percorrer a costa até Huapi-lenou. Todo lado leste de Chiloé tem apenas um aspecto: é uma planície interrompida por vales e dividida em pequenas ilhas. E é densamente coberto com uma impenetrável floresta de um verde enegrecido. Nas margens, há alguns espaços limpos ao redor das cabanas de teto alto.

Dia 26 – O dia amanheceu esplendidamente aberto. O vulcão de Orsono expelia nuvens de fumaça. Essa montanha muito bonita, formada como um cone perfeito e branco de neve, distinguia-se em frente da cordilheira. Outro grande vulcão, com um cume anticlinal, também emitia, de sua imensa cratera, pequenos jatos de vapor. A seguir, vimos o imponente pico do Corcovado – bem merecedor do nome de "el famoso Corcovado". Dessa forma, contemplamos, de um ponto, três grandes e ativos vulcões, cada um com aproximadamente dois mil metros de altura. Somando-se a isso, longe ao sul, havia outros cones imponentes cobertos com neve que, embora não se saiba se ainda estão ativos, devem ser de origem vulcânica. A linha dos Andes não é, nessa região, nem de perto tão alta como no Chile, nem parece formar uma barreira tão perfeita entre as regiões da terra. Essa grande cadeia, embora disposta em uma linha reta de norte a sul, devido a uma ilusão de óptica sempre parecia mais ou menos curvada, pois as linhas desenhadas de cada pico, aos olhos do contemplador, necessariamente convergiam como os raios de um semicírculo e não era possível (devido à nitidez da atmosfera e à ausência de qualquer objeto intermediário) julgar quão distante os picos mais altos estavam. Pareciam ficar em um semicírculo achatado.

Ao aportar, ao meio-dia, vimos uma família de origem puramente indígena. O pai era singularmente parecido com York Minster, e alguns dos garotos mais novos, com suas compleições avermelhadas, poderiam ser confundidos com indígenas pampeanos. Tudo que tenho visto me convence da íntima conexão das diferentes tribos americanas que, no entanto, falam línguas diferentes. Esse grupo não dominava muito o espanhol, e falavam uns com os outros em sua própria língua. É agradável ver os aborígines alcançando o mesmo grau de civilização, por menor que seja, que seus conquistadores brancos atingiram. Mais para o sul, vimos muitos índios puros: de fato, todos os habitantes de algumas ilhotas retêm seus sobrenomes indígenas. No censo de 1832, havia em Chiloé e suas dependências 42 mil habitantes. A maioria desses habitantes parece ser composta de mestiços. Onze mil mantêm seus sobrenomes indígenas, mas é provável que nem todos sejam de sangue puro. Sua maneira de vida é a mesma dos outros habitantes pobres, e eles são todos cristãos. Dizem, porém, que eles ainda mantêm algumas estranhas cerimônias supersticiosas e que alegam manter comunicação com o demônio em certas cavernas. Antigamente as pessoas acusadas desse crime eram mandadas para a Inquisição, em Lima. Muitos dos habitantes não incluídos nos onze mil com sobrenomes indígenas não podem ser distinguidos, por sua aparência, de índios. Gómez, o governador de Lemuy, descende de nobres da Espanha por ambos os lados, mas, por constantes casamentos entre os nativos, o homem atual é um índio. Por outro lado, o governador de Quinchao se vangloria de ter mantido seu puro sangue espanhol.

Chegamos à noite a uma bela e pequena angra ao norte da ilha de Caucahue. O povo aqui reclamou de falta de terra. Isso se deve parcialmente à sua própria negligência em não limpar as matas e também às restrições do governo, que exige, antes que se compre mesmo um pedaço pequeno de terra, o pagamento de dois xelins para o pesquisador medir cada quadra (150 metros quadrados), além do preço que ele fixar para o pedaço medido. Após essa avaliação, a terra deve ser colocada em leilão por três vezes e, se ninguém der um lance maior, o comprador pode tê-la pelo preço estipulado pelo pesquisador. Todas essas exigências devem representar um sério problema para limpar o solo, num lugar em que os habitantes são tão extremamente pobres. Na maioria das regiões, florestas são removidas sem muita dificuldade com a ajuda do fogo, mas em Chiloé, em virtude da natureza úmida do clima e do tipo de árvores, é necessário, antes de qualquer coisa, derrubá-las. Isso representa um grande obstáculo para a prosperidade do Chiloé. No tempo dos espanhóis os índios não podiam possuir terras, e uma família, depois de ter limpado um pedaço de chão, podia ser expulsa e a propriedade apreendida pelo governo. As autoridades chilenas agora estão realizando um ato de justiça ao recompensar esses pobres índios, dando a cada homem, de acordo com o seu nível de vida, uma certa porção de terra. O valor de terrenos não desobstruídos é muito pequeno. O governo deu ao sr. Douglas (o atual topógrafo, que me pôs a par dessas circunstâncias) 22 quilômetros quadrados de floresta perto de S. Carlos, como pagamento de um débito; e ele os vendeu por 350 dólares, ou aproximadamente setenta libras esterlinas.

Os dois dias que se seguiram foram bons, e à noite chegamos à ilha de Quinchao. Essa é a área mais cultivada do arquipélago, pois uma larga tira de terra na costa da ilha principal, assim como em muitas das ilhas contíguas menores, está quase completamente desobstruída. Algumas das casas de fazenda pareciam muito confortáveis. Eu estava curioso para saber quão ricas eram aquelas pessoas, mas o sr. Douglas diz que nenhuma delas possui um rendimento regular. Um dos mais ricos proprietários de terras pode acumular, numa vida longa e laboriosa, o equivalente a mil libras esterlinas, mas, caso isso acontecesse, essa quantia seria guardada em algum canto secreto, pois é um costume de quase todas as famílias ter um pote ou um baú de tesouro enterrado no chão.

30 de novembro – Domingo de manhã cedo chegamos a Castro, a antiga capital do Chiloé, agora um lugar miserável e abandonado. A habitual disposição quadrangular das cidades espanholas pôde ser identificada, mas as ruas e a praça estavam cobertas com uma relva fina e verde, sobre a qual ovelhas pastavam. A igreja, que fica no meio, é feita de madeira e possui uma aparência pitoresca e frágil. A pobreza do lugar talvez se deva ao fato de que, embora tenha algumas centenas de habitantes, um dos componentes do nosso grupo não conseguiu adquirir, em lugar algum, meio quilo de açúcar ou uma faca comum. Nenhum indivíduo possuía qualquer tipo de relógio; e um velho homem, que se esperava que tivesse uma boa noção de tempo, foi empregado para bater o sino por palpite. A chegada dos nossos barcos foi um evento raro nesse remoto canto do mundo, e quase todos os habitantes desceram até a praia para nos ver armar nossas tendas. Eles eram muito civilizados, e nos ofereceram uma casa; e um homem ainda nos mandou um tonel de sidra de presente. À tarde nós cumprimentamos o governador – um homem velho e quieto que, em sua aparência e modo de vida, certamente não era superior a um camponês inglês. À noite uma forte chuva se instalou, o que mal foi suficiente para espantar das nossas tendas o grande círculo de espectadores. Uma família indígena, que tinha de vindo de Caylen para trocar uma canoa, acampou perto de nós. Eles não tinham abrigo para se proteger da chuva. Pela manhã, perguntei a um jovem índio, que estava ensopado, como ele tinha passado a noite. Ele parecia perfeitamente satisfeito e respondeu: "*Muy bien, señor*".

1º de dezembro – Nós nos dirigimos para a ilha de Lemuy. Eu estava ansioso para examinar uma mina de carvão mineral que diziam existir ali e – depois descobri ser de linhita[25] de valor muito baixo – no arenito (provavelmente de uma época antiga do terciário) do qual essas ilhas são compostas.

Quando chegamos a Lemuy tivemos muita dificuldade em encontrar algum lugar para armar nossas tendas, pois a maré estava alta e havia árvores até a beira d'água. Em pouco tempo nós estávamos cercados por um grande grupo de habitantes, índios quase puro-sangue. Eles estavam muito surpresos com a nossa chegada, e um disse para o outro: "É por isso que nós andávamos vendo tantos papagaios ultimamente; o cheucau (um pequeno e estranho pássaro de papo roxo, que habita a densa floresta e emite sons muito peculiares) não gritou 'cuidado' por nada". Eles estavam ansiosos por escambos. Dinheiro não valia praticamente nada, mas a sua ânsia por tabaco era algo de extraordinário. Depois do tabaco, o anil era o próximo em valor, depois pimenta, roupas velhas e pólvora. O último artigo era requerido para uma finalidade muito inocente: cada paróquia possui um mosquete público, e a pólvora seria usada para fazer barulho nos dias santos.

O povo aqui vive sobretudo de mariscos e batatas. Em determinadas estações eles também pegam, em "corrales" ou sebes debaixo d'água, muitos peixes que ficam nos bancos de areia quando a maré baixa. Às vezes possuem aves, carneiros, cabras, porcos, cavalos e gado; a ordem em que estão aqui mencionados expressando seus respectivos números. Eu nunca vi pessoas com maneiras mais prestativas e humildes do que aquelas. Quase todos começaram dizendo que eram pobres nativos do lugar, e não espanhóis, e que estavam tristemente carentes de tabaco e outros confortos. Em Caylen, a ilha mais ao sul, os marinheiros compraram com um galho de tabaco, que valia três pence e meio, e duas aves, uma das quais, diziam os índios, tinha pele entre os dedos e acabou se

25. Carvão mineral de baixa dureza. (N.T.)

revelando um bom pato; e com alguns lenços de algodão no valor de três xelins, também compraram três carneiros e um grande feixe de cebolas. O escaler estava ancorado um pouco longe da praia, e nós tínhamos receio quanto à sua segurança contra os ladrões durante a noite. Nosso guia, sr. Douglas, consequentemente disse ao policial do distrito que nós sempre mantemos sentinelas com armas carregadas e, como não entendemos espanhol, se vemos qualquer pessoa no escuro, nós seguramente atiramos. O policial, com muita humildade, concordou com esse arranjo, e nos prometeu que ninguém sairia de casa durante a noite.

Durante os quatro dias que se sucederam continuamos a navegar em direção ao sul. As características gerais do país continuavam as mesmas, mas era cada vez menos habitado. Na grande ilha de Tanqui era difícil encontrar um lugar desobstruído; as árvores, por todos os lados, estendiam seus galhos sobre a praia. Um dia notei, nos penhascos de arenito, as plantas do gênero *Gunnera scabra*, que lembram um pouco o ruibarbo numa escala gigante. Os habitantes comem as hastes, que são pouco ácidas, curtem couro com as raízes e preparam uma tinta preta delas. A folha é quase circular, mas profundamente chanfrada na margem. Medi uma que tinha aproximadamente dois metros e meio de diâmetro, e portanto não menos que sete metros e meio de circunferência! A haste mede pouco mais de um metro, e cada planta tem quatro ou cinco dessas folhas enormes, que, juntas, têm uma aparência muito nobre.

6 de dezembro – Chegamos a Caylen, chamada de "el fin del Cristiandad". Pela manhã nós paramos por alguns minutos em uma casa na extremidade norte de Layec, ponto extremo da Cristandade Sul-Americana, e era uma cabana suja e miserável. A latitude é 43º 10', dois graus mais ao sul que o Rio Negro na costa atlântica. Esses católicos radicais eram muito pobres e, apelando para a situação, imploraram por um pouco de tabaco. Como prova da pobreza desses índios, posso mencionar que um pouco antes disso, nós conhecemos um homem que tinha viajado três dias e meio a pé, e o mesmo tempo na volta, para reaver o valor de um pequeno machado e alguns peixes.

Como deve ser difícil comprar o menor dos artigos quando é preciso tanto trabalho para reaver tão pequeno débito.

À noite chegamos à ilha de San Pedro, onde encontramos o *Beagle* ancorado. Quando dobramos a ponta da ilha, dois dos oficiais aportaram para medir alguns ângulos com o teodolito. Uma raposa (*Canis fulvipes*), de um tipo que diziam ser peculiar à ilha, e muito rara, e a qual é uma espécie nova, estava parada sobre pedras. Ela estava tão absorta na observação do trabalho dos comandantes que, caminhando silenciosamente por trás dela, pude bater em sua cabeça com meu martelo geológico. Essa raposa, mais curiosa ou mais científica, mas menos sábia que a maioria de suas irmãs, está agora instalada no museu da Sociedade Zoológica.

Num dos três dias que ficamos nesse porto, o capitão Fitz Roy, com um grupo, tentou chegar ao cume de San Pedro. Os bosques aqui tinham uma aparência bem diferente dos da parte norte da ilha. A pedra era também a micácea ardósia; não havia praia, mas a superfície íngreme mergulhava diretamente na água. O aspecto geral, consequentemente, era mais como o da Terra do Fogo do que o de Chiloé. Em vão nós tentamos chegar ao topo: a floresta era tão impenetrável que ninguém que não a tenha visto pode imaginar uma massa de troncos vivos e mortos tão enredada. Tenho certeza de que, várias vezes, nossos pés não tocaram o chão por mais de dez minutos seguidos, e nós estávamos frequentemente três ou quatro metros acima do solo, tanto que os marinheiros, fazendo piada, anunciavam a profundidade dele. Em outros momentos nós rastejávamos uns atrás dos outros, apoiados nas mãos e nos joelhos, por debaixo dos troncos apodrecidos. Na parte mais baixa da montanha, árvores nobres do casca-de-anta e um loureiro como os sassafrás (*Sassafras albidum*), e outros, dos quais os nomes eu não sei, estavam entrelaçados por bambus ou canas. Aqui nós éramos mais como peixes se sacudindo numa rede do que qualquer outra coisa. Nas partes mais altas, arbustos tomam o lugar de árvores maiores, com um cedro vermelho ou um pinheiro aparecendo aqui e ali. Eu também fiquei satisfeito em ver, numa elevação de pouco menos de trezentos metros, nossa velha amiga a praia do sul. Eram, porém, árvores fracas e atrofiadas; e eu imagino que isso deve ser perto do limite norte. Por fim, desistimos da tentativa em desespero.

10 de dezembro – O escaler e a baleeira, com o sr. Sulivan, procederam em sua expedição, mas eu fiquei a bordo do *Beagle*, que no dia seguinte deixou San Pedro em direção ao sul. No dia 13 nós corremos para uma clareira na parte sul de Guayatecas, ou arquipélago Chonos, e foi muito bom, pois no dia seguinte uma tempestade digna da Terra do Fogo alastrou-se com grande fúria. Nuvens brancas e carregadas se acumulavam contra um céu azul escuro, e com elas pesados lençóis de vapor preto eram rapidamente carregados. As sucessivas cadeias de montanhas apareciam como sombras opacas, e o sol poente lançava um brilho amarelado, muito semelhante ao produzido pela chama dos espíritos do vinho. A água era branca graças às gotículas que dela emanavam, e o vento acalmava e rugia novamente através do cordame. Foi uma cena ameaçadora, sublime. Um luminoso arco-íris apareceu por alguns minutos, e era curioso observar o efeito das gotículas, que sendo carregadas ao longo da superfície da água, transformaram o habitual semicírculo num círculo – uma faixa de cores prismáticas sendo continuada, das duas extremidades do arco através da baía, perto da embarcação, formando assim um anel distorcido, mas quase completo.

Ficamos lá por três dias. O tempo continuou ruim, mas isso não teve grandes consequências, pois a superfície da terra em todas essas ilhas é intransitável. A costa é tão irregular que tentar caminhar em sua direção requer contínuas bracejadas para cima e para baixo por sobre as pedras afiadas de mica-ardósia; e quanto à floresta, nossos rostos, mãos e canelas são testemunhas do péssimo tratamento que recebemos numa mera tentativa de penetrar seus recantos proibidos.

18 de dezembro – Nós ficamos ao mar. No dia 20 demos adeus ao sul e com um vento agradável viramos o navio em direção ao norte. De Cabo Três Montes navegamos agradavelmente ao longo da grandiosa e castigada costa, a qual é notável pelo ousado formato das suas montanhas e pela densa cobertura de florestas mesmo nas íngremes encostas. No dia seguinte um porto foi descoberto, o que pode ser de grande utilidade para uma embarcação aflita nessa costa perigosa. O porto pôde ser facilmente reconhecido por conta de uma montanha de quase quinhentos metros de altura, que é ainda mais perfeitamente cônica que o famoso Pão de Açúcar, no Rio de Janeiro. No dia seguinte, depois de ancorar, consegui chegar ao topo dessa montanha. Foi um empreendimento difícil, pois as encostas eram tão íngremes que em algumas partes foi preciso usar árvores como escadas. Havia também várias moitas de fúcsia, cobertas com suas belas folhas pendentes, mas era muito difícil rastejar entre elas. Nessas regiões selvagens é extremamente prazeroso chegar ao cume de qualquer montanha. Existe uma expectativa imensa de ver algo muito estranho, a qual, apesar de frequentemente ser frustrada, nunca deixou de haver quando me dispunha a fazer uma nova tentativa. Todos devem ter experimentado o sentimento de triunfo e orgulho que uma esplêndida vista de uma altura elevada traz à mente. Nessas regiões pouco frequentadas se junta a isso a vaidade de saber-se talvez o primeiro homem a admirar a paisagem desse ponto.

Sempre se sente um forte desejo de averiguar se naquele determinado lugar estivera antes outro ser humano. Um simples pedaço de madeira é estudado como se estivesse coberto de hieróglifos. Tomado por tal sentimento, encontrei, debaixo de um rochedo, num local solitário da costa, uma cama feita de capim. Próximos a ela havia vestígios de uma fogueira, e o indivíduo tinha feito uso de um machado. O fogo, a cama e a situação mostravam a destreza do índio; se bem que dificilmente se trataria de um índio, porque a raça neste local está extinta, devido ao desejo católico de fazer, de uma só sentada, cristãos e escravos. Na ocasião, tive a impressão de que fosse algum náufrago que, na tentativa de chegar à costa, tivesse passado ali uma noite melancólica.

28 de dezembro – O tempo continuou péssimo, mas finalmente permitiu-nos prosseguir na inspeção. O nosso tempo era preciosíssimo, especialmente quando nos atrasávamos dia após dia, devido a sucessivos vendavais. Descobrimos à tarde outra baía, onde ancoramos. Em seguida avistou-se um homem que, da praia, acenava com a camisa. O bote que foi mandado ao local trouxe de volta dois marinheiros. Faziam parte de um grupo de seis marinheiros que havia fugido de um navio de pesca americano desembarcando pouco ao sul do local num bote, o qual havia sido destroçado pela arrebentação. Vagaram pela costa por quinze meses, sem saber para que lado ir nem onde estavam. Que singular e fortuita coincidência foi termos descoberto aquela baía! Não fosse essa oportunidade única, teriam continuado a perambular sem destino até que ficassem velhos e, por fim, morressem nesta costa bravia. Tinha sido grande o seu sofrimento, e um dos companheiros morrera, ao cair de um despenhadeiro. Eram às vezes obrigados a separar-se, na procura por alimento, e isso explicava a cama solitária que achei. Considerando as peripécias por que passaram, acho que mantiveram perfeita noção do tempo, pois perderam somente quatro dias na computação que fizeram.

30 de dezembro – Ancoramos em uma angra confortável, ao pé de algumas colinas próximas à extremidade norte de Três Montes. Depois do café da manhã, escalamos um desses montes, que media 720 metros. O cenário era belíssimo: a parte principal da cadeia era composta de enormes massas de granito sólidas e abruptas, que pareciam coevas da formação do mundo. O granito revestia-se de mica-ardósia que, no decorrer das eras, havia se desbastado e apresentava agora a forma de estranhos dedos pontudos. As duas formações, que assim diferem nos contornos, estão de acordo na destituição quase total de vegetação. Semelhante esterilidade feria-nos a vista de modo estranho, considerando-se que há muito estávamos habituados a ter sob os olhos somente o verde-escuro de florestas quase universais. Encontrei grande satisfação ao inspecionar a estrutura das montanhas. As cadeias complicadas e elevadas transpiravam um nobre aspecto de durabilidade – igualmente inútil, sem dúvida, tanto ao homem como a todos os outros animais. Para o geólogo, granito é solo clássico, poucas rochas gozam de mais antigo renome que essas massas de extenso limite e bela textura compacta. Talvez nenhuma outra formação tenha dado tanta margem a discussões quanto à sua origem como o granito. Geralmente o vemos constituindo a rocha fundamental, e onde quer que se forme sabemos que é a camada mais profunda que o homem já penetrou em toda a crosta do globo. O limite do saber humano em qualquer ramo científico possui um interesse maior, o qual se incrementa sob a influência da proximidade aos domínios da imaginação.

1º de janeiro – Com o cerimonial que lhe é próprio nestas regiões, foi festejada a entrada do ano novo. Ele não trouxe nenhuma falsa esperança, um furacão de noroeste, com chuva copiosa, serviu-lhe de prognóstico. Graças a Deus, não estamos fadados a ver o fim aqui, mas esperamos que seja no oceano Pacífico, onde o azul do firmamento nos dirá que existe um céu – qualquer coisa acima das nuvens que pairam sobre as nossas cabeças.

Com a prevalência dos ventos do noroeste durante dois dias, conseguimos apenas fazer a travessia de uma grande baía, e então ancoramos em outro porto seguro. Acompanhei o capitão numa excursão em bote ao interior de uma profunda reentrância da costa. No caminho admiramo-nos de ver a quantidade de focas que cobriam o pedaço plano da rocha além de grande parte da praia. Pareciam ter uma índole amorosa, e deitavam-se aconchegadas umas às outras, dormindo a sono solto, como outros tantos suínos; mas mesmo porcos teriam vergonha de tamanha sujeira e do cheiro infame que exalavam. Cada bando era observado pelo olhar paciente, porém pouco auspicioso, dos urubus-de-cabeça-vermelha. Essa ave nojenta, com sua cabeça vermelha pelada, especialmente talhada para chafurdar na podridão, é muitíssimo comum na costa ocidental, e, postando-se de sentinela ao lado das focas, mostra claramente aquilo com que conta para sua subsistência. Verificamos que a água era quase doce (provavelmente apenas na superfície): provavelmente devido ao número de torrentes que, em forma de cascata, lançavam-se sobre o granito escarpado das montanhas para dentro do mar. A água doce atrai os peixes, e estes trazem andorinhas, cuja pele é tida em grande apreço. Na volta, divertiu-nos novamente o espetáculo dos montes de focas, velhas e jovens, que impetuosamente se lançavam na água quando passava o bote. Não permaneciam mergulhadas por muito tempo, mas, subindo à tona, seguiam-nos com o pescoço estirado expressando intensa curiosidade e surpresa.

Dia 7 – Subindo a costa, fomos ancorar no Porto de Low, na extremidade norte do arquipélago de Chonos, onde permanecemos por uma semana. As ilhas, como em Chiloé, formavam-se de depósito de litoral estratificado e mole. E, consequentemente, era extraordinário o viço da vegetação. Os bosques desciam até a praia, como arbustos que ladeiam uma avenida. De nossa ancoragem, quatro cones nevados da cordilheira nos ofereciam uma vista esplêndida, inclusive "el famoso Corcovado". Naquela altitude, a cadeia propriamente dita tinha tão pequena altura, que poucas eram as partes que se projetavam à perspectiva acima da cumeada das ilhotas vizinhas. Encontramos um grupo de cinco indivíduos vindo de Cayle, "el fin del Cristiandad", que se aventurava em atravessar, nas suas miseráveis canoas, a grande extensão de mar que separa Chonos e Chiloé, a fim de pescar. Em pouco tempo, provavelmente, essas ilhas se tornarão povoadas como as da costa contígua a Chiloé.

***

No solo arenoso e cheio de conchas das proximidades da praia, crescia com grande fartura a batata silvestre. A árvore mais alta atingia um metro e vinte. As raízes eram geralmente pequenas, mas encontrei uma, de forma oval, com cinco centímetros de diâmetro. Tinha o aspecto da batata-inglesa, e com o mesmo cheiro, mas depois de cozidas, encolhiam-se e tornavam-se aguadas e insípidas, sem nenhum sabor amargo. Eram indubitavelmente nativas no local, crescendo, segundo o sr. Low, tão ao sul quanto a latitude 50°; os índios locais chamam-nas *aquinas*, porém os de Chiloé dão-lhes outro nome.

O professor Henslow, que procedeu ao exame dos exemplares secos que levei à Inglaterra, declarou que são idênticas às que descreveu o sr. Sabine[26] de Valparaíso, mas que formam uma variedade que alguns botânicos reputam como especificamente distinta. É notável o fato de a mesma planta ter sido encontrada nas montanhas estéreis do Chile central, onde durante seis meses não cai uma só gota de chuva, e ao mesmo tempo nas florestas úmidas dessas ilhas do Sul.

Na parte central do arquipélago de Chonos (latitude 45°) a floresta tem caráter muito semelhante ao que se vê ao longo de toda a costa ocidental, numa extensão de 950 quilômetros para o sul, até o cabo Horn. Aí não se encontra o mato arborescente de Chiloé, mas a faia da Terra do Fogo atinge grandes proporções e forma parte considerável dos bosques; não, porém, da maneira exclusiva como o fazem as mais ao sul. Ali encontram clima mais apropriado as plantas criptogâmicas. No estreito de Magalhães, como já destaquei, a região é demasiado fria e úmida para permitir-lhes o perfeito crescimento, mas no interior das brenhas insulares é extraordinário o número das espécies de musgos, líquens e pequenos fetos que vicejam em grande abundância.[27] Na Terra do Fogo, as árvores crescem somente nos flancos das colinas, todo o terreno plano se vendo invariavelmente coberto de espessa camada de turfa, mas em Chiloé, a terra plana comporta as mais exuberantes florestas. O clima do arquipélago de Chonos aproxima-se mais do da Terra do Fogo que do da parte norte de Chiloé, pois toda área plana é coberta por duas espécies de plantas (*Astelina pumila* e *Donatia magellanica*) que, pela decomposição conjunta, dão origem ao grosso tapete de turfa elástica.

---

26. *Horticultural Transact.*, vol. V, p. 249. O sr. Caldcleugh remeteu à Inglaterra várias raízes que, bem adubadas, produziram, logo na primeira estação, numerosas batatas e grande quantidade de folhas. Veja-se a interessante discussão de Humboldt sobre essa planta que parecia desconhecida no México, no *Polit. Essay on New Spain*, tomo IV, cap. IX. (N.A.)

27. Com a minha rede colhi, no local, considerável número de minúsculos insetos da família *Staphylidinae*, outros afins do *Pselaphus* e pequenos *Hymenoptera*. Porém a família mais característica, tanto em número de indivíduos como de espécies, que se encontra através das partes mais abertas de Chiloé e Chonos, é a das *Telephoridae*. (N.A.)

Na Terra do Fogo, acima da região das florestas, a primeira dessas plantas eminentemente sociáveis é o principal agente na produção de turfa. Novas folhas estão sempre se sucedendo em torno da raiz central, as que ficam por baixo logo apodrecem, e, quando se procura acompanhar uma raiz qualquer pela turfa de baixo, as folhas, ainda que mantendo os respectivos lugares, podem ser vistas em todas as fases de decomposição, até que o todo se perde numa única massa confusa. A astélia recebe o auxílio de poucas outras plantas – aqui e ali uma trepadeira *Myrtus* (*M. numalaria*), com haste lenhosa semelhante à nossa airela e contendo bagas adocicadas –, um empetro (*E. rubrum*) como a nossa urze e um junco (*Juncus grandiflorus*). São essas quase as únicas plantas que vegetam sobre o solo pantanoso e, apesar de possuírem aparência geral muito semelhante à das espécies inglesas dos mesmos gêneros, são bastante diferentes. Nas partes mais planas do país, a superfície de turfa aparece interrompida por pequenas poças de água que, ficando em níveis diversos, dão a impressão de escavações artificiais. Pequenos riachos subterrâneos completam a desorganização da matéria vegetal e consolidam o todo.

O clima da parte sul da América parece particularmente propício à formação da turfa. Nas ilhas Falkland, quase toda a superfície de terreno transforma-se nessa substância, provavelmente não há circunstância que lhe impeça a composição; em alguns lugares as camadas chegam a ter a espessura de três metros e meio, e a porção inferior torna-se tão sólida depois da seca que quase fica incombustível. Embora todas as plantas ajudem, na maioria dos casos, a astélia é mais eficiente. É um fato singular, sendo tão diferente do que ocorre na Europa, que eu não tenha visto nenhum musgo em decomposição, na turfa sul-americana. Com relação ao limite norte, no qual o clima permite essa peculiar lentidão de decomposição necessária à sua produção, creio que em Chiloé (latitude 41° a 42°) não ocorre nenhuma turfa bem caracterizada, embora haja muito terreno pantanoso; todavia, nas ilhas de Chonos, três graus mais ao sul, é, como vimos, muito abundante. Na costa oriental do Prata (latitude 35°), um residente espanhol que visitara a

Irlanda contou-me que muitas vezes procurara essa substância sem nunca conseguir encontrá-la. Mostrou-me, como a coisa mais aproximada dela que pudera encontrar, um solo negro turfoso de tal maneira penetrado de raízes que era passível de combustão lenta e imperfeita.

Como se poderia esperar, é muitíssimo pobre a zoologia das ilhotas fragmentadas que compõem o arquipélago de Chonos. Entre os quadrúpedes, são comuns duas espécies aquáticas. O *Myopotamus Coypus* (parecido com o castor, mas de cauda redonda) é muito conhecido por sua bela peliça, que constitui artigo de comércio através dos tributários do Prata. Ali, porém, frequenta exclusivamente a água salgada, circunstância essa que se viu ser idêntica, às vezes, à que ocorre no caso do grande roedor, a capivara. Muito numerosa é uma pequena lontra marinha que não se nutre exclusivamente de peixes, mas, como as focas, alimenta-se grandemente de um pequeno caranguejo vermelho que nada em bancos de areia perto da superfície da água. Na Terra do Fogo, o sr. Byone surpreendeu um desses animais saboreando um choco. E no Porto de Low foi morta outra lontra, no momento em que carregava para a sua cova uma grande concha voluta. Em certo lugar apanhei, numa armadilha, um pequeno rato muito curioso (*M. brachiotes*); parecia ser comum em várias das ilhotas, mas não em todas, como me disseram os ilhéus do Porto de Low. Que sucessão de mudanças[28] ou que mudanças de nível não deverão ter entrado em ação para resultar na disseminação desses pequenos animais sobre aquele arquipélago esfacelado!

Em todas as partes de Chiloé e Chonos veem-se duas aves estranhas, que são aliadas e substituem o *turco* e o *tapacolo* do Chile central. Uma delas recebeu dos habitantes o nome de *cheucau* (*Pteroptechus rubecula*); ela é encontrada nos sítios mais afastados e sombrios das florestas. Algumas

---

28. Dizem que algumas aves de rapina levam a presa viva para os ninhos. Se for assim, no decorrer dos séculos, alguma poderia, de quando em quando, escapar dos filhotes. É necessário algum agente semelhante que explique a distribuição desses pequenos roedores em ilhotas que não se acham localizadas muito próximas umas das outras. (N.A.)

vezes, embora se ouça o seu grito muito próximo, por mais atentamente que o observador se ponha a olhar, não conseguirá vê-lo; outras, porém, basta-lhe permanecer imóvel para que a avezinha de peito rubro se aproxime com maior intimidade. Põe-se então a saltar diligentemente pela massa entrelaçada de galhos em decomposição, com a cauda empinada para o alto. Os moradores de Chiloé têm um receio supersticioso do *cheucau*, por causa dos seus gritos estranhos e variados. São três sons bem distintos: um é chamado de "chiduco", e é bom augúrio; outro, "huitreu", é extremamente agourento; e o terceiro, não me lembro. Esses nomes são tirados da imitação da voz da ave, e os habitantes deixam-se, em certas situações, governar absolutamente por isso. Certamente escolheram para profeta uma criaturinha bastante cômica. A uma espécie afim, porém maior (*Pterotochus Tarnii*), os nativos chamam de *guid-guid*, e os ingleses, de pássaro latidor. Esta última designação é certamente bem dada, pois desafio quem ouça a ave pela primeira vez a não ter certeza de que um cãozinho esteja a latir na floresta. Assim como acontece com o *cheucau*, ouve-se às vezes muito próximo o latido e não se consegue ver o animal, muito menos os arbustos se batendo; entretanto, outras vezes ele se aproxima impavidamente. Os hábitos alimentares, bem como os outros em geral, são muito semelhantes aos do *cheucau*.

É muito comum na costa[29] uma pequena ave escura, o *Opetiorhynchus Patagonicus*. É notável pela quietude dos hábitos, vive inteiramente na praia, como uma narceja. Além dessas aves, poucas outras habitam a terra fragmentada. Nas minhas notas tenho descrito os ruídos estranhos, que, embora ouvidos frequentemente na solidão das florestas, mal perturbam o silêncio geral. O latido do *guid-guid* e o assobio rouco e súbito do *cheucau* chegam aos ouvidos às vezes de muito longe, e às vezes da vizinhança imediata; a pequena carriça negra

29. Poderei mencionar, como prova da grande diferença que existe entre as estações nas partes arborizadas da costa e nas partes abertas, que a 20 de setembro, na latitude 34º, essas aves tinham filhotes nos ninhos, enquanto que nas ilhas Chonos, três meses mais tarde, no verão, estavam apenas em postura; a diferença de latitude entre os dois lugares corresponde a cerca de mil e cem quilômetros.

da Terra do Fogo também ocasionalmente ajunta o seu pio; o *Oxyurus* acompanha o intruso com os seus gritos; o beija-flor pode ser visto de quando em quando a cortar rapidamente o ar, de um lado para outro, estridulando qual inseto; finalmente, da eminência do mais alto galho de árvore, desce a nota estridente e triste do *Myiobius*. Haja vista a grande preponderância de certos gêneros de aves comuns na maioria dos países, como, por exemplo, a fringela, fica-se a princípio admirado de que as formas peculiares que acabei de enumerar sejam as mais achadiças em qualquer distrito. Duas delas, a saber, o *Oxyurus* e o *Scytalopos*, se bem que muito raramente, são encontradas no Chile central. Quando se depara com animais que, como neste caso, parecem desempenhar tão insignificante papel no grande plano da Natureza, sente-se inclinado a perguntar a si mesmo por que motivo teriam sido criados. Mas cumpre sempre ter em mente que, talvez, em outros países, façam parte essencial de alguma sociedade, ou então o fizeram num período anterior. Se a parte sul da América a partir da latitude 37° submergisse nas águas do oceano, essas duas aves poderiam continuar a existir no Chile central durante longo período, mas seria muito improvável que seu número aumentasse. Veríamos então um caso que, inevitavelmente, deve ter acontecido com muitíssimos animais.

Esses mares do sul são frequentados por várias espécies de procelárias: o maior tipo, a *Procellaria gigantea* (*quebrantahuesos*, ou quebra-ossos, dos espanhóis), é ave comum nos canais interiores e no mar aberto. Pelos hábitos e modo de voar, parece-me intimamente com o alcatraz; e, exatamente como sucede com este, a pessoa pode passar horas inteiras a observá-la sem conseguir descobrir de que espécie de alimento se nutre. O "quebra-ossos", porém, é ave de rapina, pois alguns dos oficiais no Porto St. Antônio viram-na a perseguir um medalhão que tentava fugir mergulhando e voando alternadamente, mas era continuamente abatido e foi, por fim, prostrado com uma bicada na cabeça. No Porto St. Julian viram-se essas grandes procelárias matar e devorar pequenas gaivotas. Uma segunda espécie (*Puffinus cinereus*), comum à Europa, ao cabo Horn e à costa do Peru, é bem menor que a *P. gigan-*

tea, mas, como ela, de cor preta suja. Frequenta geralmente os estreitos interiores onde aparece em numerosos bandos; creio que nunca vi tantas aves da mesma espécie juntas como estas que se aglomeravam atrás da ilha de Chiloé. Centenas de milhares seguiam durante várias horas, em voo irregular, numa só direção. Quando parte do bando pousava sobre a água, a superfície enegrecia-se, e do seu seio partia um ruído semelhante ao de vozes humanas distantes.

Há várias outras espécies de procelárias, mas somente farei menção a mais uma, a *Pelacanoides Berandi*, que é um exemplo dos casos extraordinários de aves que, embora evidentemente pertencentes a uma família bem-definida, apresentam hábitos e estrutura aliados a espécies muito distintas. Esta variedade nunca se afasta da tranquilidade dos estreitos interiores. Quando molestada, dá um longo mergulho e, ao subir à tona, ergue voo. Depois de voar certa distância em linha reta, com o movimento rápido de suas asas curtas, deixa-se cair, como que subitamente fulminada, e mergulha de novo. A forma do bico e das ventas, o comprimento e mesmo a cor da plumagem mostram que a ave é uma procelária; por outro lado, as pequeninas asas e a consequente fraqueza de voo, a forma do corpo e da cauda, a falta do dedo posterior, o hábito de mergulhar e a escolha da situação sugerem a princípio que não seja igualmente estreita a relação com o airo dos mares do norte. Seria sem dúvida alguma tomada por este animal quando vista à distância, quer voando quer mergulhando ou nadando sossegadamente nos canais retirados da Terra do Fogo.

CAPÍTULO XIV

CHILOÉ E CONCEPCIÓN: GRANDE TERREMOTO

San Carlos, Chiloé – Erupção do Osorno, simultânea à do Aconcágua e do Conseguina – Excursão a Cucao – Florestas impenetráveis – Valdívia – Índios – Terremoto – Concepción – Grande terremoto – Fendimento de rochas – Aparência antiga das cidades – O mar enegrecido e em ebulição – Direção das vibrações – Pedras contorcidas – Onda gigante – Elevação permanente de terreno – A conexão entre forças ascensoras e eruptivas – Causa dos terremotos – Elevação lenta das cadeias de montanhas.

No dia 15 de janeiro partimos de Porto Low e ancoramos, três dias mais tarde, e pela segunda vez, na baía de San Carlos, em Chiloé. No dia 19 o vulcão Osorno entrou em atividade: à meia-noite a sentinela observara qualquer coisa parecida com uma estrela que foi se avolumando até cerca das três horas, quando então apresentava um magnífico espetáculo. Com auxílio de um binóculo, viam-se objetos escuros que se projetavam para cima, no meio de um clarão vermelho, para novamente cair. A luz tinha suficiente intensidade para traçar sobre a água um rastro luminoso brilhante. Grandes massas de matéria fundida parecem muito comumente ser expelidas das crateras desta parte da cordilheira. Eu estava certo de que o Corcovado estava em erupção, grandes massas eram lançadas para o alto e vistas explodindo no ar, em formas fantásticas, como árvores; deve ser imenso o seu tamanho, pois podem ser vistas do planalto atrás de San Carlos, que dista do Corcovado nada menos que 150 quilômetros. De manhã o vulcão retornou à calma.

Fiquei surpreso em ouvir dizer depois que naquela mesma noite estivera também em atividade o Aconcágua no Chile, situado a 770 quilômetros ao norte. Ainda mais admirado fiquei quando soube que a grande erupção do Conseguina (4.280 quilômetros ao norte do Aconcágua), seguida de um terremoto que se fez sentir sobre 1.580 quilômetros, também ocorrera naquele mesmo período de seis horas. Essa coincidência é mais notável ainda quando se considera que o Conseguina estava dormente havia 26 anos, e o Aconcágua muitíssimo raramente dá sinal de vida. É difícil conjeturar-se, de fato, se foi acidental a coincidência ou se havia conexão subterrânea. Se na mesma noite entrassem subitamente em erupção o Vesúvio, o Etna e o Hekla, na Islândia (todos eles relativamente mais próximos uns dos outros que os pontos correspondentes na América do Sul), julgar-se-ia extraordinária a coincidência, mas neste caso é muito mais, visto que as três crateras estão compreendidas na mesma grande cadeia de montanhas, onde as vastas campinas ao longo de toda a costa oriental, bem como a elevação de conchas recentes em mais de três mil quilômetros da costa ocidental, mostram a maneira uniforme e unida com que agiram as forças ascensoras.

O capitão Fitz Roy, ansioso para que fossem tomadas orientações sobre a costa exterior de Chiloé, combinou que o sr. King e eu iríamos por terra a Castro, e então, atravessando a ilha, nos dirigiríamos à Capela de Cucao, situada na costa ocidental. Depois de alugarmos cavalos e contratarmos um guia, partimos, na manhã do dia 22. Não tínhamos ainda andado muito e fomos alcançados por uma mulher e dois rapazes que pretendiam seguir o mesmo caminho. Nesta estrada todos se prestam ajuda recíproca, e pode-se gozar do privilégio, tão raro na América do Sul, de viajar sem portar armas de fogo. No princípio a região era uma sucessão de colinas e vales; próximo de Castro, tornou-se bastante nivelada. Já por si a estrada constitui uma engenharia curiosa; é feita, em toda a extensão, salvo por alguns trechos, de largos toros de madeiras colocados em sentido longitudinal e outros, estreitos, postos transversalmente. No verão a estrada não é má; no inverno, porém, quando as chuvas tornam escorregadia a madeira, a jornada se faz com excessiva dificuldade. Nessa ocasião o terreno de cada lado se apaúla e não raro se inunda, por isso é necessário que os toros longitudinais estejam presos por paus transversais que se estacam lateralmente pela estrada. As cavilhas fazem com que sejam perigosas as quedas do cavalo, pois não é pequena a possibilidade de se cair sobre uma delas. É notável, todavia, como o hábito deixou ágeis os cavalos do Chiloé. Ao atravessarem as partes em mau estado, onde os toros tinham se deslocado, saltavam de um para outro com a mesma agilidade e segurança de um cão. A estrada é inteiramente ladeada de árvores altas de floresta, cujas bases são entrelaçadas densamente por caniços. Quando ocasionalmente se tinha uma longa vista dessa avenida, notava-se uma curiosa uniformidade: a faixa branca de toros, estreitando-se em perspectiva, desaparecia na sombra da floresta ou terminava em ziguezague ascendendo alguma colina.

Embora seja de apenas doze léguas em linha reta a distância de San Carlos a Castro, a construção deve ter sido muito laboriosa. Contaram-me que antigamente várias pessoas tinham perdido a vida na tentativa de transpor a mata. O primeiro que conseguira fazê-lo foi um índio que abriu caminho entre os caniços e chegou a San Carlos em oito dias; ele foi recompensado pelo governo espanhol com a doação de um terreno. Durante o verão, muitos índios vagam pela floresta (principalmente nas partes mais altas, onde os bosques são menos cerrados) à procura do gado semibravio que se nutre das folhas da cana e de certas árvores. Foi um desses caçadores que descobriu, alguns anos atrás, um navio inglês naufragado na costa exterior. A tripulação desse navio estava começando a sentir falta de provisões, e não é provável que, sem o auxílio desse indivíduo, os náufragos conseguissem sair daquele mato quase impenetrável. Efetivamente, um marinheiro morrera de cansaço, no caminho. Nas suas excursões os índios orientam-se pelo sol, de modo que, quando há sequência de dias nublados, ficam impossibilitados de viajar.

O dia estava lindo, e as numerosas árvores que estavam em plena florescência espalhavam no ar um perfume agradável. Mas nem isso conseguia dissipar o efeito tristonho da úmida floresta. Além disso, os muitos troncos mortos que se apresentavam eretos, como outros tantos esqueletos, imprimem nesses bosques primitivos um caráter de solenidade que não se vê nas matas dos países há muito civilizados. Logo após o pôr do sol acampamos para a noite. A nossa companheira, que era bem bonita, pertencia a uma das mais respeitáveis famílias de Castro. Andava a cavalo montada, porém, sem sapatos nem meias. Fiquei surpreso com a falta de orgulho que mostrava, tanto ela quanto o seu irmão. Levavam farnel consigo; entretanto, durante todas as refeições sentavam-se a olhar para mim e para o sr. King, enquanto comíamos, o que nos levou, acanhados que nos sentimos, a fornecer alimento a todo o grupo. A noite estava sem nuvens e, deitados, podíamos nos entregar à empolgante contemplação da multidão de estrelas que iluminavam a escuridão da floresta.

23 de janeiro – Levantamo-nos ao romper da aurora e seguimos viagem, chegando à bela cidade de Castro por volta das duas horas. O velho governador havia falecido depois da nossa última visita, e, em seu lugar, encontramos um chileno. Levávamos uma carta de recomendação dirigida a Don Pedro, o qual achamos extremamente hospitaleiro, bondoso e mais desinteressado do que é costume neste lado do continente. No dia seguinte, depois de nos fornecer novos cavalos, Don Pedro se ofereceu para nos fazer companhia. Seguimos em direção ao sul – seguindo geralmente a costa e passando por várias povoações, cada qual com uma capela construída de madeira em forma de celeiro. Em Vilipalli, Don Pedro pediu ao comandante que nos desse um guia para Cucao. O velho cavalheiro ofereceu-se para ir pessoalmente, embora, durante muito tempo, nada o convencesse de que dois ingleses realmente queriam transportar-se a um local tão fora de mão quanto Cucao. Íamos, dessa maneira, acompanhados pelos dois maiores aristocratas do país, como bem se poderia deduzir pelo modo reverencioso com que todos os pobres índios os saudavam. Em Chonchi pusemo-nos a atravessar a ilha, seguindo intricados caminhos tortuosos, passando, às vezes, através de magníficas florestas e também de clareiras onde abundavam plantações de milho e batata. Aquela região ondulante coberta de árvores e parcialmente cultivada fez-me lembrar das partes mais selvagens da Inglaterra, e por conseguinte, a meus olhos, parecia fascinante. Em Vilinco, situada à margem do lago de Cucao, poucos campos tinham sido abertos, e todos os habitantes eram aparentemente índios. O lago mede dezenove quilômetros de comprimento e orienta-se numa direção de leste a oeste. Devido às características do local, a brisa do mar sopra com muita regularidade durante o dia, acalmando-se durante a noite. O fato deu margem a estranhos exageros, pois, do modo pelo qual nos fora descrito em San Carlos, o fenômeno seria coisa verdadeiramente prodigiosa.

A estrada de Cucao estava em tão péssimas condições que decidimos embarcar numa *periágua.* O comandante, com maneiras absolutamente autoritárias, ordenou que seis índios se aprontassem para levar-nos, sequer lhes informando se iam ou não receber pelo serviço. A periágua é um barco grosseiro e estranho, mas os tripulantes o eram ainda mais: duvido que seis anões mais feios já tivessem se juntado dentro de um barco. Puseram-se, no entanto, a trabalhar ativamente e com excelente humor. O remador-chefe vociferava em língua autóctone, comandando os seus homens como o faria um condutor de porcos. Partimos contra ligeira brisa, mas chegamos à capela de Cucao antes do anoitecer. Uma floresta ininterrupta ladeava o lago. Na mesma periágua em que íamos, embarcaram uma vaca. Meter um animal tão grande num barco tão pequeno parece à primeira vista coisa dificílima, entretanto os índios fizeram-no em dois tempos. Levaram-na para o lado da embarcação, que foi inclinada em sua direção; em seguida, utilizando os remos como alavancas apoiadas sobre o alcatrate, levantaram o pobre animal por baixo do ventre, fazendo-o rolar para dentro do barco, onde foi solidamente amarrado com cordas. Em Cucao encontramos uma choupana desabitada (a residência do padre, quando vai em visita à sua capela); ali acendemos fogo, preparamos a ceia e passamos confortavelmente a noite.

O distrito de Cucao é a única parte habitada em toda a costa ocidental de Chiloé. Contém, espalhadas ao longo de seis ou sete quilômetros de praia, cerca de trinta ou quarenta famílias de índios. Eles estão muito segregados do resto da ilha e mal possuem o que se pode chamar de comércio, salvo, às vezes, pequena quantidade de óleo que extraem das focas. Vestem-se toleravelmente bem com tecidos da sua própria fabricação e dispõem de fartura de alimento. Pareciam, no entanto, descontentes, e eram tão humildes que causava pena vê-los. Tais sentimentos são, creio, atribuíveis particularmente à maneira brutal e autoritária com que são tratados pelos dominadores. Os nossos companheiros, embora tão amáveis conosco, dirigiam-se aos pobres índios como se fossem escravos e não homens livres. Os índios recebiam ordens de fornecer provisões e tinham seus cavalos usados, sem mesmo gozarem da delicadeza de saber quanto receberiam em pagamento, ou, até, se poderiam contar com algum pagamento. De manhã, achando-nos a sós com as pobres criaturas, logo lhes conquistamos a simpatia ao presenteá-los com cigarros e um tijolinho de açúcar, que todos provaram com a mais viva curiosidade. Remataram suas queixas, dizendo: "E isso porque somos pobres índios e não sabemos nada, mas não era assim quando tínhamos um rei".

No dia seguinte, após a refeição da manhã, cavalgamos alguns quilômetros em direção ao norte, a Punta Huantamó. A estrada estendia-se sobre uma larga praia, contra a qual, mesmo depois de tantos dias bonitos, uma terrível ressaca estava se quebrando.

Afirmaram-me que depois de um forte temporal o ruído das ondas pode, à noite, ser ouvido até em Castro, que dista nada menos de 21 milhas marítimas, através de região montanhosa e bastante arborizada. Encontramos séria dificuldade em chegar ao ponto, tal era o péssimo estado dos caminhos; o solo onde fazia sombra logo se transformava em um perfeito lamaçal. A ponta propriamente dita é um outeiro rochoso proeminente. É coberto com uma planta afim, creio, à bromélia, a que os habitantes chamam de chepones. Nossas mãos sofreram muito com o trabalho de afastar-lhe os ramos para abrirmos caminho. Mas divertiu-me ver a precaução que tomou o nosso guia índio, arregaçando as calças, como se fossem mais preciosas que a própria pele calejada. A planta em questão produz um fruto com a forma da alcachofra, no qual se encontram os receptáculos das sementes. Sua polpa é agradável e doce, muito estimada no local. No Porto de Low, vi os nativos de Chiloé fabricarem chichi ou cidra, com a fruta; tão verdadeiro é isso, que Humboldt observa que em quase toda parte o homem sempre encontra meios de fazer alguma espécie de bebida com produtos do reino vegetal. Mas os selvagens da Terra do Fogo, e creio que os da Austrália, não progrediram muito nessas artes.

A costa norte de Punta Huantamó é excessivamente acidentada e irregular, o mar bate eternamente contra os rochedos que lhe formam a frente. O sr. King e eu estávamos ansiosos, para, se fosse possível, voltar a pé ao longo desta costa, mas os próprios índios disseram que isso era absolutamente impraticável. Informaram-nos de que sempre atravessavam os bosques entre Cucao e San Carlos, mas nunca seguiam pela costa. Nessas expedições, os índios somente levam consigo milho assado, que vão comendo parcimoniosamente duas vezes ao dia.

26 de janeiro – Embarcando novamente na periágua, voltamos através do lago e então montamos os nossos cavalos. Toda Chiloé se prevaleceu da rara semana de bom tempo para limpar o chão com fogueiras. De todos os lados subiam em caracol densas colunas de fumaça. Embora os habitantes tivessem o hábito de atear fogo em todas as partes do bosque, não vi um só caso em que o conseguissem fazer extensivamente. Jantamos com o nosso amigo, o comandante, e só chegamos a Castro depois do escurecer. Na manhã seguinte partimos muito cedo. Depois de algum tempo de jornada, obtivemos uma vista (coisa rara no curso desta estrada) bastante extensa da floresta do alto da vertente de uma colina abrupta.

Sobre o horizonte de árvores, o vulcão Corcovado e o outro de cimo achatado que se vê ao norte projetavam-se imponentemente, quase não sendo visível em toda a vasta cadeia outro pico que mostrasse sua capucha de neve. Espero não me esquecer tão cedo daquela vista de despedida à magnífica cordilheira à frente de Chiloé. À noite acampamos sob um céu sem nuvens, para, no dia seguinte, chegarmos a San Carlos. Nossa chegada foi bem calculada, pois antes do anoitecer começou a cair chuva torrencial.

4 de fevereiro – Levantamos âncora de Chiloé. Durante a semana que se passou fiz várias excursões menores. Uma tinha por objetivo o exame do grande depósito de conchas atualmente existentes, situado a 150 metros sobre o nível do mar. Grandes árvores cresciam por entre essas conchas. Outra excursão fora a P. Huechucucuy. Levei comigo um guia demasiado conhecedor da região, pois insistia impertinentemente em dizer os intermináveis nomes indígenas de cada ponta, regato e reentrância. Da mesma forma que na Terra do Fogo, o idioma nativo parece adaptar-se singularmente à denominação dos mais triviais acidentes de terreno. Suponho que todos se deram por felizes de dizer adeus a Chiloé, entretanto, se pudéssemos nos esquecer das trevas e da incessante chuva do inverno, Chiloé poderia até passar por uma ilha encantadora. Há também algum atrativo nas maneiras singelas e humildes dos pobres habitantes.

Seguimos ao longo da costa, rumando ao norte, porém, devido ao mau tempo que fazia, não alcançamos Valdívia senão à noite do dia 8. Na manhã seguinte o barco partiu para a cidade, que dista cerca de quinze quilômetros dali. Acompanhamos o curso do rio, passando ocasionalmente por algumas palhoças e pequenas áreas de terreno fora da floresta virgem que ocupava ininterruptamente o solo. Também encontramos, de quando em quando, uma canoa em que seguia uma família de índios. A cidade situa-se nas margens baixas do rio e está de tal forma enclausurada num bosque de macieiras que as ruas são meras manchas no pomar. Nunca vi região alguma onde, como nesta parte úmida da América do Sul, as macieiras crescessem com tamanho viço; ao lado das estradas viam-se muitas árvores novas que evidentemente nasceram de sementes transportadas pelo acaso. Os moradores de Chiloé possuem um maravilhoso método de fazer um pomar. Na parte inferior de quase todos os ramos projetam-se pequenas pontas cônicas arrugadas, que estão sempre prontas a se converter em raízes, como se pode ver, às vezes, nos lugares que foram acidentalmente salpicados de lama. No início da primavera, escolhe-se um galho bem grosso, que se corta logo abaixo de um grupo das referidas pontas; depois de se podarem todos os ramos menores, enterra-se o galho cerca de meio metro. No verão seguinte aparecem brotos compridos que às vezes até produzem frutos. Mostraram-me um galho que havia dado 23 maçãs, porém era um caso excepcional. Na terceira estação, esse galho transformava-se (como verifiquei pessoalmente) em uma grande árvore que se carregava de frutas. Um velho residente das proximidades de Valdívia ilustrava o seu moto "*necessidad es la madre del invencion*", relatando as coisas úteis que fazia com as suas maçãs. Depois de fabricar cidra, e também vinho, extraía do bagaço um líquido branco e de fino paladar. Por meio de outro processo fazia ainda um melaço ao qual dava o nome de mel. Nessa estação do ano, os filhos desse homem, como os seus porcos, pareciam viver exclusivamente dentro do pomar.

11 de fevereiro – Parti com um guia em pequena excursão, durante a qual, porém, pouquíssima informação pude colher sobre a geologia ou os habitantes do lugar. Próximo de Valdívia, não há muita terra desobstruída. Depois de passarmos um rio, a poucos quilômetros de distância, ingressamos na floresta, encontrando, então, uma miserável palhoça, a única que vimos até o momento de acamparmos para a noite. A pequena diferença de latitude, 166 quilômetros, deu novo aspecto à floresta, comparada à de Chiloé. Isso era devido à proporção ligeiramente diversa que se observava na qualidade das árvores. As sempre-vivas não parecem tão numerosas, e a floresta, portanto, apresenta matriz mais brilhante. Como em Chiloé, as partes baixas são entrelaçadas de caniços; aqui também cresce em aglomerados outra variedade (semelhante ao bambu do Brasil e subindo a seis metros de altura) que serve de belíssimo adorno às margens de alguns rios. É com essa planta que os índios fabricam os seus chuzos, as lanças compridas afiladas. Achei tão imunda a nossa casa do repouso que preferi dormir fora; nessas viagens, a primeira noite é geralmente muito desagradável, porque não se está habituado ao comichão e à mordida das pulgas. Quando amanheceu o dia não tinha um só lugar na minha perna onde não se visse o sinal vermelho deixado pelo bicho.

12 de fevereiro – Prosseguimos em nossa cavalgada através da mata virgem. Somente ocasionalmente encontrávamos um índio a cavalo ou uma tropa de mulas que conduzia plantas e milho das planícies do Sul. À tarde um dos cavalos cedeu ao cansaço; estávamos então sobre a encosta de um morro, de onde se tinha um excelente panorama dos Llanos. Depois de estarmos encerrados no meio das selvas, a vista daquelas planícies abertas muito nos revigorou o espírito. A uniformidade da floresta logo se torna cansativa. Esta costa ocidental me faz lembrar com prazer da liberdade que oferecem as ilimitadas campinas da Patagônia; contudo, num verdadeiro espírito de contradição, não posso esquecer como era sublime o silêncio da floresta. Os Llanos são as partes mais férteis e povoadas do país, visto que têm a imensa vantagem de ser quase totalmente sem árvores. Antes de deixarmos a floresta atravessamos alguns pequenos prados onde se viam árvores isoladas como num parque inglês. Tenho notado com surpresa que, nos distritos ondulantes arborizados, as partes totaltamente planas são desprovidas de árvores. Por causa do cavalo que se cansara, resolvi ficar na Mission de Cudico, pois levava uma carta de recomendação ao frade dali. Cudico é o distrito intermediário entre a floresta e os Llanos. Há muito boas cabanas, com hortas de milho e batatas, quase todas de propriedade dos índios. As tribos dependentes de Valdívia são de índios "*reducidos y cristianos*". Os indígenas mais ao norte, perto de Arauco e Imperial, são ainda muito selvagens e não foram convertidos, mas todos mantêm muito intercâmbio com os espanhóis. Disse o padre que os índios cristãos não gostavam muito de ir à missa, mas, fora isso, mostravam respeito pela religião. A maior dificuldade é fazê-los observar as cerimônias do casamento. Os índios selvagens têm tantas esposas quantas puderem sustentar, sendo que um cacique, muitas vezes, possui mais de dez. Ao entrar na sua casa se pode saber o número pelos diferentes braseiros que se veem ali. Cada mulher mora com o cacique uma semana, mas todas se empregam na tecelagem de ponchos, etc., para seu proveito. Ser mulher de cacique é um honra muito cobiçada pelas índias.

Os homens de todas essas tribos usam poncho grosseiro de lã, os de Valdívia usam calções, e os do norte têm saiotes idênticos à chilipa dos gaúchos. Todos amaram o cabelo com uma fita vermelha, mas não usam chapéu algum. São homens grandes, de rostos protuberantes, e em aparência geral lembram a grande família americana a que pertencem.

Mas o aspecto fisionômico me pareceu ligeiramente diverso do semblante de qualquer outra tribo que tivesse visto até então. A expressão é geralmente grave e austera, possuidora de caráter, mas tanto se poderia traduzi-la em ignorância honesta como em feroz determinação. Os cachos compridos e negros, os traços fisionômicos salientes e a tez morena pintavam em minha imaginação retratos de James I. Na estrada não encontramos absolutamente aquela humilde delicadeza, tão comum em Chiloé. Alguns prontamente diziam "mari-mari" (bom dia), mas outros passavam pouco inclinados a dar saudação alguma. Semelhante independência de maneiras é talvez consequência de longas guerras e repetidas vitórias que somente eles, de todas as tribos da América, conseguiram ganhar contra os espanhóis.

Passei uma tarde muito agradável, conversando com o padre. Era extremamente bondoso e hospitaleiro, e, sendo de Santiago, soubera cercar-se de algum conforto. Como homem de certa cultura, queixava-se amargamente da falta de companhia. Sem nenhum zelo especial pela religião, nenhum negócio ou preocupação, que vida completamente dispersada a daquele indivíduo! Durante a nossa volta, no dia seguinte, encontramos sete índios de aspecto muito selvagem; alguns eram caciques que acabavam de receber do governo chileno a sua pequenina cota anual de prêmio pela longa fidelidade. Eram homens bem-apessoados e iam a cavalo em fila, um atrás do outro, com o semblante carregado. O velho cacique que seguia à frente, creio, embriagara-se mais que os outros, pois marchava com extrema gravidade e muito carrancudo. Pouco antes disto dois índios se reuniram ao nosso grupo, os quais vinham de uma distante missão a Valdívia, relacionada a certo processo legal. Um deles era um velho bem-humorado, cujas rugas do rosto imberbe lhe davam mais a aparência de mulher que de homem. Ofereci-lhes charutos várias vezes, e embora prontos a aceitá-los, e provavelmente agradecidos, eles dificilmente condescendiam em me agradecer. Um índio de Chiloé teria tirado o chapéu e dito: "*Dios le page!*" A jornada era muito tediosa, tanto por causa do mau estado da estrada como pelo número de árvores caídas, sendo-nos necessário saltar ou dar voltas a fim de evitá-las. Passamos a noite no caminho e, na manhã seguinte, chegamos a Valdívia, de onde me dirigi para bordo.

Alguns dias depois, em companhia de um grupo de oficiais, atravessei a baía e desembarquei próximo ao forte chamado Niebla. As edificações estavam em ruínas, e as carretas de peças, todas carcomidas. O sr. Wickham frisou ao oficial de comando que, com uma só descarga, tudo se faria aos pedaços. O pobre homem, procurando fazer uma cara alegre, respondeu gravemente: "Não, senhor, tenho certeza de que aguentariam duas!" Os espanhóis devem ter tido a intenção de tornar inexpugnável o lugar. Há, no meio do pátio, um pequeno morteiro, cuja dureza rivaliza à da rocha sobre a qual se vê. Fora trazido do Chile, onde custara sete mil dólares, mas como tinha irrompido a revolução, não lhe foi possível dar utilidade alguma e resta agora como monumento à grandeza decadente da Espanha.

Eu desejava ir a uma casa a cerca de dois quilômetros de distância, porém, o guia me disse que era impossível cruzar o bosque em linha reta. Ofereceu-se, contudo, para levar-me pelo caminho mais curto, por entre trilhas obscuras de gado; a caminhada, mesmo assim, durou três horas! Este indivíduo é empregado na caça de gado extraviado; todavia, conhecedor que é daquelas selvas, não havia muito estivera dois dias perdido sem ter nada que comer. Fatos como estes dão uma boa ideia da impraticabilidade das florestas destas regiões.

20 de fevereiro – O dia de hoje tornou-se memorável nos anais de Valdívia, com o terremoto mais violento que já houve no local. Eu estava na praia, deitado no bosque a descansar. Chegou subitamente e durou dois minutos, mas o tempo pareceu muito mais longo. O movimento do solo foi muito sensível. As ondulações pareceram, tanto a mim como ao meu companheiro, provir do leste, mas houve quem afirmasse que partiram de sudoeste; isso mostra quão difícil é, às vezes, perceber a direção das vibrações. Não havia dificuldade de se manter de pé, mas o movimento me fez sentir meio atordoado. Parecia o balanço de um navio ao passar sobre uma onda transversal, ou melhor, o que se sente patinando sobre gelo fino, que cede ao peso do corpo.

Um forte terremoto destrói num instante as nossas mais arraigadas convicções: a terra, o verdadeiro símbolo da solidez, se move sob nossos pés como se fosse uma delgada crosta nadando em algum elemento fluido; um segundo basta para criar na mente uma estranha ideia de insegurança que horas inteiras de reflexões não produziriam. Na floresta, como as árvores se agitassem ao sopro de uma brisa, somente senti tremer a terra, e não vi nenhum outro efeito. Durante o abalo, o capitão Fitz Roy, junto com alguns oficiais, estava na cidade, onde a cena foi ainda mais acidentada, pois embora, por serem de madeira, não tivessem desabado, sofreram um forte tremor que provocou entre elas um estrepitoso chocalhar de tábuas. A população correu à rua, tomada de indizível pânico. São esses efeitos secundários que causam o máximo do horror àqueles que tenham visto e sentido os seus formidáveis efeitos. No seio da floresta o fenômeno foi interessante, sem nada que inspirasse pavor. O grande choque se deu durante a vazante. Segundo o depoimento de uma velha que se encontrava na praia, a água subira com muita rapidez, sem grandes ondas, porém, até a altura da preamar, e ao mesmo passo voltou ao primeiro nível; tinha-se evidência dessa ocorrência na linha de areia recém-molhada. Idêntico movimento de maré, rápido mas tranquilo, ocorreu há alguns anos em Chiloé, durante um terremoto, e suscitou um alarme indevido. No decurso da tarde, sentiram-se vários abalos mais fracos, que provocaram as mais complicadas correntes na água do porto, algumas de grande força.

4 de março – Adentramos o porto de Concepción. Enquanto o navio se dirigia ao ancoradouro, desembarquei na ilha de Quiriquina. O mordomo da herdade veio apressadamente contar-me a notícia do grande terremoto do dia 20: "Em Concepción ou Talcahuano (o porto) não se via uma casa de pé; setenta aldeias foram destruídas, e uma onda gigantesca quase varreu as ruínas de Talcahuano". Logo encontrei em abundância provas deste último fato – toda a costa estava semeada de móveis e madeiramento, como se mil navios houvessem ali naufragado. Além de cadeiras, mesas, estantes, etc. em grande número, viam-se vários telhados de cabanas, que foram transportados quase íntegros. Os armazéns foram arrombados, e sobre a praia jaziam espalhados sacos de algodão e mercadorias valiosas. Durante o passeio ao redor da ilha encontrei, longe da praia, muitos fragmentos de rochedos que, à vista das produções marinhas a eles aderidas, deviam ter saído recentemente de água profunda; um deles media um metro e oitenta de comprimento, noventa centímetros de largura e sessenta de espessura.

A ilha propriamente dita mostrava a força avassaladora do terremoto tão claramente como a praia atestava a da grande onda consequente. Em muitos lugares o solo tinha fendas no sentido norte-sul, ocasionadas, talvez, pela cessão dos lados paralelos e íngremes da estreita ilha. Algumas dessas fendas, na proximidade dos despenhadeiros, tinham um metro de abertura. Já haviam desmoronado enormes massas sobre a praia, e os habitantes achavam que logo que começassem as chuvas blocos maiores despencariam. Mais curioso ainda foi o efeito da vibração sobre a ardósia primária que compõe o fundamento da ilha. As partes superficiais de algumas cristas estreitas estavam completamente fraturadas, como se tivessem explodido sob uma carga de pólvora.

Uma pergunta que sempre me vinha à mente era quanto tempo poderiam durar os vestígios de uma árvore caída. Este guia me mostrou um tronco que, havia catorze anos, um grupo de aristocratas fugitivos tinha derrubado. Baseando-me nesse critério, creio que, depois de trinta anos, um tronco de meio metro de diâmetro ficaria reduzido a um montão de matéria podre. Esse efeito, que novas fraturas e deslocação de terreno tornavam evidente, deve restringir-se à superfície imediata, do contrário não haveria em todo o Chile uma única rocha sólida. E isso não é improvável, quando se sabe que a superfície de um corpo em vibração é afetada de modo diverso da parte central. Talvez seja devido a isso que os terremotos não ocasionam no interior das minas profundas comoção tão terrível como se poderia esperar. Creio que essa convulsão foi mais eficaz na diminuição do tamanho da ilha de Quiriquina que todo um século de erosão provocada pela água e pelo tempo.

No dia seguinte, desembarquei em Talcahuano e fui depois a cavalo até Concepción. As as duas cidades apresentavam o espetáculo mais horrível e, sem dúvida, mais interessante a que jamais assisti. A quem as tivesse conhecido anteriormente, o quadro seria provavelmente ainda mais impressionante, pois os escombros estavam em tal confusão, e o lugar todo tinha um ar tão pouco habitável, que era quase impossível imaginar-se o que antes pudesse ter sido. O terremoto teve início às onze e meia da manhã. Se tivesse ocorrido durante a noite, em lugar de morrerem menos de cem pessoas, teria perecido a maioria da população (que nesta província subia a vários milhares de habitantes); salvou-os o gesto instintivo, invariável nessas contingências, de sair para a rua ao primeiro abalo do solo. Em Concepción, cada casa ou fila de casas, erguia-se solitária, qual monte ou linha de ruínas, mas em Talcahuano, devido à grande onda, nada se distinguia além de um tapete de tijolos, telhas, madeiras, com um resto de parede aqui e ali. Por essa circunstância, Concepción, embora não inteiramente desolada, apresentava um cenário mais terrível e, se me for permitido dizê-lo, mais pitoresco. O primeiro abalo foi muitíssimo abrupto. Um oficial de Quiriquina contou-me que quando percebeu o fenômeno, estava junto com o cavalo que montava, rolando pelo chão. Ao se levantar, foi novamente atirado ao solo. Também me disse que algumas vacas que estavam na costa íngreme da ilha foram arremessadas ao mar. A onda gigante causara a morte de numeroso gado; numa ilha rasa, próxima do fundo de uma baía, setenta animais foram arrastados e se afogaram. Acredita-se ter sido esse o pior terremoto que o Chile jamais registrou; entretanto, como os mais violentos somente acontecem após grandes intervalos, não se pode saber isso com facilidade, nem tampouco se um choque maior teria feito alguma diferença, pois a ruína fora integral. Inúmeros tremores menores seguiram-se ao grande abalo, e nos primeiros doze dias contaram-se nada menos que trezentos.

Depois de contemplar Concepción, não posso entender como a maioria dos habitantes escapou ilesa. Em muitos lugares as paredes ruíram de dentro para fora, formando no meio das ruas montes de tijolos e entulho. O cônsul inglês, sr. Rouse, disse-me que estava à mesa do almoço quando o primeiro tremor o preveniu de que corresse para a rua. Mal tinha alcançado o meio do jardim quando um lado da casa desabou fragorosamente. Ele teve suficiente presença de espírito para lembrar-se de que, se pudesse colocar-se sobre a parte que acabava de cair, estaria salvo. Não conseguindo manter-se de pé, devido ao movimento do terreno, subiu ao local engatinhando; mal chegou a uma pequena eminência, o outro lado da casa desmoronou, e grossas vigas passaram muito próximo à sua cabeça. Sem poder respirar e quase cego na nuvem de pó que se levantou escurecendo o céu, conseguiu finalmente chegar à rua. Como os choques se sucediam com intervalos de minutos apenas, ninguém se atrevia a aproximar-se das ruínas amontoadas, nem sabia se algum ente querido ou amigo estava porventura morrendo à míngua de socorro. Aqueles que conseguiram salvar algumas posses eram obrigados a manter constante vigilância, pois os larápios andavam ativos. A cada abalo que sentiam bradavam "misericórdia!" e batiam no peito com uma das mãos enquanto que com a outra iam removendo dos escombros tudo que podiam. Os tetos de sapé caíam sobre o fogo e as chamas irrompiam de todos os pontos. Centenas de pessoas contemplaram a sua desgraça e poucos foram os que naquele dia encontraram meios de se alimentar.

Os terremotos são por si só capazes de arruinar a prosperidade de qualquer nação. Se na Inglaterra as forças subterrâneas, agora inertes, fossem exercer os poderes que seguramente devem ter exercido nas primitivas eras geológicas, que completa modificação haveria em toda a configuração do país! Que seria das casas altas, das cidades densamente povoadas, das grandes fábricas, belos edifícios públicos e particulares? Se a nova fase de atividades tivesse início com um violento terremoto nas horas mortas da noite, que terrível seria a mortandade! A Inglaterra seria imediatamente uma nação falida, todos os jornais, arquivos e relatórios estariam perdidos para sempre. O governo, vendo-se impossibilitado de cobrar os impostos e impor sua autoridade, a violência e a pilhagem seriam incontidas; em toda grande cidade o espectro da fome assaltaria a população, seguido da peste e do fantasma da morte.

Pouco depois do abalo avistou-se uma grande onda que se aproximava a cinco ou seis quilômetros pelo centro da baía, com um contorno suave; ao chegar à praia, porém, arrancou casas e árvores que foi arrastando à sua frente, com força irresistível. Ao fundo da baía uma monstruosa série de vagalhões espumantes subiram verticalmente sete metros acima da mais alta preamar da lua nova. No forte, devia ter sido prodigiosa a força que arrastou por cinco metros um canhão e uma carreta de peso total de quatro toneladas. Uma escuna foi lançada entre as ruínas, duzentos metros adentro da praia. À primeira onda seguiram-se duas outras que, ao retrocederem, levaram consigo vastíssima quantidade de objetos flutuantes. Em certo local da baía um navio foi lançado a grande distância no interior da praia, levado para fora novamente, de novo trazido e de novo arrastado para o mar. Em outro local, dois grandes navios que ancorados deram duas voltas em torno um do outro, enleando os respectivos cabos. Apesar de estarem ancorados em onze metros de profundidade, ficaram a seco durante alguns minutos. A onda formidável deve ter avançado lentamente, pois os habitantes tiveram tempo de chegar às colinas atrás da cidade, e alguns marinheiros saíram para o mar, na esperança de que os barcos passariam sobre ela antes que se quebrasse – esperança essa que não lhes foi inútil. Uma velha e um menino de quatro ou cinco anos correram para dentro de um barco, mas, não havendo quem remasse para o largo, espatifou-se de encontro a uma âncora. A velha se afogou, mas o menino foi retirado horas depois, agarrado aos restos da embarcação. Ainda se viam tanques de água salgada entre as ruínas das habitações, e as crianças, improvisando barcos de velhas mesas e cadeiras, pareciam tão felizes quanto os pais se sentiam desgraçados. Extremamente interessante, porém, foi observar que todos estavam mais ativos e bem-humorados do que se poderia esperar. Disseram, e com verdade, que, como a destruição foi geral, nenhum sofreu mais que outro, e não podiam portanto acusar os amigos de frieza – o que mais deprime o ânimo na perda da riqueza. O sr. Rouse, em companhia de numeroso grupo que ele bondosamente tomara sob sua proteção, passou a primeira semana debaixo das macieiras de um pomar. A princípio reinou a alegria, como se fosse um agradável piquenique que estivessem fazendo. Mas não tardou que uma intensa chuva lhes viesse causar grande desconforto, pois estavam absolutamente destituídos de abrigo.

No excelente relatório que fez o capitão Fitz Roy sobre o terremoto, consta a notícia de duas explosões presenciadas na baía, uma, como uma coluna de fumaça, e outra, como o esguicho de uma enorme baleia. A água também parecia estar por toda parte em ebulição, "tornando-se negra e exalando um cheiro de enxofre extremamente desagradável". Estas últimas circunstâncias foram observadas durante o terremoto de 1822 na baía de Valparaíso; suponho que seja pelo revolvimento do lodo do fundo do mar, que contém matéria orgânica em decomposição. Na baía de Callao, durante um dia calmo, notei, enquanto o navio puxava o cabo sobre o fundo, que o rastro se desenhava por uma linha de borbulhos. As classes inferiores de Talcahuano atribuíram o terremoto a umas velhas índias que, por terem sido ofendidas, havia dois anos, fizeram cessar o vulcão Antuco. Essa superstição tola é, entretanto, muito curiosa, pois mostra que a experiência os ensinara a observar a relação entre o tremor de terra e a supressão da ação dos vulcões. Era necessário aplicar-se bruxaria aos pontos onde lhes falhava a percepção da causa e efeito, mas, neste caso particular, a crença era muito mais singular pois, de acordo com o capitão Fitz Roy, há razões para acreditar que Antuco não fora de modo algum afetado.

A cidade de Concepción fora construída do modo usual espanhol, com todas as ruas fazendo ângulo reto entre si, uma parte orientada no sentido de sudoeste quarta oeste e a outra, noroeste quarta norte. As paredes na primeira direção certamente resistiram melhor que as na segunda; a maioria das massas de tijolos foi derrubada no sentido nordeste. Ambas as circunstâncias concordam perfeitamente com a ideia geral de que as ondulações vieram de sudoeste, região em que também se ouviram ruídos subterrâneos, pois é óbvio que as paredes orientadas no sentido de sudoeste e nordeste, por apresentarem a ponta voltada para a direção de onde vieram as ondulações, teriam menos probabilidade de ruir do que aquelas que, orientadas a noroeste e sudeste, deviam, em todo seu comprimento e no mesmo instante, ter sido afastadas da perpendicular; pois as ondulações, partindo do sudoeste, devem ter se propagado em ondas de noroeste e sudeste, ao passarem sob os alicerces. Isso se poderia ilustrar colocando-se de pé sobre um tapete alguns livros e, então, como sugere Michell, imitando as ondulações ocorridas em um terreno. Verificar-se-ia que os livros caem com mais ou menos presteza segundo sua orientação coincida mais ou menos com a linha de ondulações. As fendas do terreno estendiam-se em geral, mas sem uniformidade, numa direção sudeste e noroeste, que correspondia, por conseguinte, às linhas de ondulações ou de principal flexão. Tendo-se em mente todas essas circunstâncias, que tão claramente localizam a sudoeste o principal foco de comoção sísmica, é interessante o fato de que a ilha Santa Maria, situada naquela região, foi, durante o levantamento geral do terreno, erguida a uma altura quase três vezes superior de qualquer outra parte da costa.

A diferença de resistência que ofereciam as paredes, conforme a orientação delas, foi bem exemplificada no caso da catedral. O lado que fazia frente à nordeste apresentava volumosa pilha de ruínas, de cujo seio se erguiam os batentes das portas e outro madeiramento, como se estivessem flutuando sobre um rio. Alguns dos blocos angulares de tijolos tinham grandes proporções, o que não os impediu de rolar a certa distância sobre a plaza plana, como fragmentos de rocha na base de uma elevada montanha. As paredes laterais (orientadas a sudoeste e nordeste), embora extremamente fraturadas, continuavam de pé, mas os vastos contrafortes (em ângulo reto com elas e, portanto, paralelos às paredes caídas) foram em muitos casos arrancados e lançados ao chão. Alguns ornamentos quadrangulares sobre o espigão das mesmas muralhas moveram-se com o sismo para uma posição em diagonal. Semelhante efeito foi observado após os terremotos de Valparaíso, Calabria e outros lugares, inclusive alguns dos antigos templos gregos[30]. Esse deslocamento de torsão parece, a princípio, indicar um movimento vorticoso abaixo de cada ponto afetado, mas é muitíssimo improvável. Não poderia, talvez, ser devido a uma tendência em cada pedra de colocar-se em certa posição particular, com relação às linhas de vibração – assim como se verifica em alfinetes quando são sacudidos sobre um pedaço de papel? De modo geral, as portas e janelas em forma de abóbada resistiram aos choques muito mais eficazmente do que qualquer outra parte dos edifícios. Não obstante isso, um velho mendigo aleijado que costumava, durante os tremores menores, arrastar-se a determinada soleira, desta vez, foi reduzido a migalhas.

Não tentei fazer nenhuma descrição detalhada do aspecto de Concepción pois sinto-me absolutamente incapaz de exprimir as variadas emoções que experimentei. Diversos oficiais a tinham visitado antes de mim, porém as suas mais veementes palavras não davam ideia justa da cena desoladora. É amargo e humilhante verem-se destroçadas num minuto obras que tanto tempo e trabalho custaram ao homem. Mas a piedade humana acaba instantaneamente ante a surpresa de ver produzir-se num segundo de tempo um resultado que se estava habituado a atribuir a uma longa sucessão de eras geológicas. Na minha opinião, desde que partimos da Inglaterra, nada presenciamos que se comparasse a esse quadro tão profundamente interessante.

Em quase todos os grandes terremotos, as águas vizinhas do mar, dizem, agitaram-se enormemente. O efeito, como no caso de Concepción, parece ter sido de dois tipos: no primeiro, no instante do abalo, o mar encher-se e eleva-se na praia, com um movimento suave, e do mesmo modo retrocede; no segun-

30. M. Arago, em *L'Institut*, 1839, p. 337. Ver também *Chile*, de Miers, vol. I, p. 392 e *Princípios de Geologia*, de Lyell, cap. XV, BX. II. (N.A.)

do, o mar como que se esvazia, e a água, depois de afastar-se, volta na forma de ondas impetuosíssimas. O primeiro movimento parece ser consequência imediata do terremoto, que age diferentemente sobre elemento fluido ou sólido, ocasionando ligeiro desequilíbrio nos respectivos níveis; o segundo caso, porém, constitui fenômeno muitíssimo mais importante. Durante a maioria dos terremotos, especialmente nos que ocorreram sobre a costa ocidental da América, é fato certo que o primeiro grande movimento das águas foi um retrocesso. Alguns autores procuraram explicar isso, supondo que a água retivesse o seu nível ao passo que o terreno oscilava para cima, mas, certamente, mesmo numa costa íngreme, a água próxima da terra participaria do movimento do fundo; ademais, como frisa o sr. Lyell, semelhantes movimentos marítimos sucederam em ilhas bastante afastadas da principal linha de comoção, haja vista o caso de Juan Fernandez durante este terremoto, e o da Madeira durante o célebre abalo de Lisboa. Quanto a mim, suponho (mas o assunto é extremamente abscuro) que uma onda, seja qual tenha sido a sua causa, subtrai em primeiro lugar a água da praia, para a qual se dirige, a fim de quebrar-se; tenho observado que isso acontece nas pequenas ondas geradas pela roda de um barco a vapor. É de se estranhar que Talcahuano e Callao (porto de Lima), situadas em baías rasas e amplas, tenham sofrido o efeito das grandes ondas em *todos* os terremotos violentos, ao passo que Valparaíso, localizada à beira de águas extremamente profundas, nunca teve essa infelicidade, apesar da frequência com que tem sido sacudida pelos tremores mais brutais. Considerando o fato de que a onda-monstro não surge logo após um terremoto, mas deixa passar um intervalo de, às vezes, meia hora, e de que as ilhas distantes são afetadas de modo idêntico ao das costas próximas do foco de comoção, parece que a referida onda se inicia em alto mar, e como é geral a ocorrência, deve ser geral a causa; suponho que devemos buscar na linha de junção das águas perturbadas do oceano profundo com as das proximidades da costa o lugar onde se origina a grande onda. Também parece que essa onda será maior ou menor conforme a extensão de água rasa que for agitada junto com o fundo sobre o qual repousa.

***

O efeito mais surpreendente deste terremoto foi a elevação permanente do terreno; seria provavelmente muito mais correto referir-se a ela como a causa. Não há dúvida que a terra ao redor da baía de Concepción sofreu uma elevação de sessenta a noventa centímetros, mas é digno de nota que, como a onda obliterou as velhas linhas da ação da maré sobre a rampa de areia das praias, não consegui descobrir nenhuma evidência do fato, além do testemunho global dos habitantes, que afirmavam estar primitivamente coberto pelas águas, um pequeno recife ora exposto. Na ilha de Santa Maria (cerca de trinta milhas distante) a elevação foi mais sensível; o capitão Fitz Roy encontrou, em certa parte, a três metros acima da linha de preamar e *ainda aderentes aos rochedos,* aglomerados pútridos de certos mariscos; os habitantes, antes, mergulhavam na baixa-mar da lua nova atrás desses mariscos. É particularmente interessante a elevação dessa província, por já ter sido o teatro de vários outros terremotos e pelo vasto número de conchas disseminadas pelo solo a uma altura de 180 e até mesmo, como creio, trezentos metros. Notei que em Valparaíso encontram-se conchas semelhantes numa altitude de 3.900 metros: dificilmente se pode duvidar que essa grande elevação tivesse ocorrido no decurso de pequenos soerguimentos sucessivos, como o que se seguiu ou causou o terremoto deste ano, e ao mesmo tempo pela elevação lenta e imperceptível que deve certamente estar-se processando em algumas partes desta costa.

A ilha de Juan Fernandez, 360 milhas a nordeste, por ocasião do grande choque do dia 20, foi violentamente abalada, a ponto de as árvores se chocarem umas contra as outras e um vulcão submergido a pouca distância da costa entrar em erupção. Tais ocorrências são notáveis porque a ilha, durante o terremoto de 1751, foi também atingida com mais violência que outros lugares a igual distância de Concepción, o que parece indicar conexões subterrâneas entre esses dois pontos. Chiloé, a cerca de 340 milhas ao sul de Concepción, parece ter sido sacudida mais vigorosamente do que o distrito intermediário de Valdívia, onde o vulcão Vila Rica permaneceu sem afetar-se, enquanto que, na cordilheira à frente da ilha, dois vulcões entraram simultaneamente em violenta atividade. Tanto estes dois vulcões como outros que lhes ficavam próximos continuaram em erupção durante muito tempo, sendo dez meses mais tarde novamente influenciados pelo terremoto de Concepción. Alguns lenhadores que se encontravam na base de uma das crateras não perceberam o choque do dia 20, embora toda a província circundante tivesse sentido o abalo. Temos aqui uma erupção minorando e tomando o lugar de um terremoto, tal qual como teria acontecido em Concepción, se, de acordo com a versão popular, o vulcão Antuco não tivesse sofrido uma obstrução por feitiçaria. Quase três anos mais tarde Valdívia e Chiloé foram novamente sacudidas, e mais intensamente que no dia 20, e uma ilha no arquipélago de Chonos ergue-se à altura permanente de mais de dois metros e meio. A escala em que se produziram esses fenômenos seria melhor compreendida se (como no caso das geleiras) os transportássemos a lugares correspondentes sobre o solo europeu: a terra, então, desde o Mar do Norte até o Mediterrâneo, teria sido violentamente sacudida, e, no mesmo instante, uma grande área da costa oriental da Inglaterra seria elevada, juntamente com algumas ilhas adjacentes, uma série de vulcões à costa da Holanda entraria em atividade, verificando-se uma erupção submarina nas proximidades da ponta norte da Irlanda; e, finalmente, as antigas crateras de Auvergne, Cantal e Mont d'Or teriam expelido uma negra coluna de fumaça e permanecido em ação durante muito tempo. Dois anos e nove meses depois, a França, a partir do seu centro no Canal Inglês, teria sofrido nova desolação por outro terremoto, e uma ilha se levantaria permanentemente no Mediterrâneo.

O espaço efetivamente atingido pela matéria vulcânica projetada no dia 20 foi de 1.140 quilômetros numa direção e 637km em outra, fazendo ângulo reto; há aqui, portanto, muito provavelmente, um lago subterrâneo de lava, que se estendende por quase o dobro da área do Mar Negro. A julgar por essa sequência de fenômenos íntima e complicada podemos, com plena confiança, chegar à conclusão de que as forças que levantam continentes lentamente e por pequenas fases e as que, em períodos sucessivos, vomitam matéria vulcânica por aberturas da crosta terrestre são idênticas. Por muitas razões sou levado a crer que os frequentes abalos a que é submetida esta linha da costa são causados pelo fendimento dos estratos, como consequência necessária da tensão da terra levantada e da injeção da rocha fluidificada. Esse fendimento e injeção, repetindo-se com suficiente frequência (e sabemos que os terremotos repetidamente afetam as mesmas áreas do mesmo modo), formariam uma cadeia de colinas, e a ilha linear de Santa Maria parece achar-se submetida a esse processo pois foi levantada a três vezes à altura do terreno adjacente. Creio que o eixo sólido de uma montanha difere quanto ao modo de formação daquele de uma colina vulcânica somente no fato de que a pedra fundamental foi repetidamente injetada em vez de ser repetidamente dejetada. Ademais, considero impossível explicar a estrutura de grandes cadeias de montanhas, como, por exemplo, a cordilheira, onde os estratos, que cobrem de rocha plutônica o eixo injetado, foram lançados sobre as arestas ao longo de várias linhas paralelas de elevação e vizinhas, a não ser pela consideração de que o eixo tivesse sofrido repetida injeção em intervalos de duração tal que permitissem o resfriamento e a solidificação das partes superiores ou arestas, pois se os estratos houvessem sido de um só golpe lançados na posição que ora ocupam, quase vertical, e mesmo invertida, as próprias entranhas da terra teriam sido expelidas e, em lugar de formar eixos abruptos de montanhas de rocha solidificada sob grande pressão, dilúvios de lava teriam aflorado de inúmeros pontos em todas as linhas de elevação[31].

31. Para um completo relatório dos fenômenos vulcânicos que acompanharam o terremoto do dia 20, e para as conclusões que daí se podem chegar, devo referir o leitor ao volume V das *Transações geológicas*. (N.A.)

Capítulo XV

Passagem da cordilheira

Valparaíso – Passo de Portillo – Sagacidade das mulas – Torrentes de montanha – Minas, como se descobrem – Provas da elevação gradual da cordilheira – Efeito da neve sobre as rochas – Estrutura geológica das duas cadeias principais – Sua origem distinta e elevação – Grande abaixamento – Neve vermelha – Ventos – Pináculos de neve – Secura e claridade da atmosfera – Eletricidade – Pampas – Zoologia dos lados opostos dos Andes – Gafanhotos – Grandes percevejos – Mendoza – Passo de Uspallata – Árvores silicificadas soterradas em crescimento – Ponte dos Incas – Exagero sobre o perigo dos passos – Cumbre – Casuchas – Valparaíso.

7 de março de 1835 – Após uma permanência de três dias em Concepción, partimos rumo a Valparaíso. Com o vento soprando na direção norte, somente chegamos à entrada do porto de Concepción quando já era noite, e, visto que estávamos perto de terra e a atmosfera se enchia de bruma, ancoramos ali mesmo. Pouco depois aproou bem próximo a nosso costado um navio baleeiro americano. Ouvimos o *yankee* impor silêncio blasfemando a seus comandados, pois queria ouvir o marulhar das ondas na praia. O capitão Fitz Roy exortou-o, em voz clara e alta, a ancorar ali mesmo onde se achava. O pobre homem deve ter julgado que a voz partira da praia, verdadeira Babel se estabeleceu a bordo do veleiro – todos gritavam ao mesmo tempo: "Largue a âncora! Solte o cabo! Arreie a vela!" Se no navio fossem todos capitães e não houvesse marinheiros, não poderia levantar-se algaravia mais intensa de vozes de comando. Soubemos depois que o contramestre era gago, e todos estavam ajudando a transmitir as suas ordens.

No dia 11 ancoramos em Valparaíso, e dois dias mais tarde parti na travessia da cordilheira. Dirigi-me a Santiago, onde o sr. Caldcleugh, com muita bondade, me auxiliou nos pequenos preparativos que se faziam necessários. Há, nesta parte do Chile, dois caminhos através dos Andes que conduzem a Mendoza: o mais comumente usado – o de Aconcágua ou Uspallata – acha-se localizado a alguma distância ao norte; o outro, chamado Portillo, está mais ao sul e é mais perto, porém mais íngreme e arriscado.

18 de março – Partimos em direção ao passo de Portillo. Deixando Santiago, atravessamos a ampla planície queimada sobre a qual fora construída a cidade e chegamos, à tarde, ao Maypu, um dos principais rios do Chile. No ponto em que penetra na primeira cordilheira, o vale ladeia-se de montanhas elevadas e estéreis, e, embora não seja largo, é muito fértil. Numerosas cabanas estavam cercadas de parreiras, pomares de maçãs e pêssegos, cujo peso fazia os galhos quebrarem. À tardinha passamos pela alfândega, onde foi inspecionada a nossa bagagem. A fronteira do Chile é mais eficazmente guardada pela cordilheira do que pelas águas do mar. Há muito poucos vales que vão dar nas cadeias centrais, e as montanhas são absolutamente intransponíveis, em outras partes, às mulas de carga. Os guardas aduaneiros foram muito delicados, talvez parcialmente em consequência do passaporte que o presidente da República me fornecera; mas devo expressar minha admiração pela educação que é parte integrante da natureza de quase todo chileno. Neste caso, acentuou-se fortemente o contraste havido com a mesma classe de indivíduos na maioria dos outros países. Posso mencionar um episódio que, na ocasião, muito me agradou. Encontramos, perto de Mendoza, uma negra muito gorda e baixa, que ia montada numa besta. Tinha um papo tão volumoso que era quase impossível evitar olhá-la por um momento, mas os meus dois companheiros, imediatamente, a título de desculpas, saudaram-na segundo a maneira usual, tirando-lhe o chapéu. Onde se encontraria, entre as classes mais baixas ou mais altas da Europa, alguém que mostrasse tanta delicadeza para com uma pobre e mísera criatura de uma raça degradada?

Passamos a noite numa cabana. Havia em nosso modo de viajar uma deliciosa independência. Nas partes habitadas fazíamos aquisição de lenha, alugávamos pasto para os animais e erguíamos barraca num canto do mesmo campo. Carregando conosco uma panela de ferro, preparávamos e fazíamos a nossa refeição sob um céu sem nuvens, e não sabíamos o que era aborrecimento. Meus companheiros eram um "*arriero*", que conduzia dez mulas, e a "*madrina*". A *madrina* (madrinha) é personagem muito importante: velha e pacífica égua com uma sineta dependurada ao pescoço, que as mulas acompanham onde quer que vá. O afeto dos animais para com as madrinhas poupa infinito trabalho. Se forem deixadas num campo a pastar várias tropas numerosas, pela manhã os condutores só têm que distanciar um pouco as madrinhas e fazer-lhes soar a sineta, pois, embora haja mais de duzentos ou trezentos animais, cada mula reconhece imediatamente o som e se aproxima. É quase impossível uma mula antiga extraviar-se e, mesmo que seja casualmente detida à força durante várias horas, faz valer o seu olfato, qual um cão, e segue o rastro das companheiras, ou melhor, da madrinha, que é o principal objeto do seu amor. Mas esse sentimento não é de natureza individual, pois creio ter razão em dizer que qualquer animal que leve um sino pode servir de madrinha. Cada animal da tropa carrega, em estrada plana, uma carga de duzentos quilos, e, em terreno íngreme, cinquenta quilos menos; entretanto, com pernas delgadas e delicadas sem nenhum desenvolvimento muscular correspondente, as mulas suportam semelhante peso! Sempre me pareceram animais surpreendentes. O fato de um produto híbrido possuir mais entendimento, memória, obstinação, afeição social, resistência física e longevidade de qualquer dos pais parece indicar que aqui a natureza foi superada pela arte. Dos dez animais que levávamos, seis se destinavam à sela e quatro ao transporte de carga, por revezamento. Carregávamos grande abastecimento alimentar, para o caso de a neve nos surpreender, visto que a época era um tanto tardia para efetuar a passagem do Portillo.

19 de março – Alcançamos hoje a última casa do vale e, portanto, a mais elevada. O número de habitantes vai escasseando, mas a fertilidade revela-se onde quer que se possa fazer chegar a água. Todos os vales principais da cordilheira caracterizam-se por uma orla ou plataforma de cada lado, composta de seixos e areia, rudemente estratificados, e geralmente de espessura considerável. Evidentemente estenderam-se outrora através dos vales e eram em corpo único; a base dos vales do norte do Chile, onde não existem rios, é coberta assim. As estradas geralmente seguem por essas plataformas pois a superfície delas é uniforme e sobe em suave declive pelos vales, motivo pelo qual são, também, facilmente cultiváveis pela irrigação. E ser acompanhadas podem a até uma altura entre 2.100 e 2.700 metros, onde se tornam ocultas nas pilhas irregulares de detritos. Na extremidade inferior ou entrada dos vales, estão ininterruptamente ligados ao pé da cordilheira principal, às planícies (também de seixos) que foram descritas em capítulo anterior como características do cenário do Chile e que indubitavelmente foram depositadas quando o mar penetrava no país tal qual como agora se vê nas costas mais ao sul. Fato algum da geologia da América do Sul me interessou mais que esses terraços de seixos grosseiramente estratificados. Em composição assemelham-se precisamente à matéria que as enxurradas depositariam nos vales, se por algum motivo fosse detida no seu curso, como, por exemplo, a penetração num lago ou braço de mar, mas as torrentes, em vez de depositarem matéria, operam ativamente o desgaste da rocha sólida e dos depósitos de aluvião ao longo de toda esta linha de vales principais e secundários. É impossível atribuir razões aqui, porém estou convencido de que os terraços foram acumulados, durante a elevação gradual da cordilheira, pela deposição, em níveis sucessivos, dos detritos torrenciais sobre as pontas de praia dos braços de mar compridos e estreitos. Esse processo efetuou-se primeiramente no alto dos vales e a seguir cada vez mais baixo, à medida que ascendia o terreno. Se assim for, e não posso duvidar, a grande cadeia fragmentada da cordilheira, em vez de ter sido erguida subitamente, como até há pouco foi e continua ainda a ser a opinião comum dos geólogos, sofreu uma ascensão lenta em massa, da mesma maneira gradual com que se elevaram, dentro do período recente, as costas do Atlântico e do Pacífico. Sob este ponto de vista solucionam-se com grande simplicidade numerosos fatos relativos à estrutura da cordilheira.

Mais justo seria chamar os rios que correm nestes vales de torrentes de montanhas. A inclinação é grande, e a água tem a cor de lama. O rugido do Maypu ao passar pelos grandes fragmentos arredondados é igual ao do mar. Do ruído das águas que se precipitavam, distinguia-se o chocalhar das pedras, claramente audível mesmo à distância. Pode-se ouvir esse rolar de pedras dia e noite, ao longo de todo o trajeto da torrente. O som é uma eloquente linguagem para o geólogo, os milhares de milhares de pedras que, chocando-se umas contra as outras, produziam aquele ruído uniforme e monótono precipitavam-se seguindo na mesma direção. Era como pensar no tempo, quando o minuto que passou perde-se para sempre. Assim acontecia com aquelas pedras; o oceano constitui para elas a eternidade, e cada nota vibrada daquela melodia selvagem significava mais um passo que davam rumo ao seu destino.

Não é possível, a não ser por meio de um processo lento, compreender um efeito produzido por uma causa que se repete tão seguidamente, que a multiplicação não imprima ideia mais definida do que aquela que o selvagem procura expressar, quando mostra os fios de cabelo da cabeça. Toda vez que contemplo uma camada de seixos acumulada numa espessura de centenas de metros, fico tentado a exclamar que causas como os rios atuais e as praias atuais jamais poderiam ter remoído e produzido massas de semelhantes proporções. Quando, porém, do outro lado, ouvia o chocalhar das torrentes e recordava que raças inteiras haviam desaparecido da face da terra, e que, durante todo esse período, dia e noite, essas mesmas pedras têm se entrechocado no seu curso, perguntava a mim mesmo se poderia haver montanhas ou continentes que fossem capazes de resistir a tanto desgaste.

Nesta parte do vale, as montanhas de cada lado se elevavam de 900 a 1.800 ou 2.400 metros, com contornos arredondados e flancos íngremes nus. A cor geral das rochas era púrpura e embaçada, com estratificação muito nítida. Se não era belo o cenário, era entretanto notável e grandioso. Encontramos durante o dia várias manadas de gado que, conduzidas por homens, desciam dos vales mais elevados da cordilheira. Esse sinal da aproximação do inverno nos fez apressarmos a marcha mais do que convinha ao estudo da geologia. A casa onde dormimos estava situada ao pé de uma montanha em cujo cimo se localizavam as minas de S. Pedro de Nolasko. *Sir* F. Head admirou-se de terem descoberto minas em posições tão extraordinárias como, entre outras, o algente pico de S. Pedro de Nolasko. Em primeiro lugar, os veios metálicos nesta região são geralmente mais duros que os estratos circunjacentes; por conseguinte, durante a gradual erosão das colinas, ficam expostos acima da superfície do solo. Em segundo lugar, quase qualquer operário, especialmente nas partes nortes do Chile, tem certa compreensão a respeito do aspecto que apresentam os minérios. Nas grandes províncias mineiras de Coquinho e Copiapó, como há muita escassez de lenha, os habitantes vão procurá-la por toda colina e vale: foi assim que se descobriram quase todas as minas mais ricas.

Chanuncillo, cuja produção de prata em poucos anos atingiu o valor de muitas centenas de milhares de libras, foi descoberta por um indivíduo que pretendia atirar uma pedra contra o seu burro de carga. Achando-a muito pesada, examinou-a e verificou que estava repleta de prata pura. O veio estava a pequena distância, como uma cunha de metal. Os mineiros também, munidos de alçaprema, frequentemente vagam pelas montanhas. Nesta parte do Chile os indivíduos que conduzem gado na cordilheira e visitam todas as barrocas onde haja pequena pastagem são os principais descobridores de minas.

20 de março – À medida que subíamos o vale, a vegetação, com exceção de poucas belas flores alpinas, tornava-se extraordinariamente escassa, e quase não se viam quadrúpedes, aves e insetos. As montanhas, cujos topos mostravam algumas placas de neve, eram bastante afastadas umas das outras, enquanto que os vales eram cheios de aluvião estratificado de grande espessura. As características dos Andes que mais impressionaram, em relação ao contraste com as outras cadeias de montanhas que conheço, foram uma orla plana que por vezes se estendia em planícies estreitas de cada lado dos vales, as cores brilhantes, prevalecendo o vermelho e púrpura, das colinas de pórfiro que se erguiam íngremes e completamente desnudadas, os paredões imponentes e contínuos em forma de diques, os estratos nitidamente divididos que, onde fossem verticais, formavam os pináculos centrais pitorescos e selvagens, mas que, onde tivessem menor inclinação, compunham as grandes montanhas maciças das imediações da cadeia, e, finalmente, as pilhas cônicas e lisas de detritos de cores brilhantes, que subiam em rama de muitos graus a partir da base das montanhas atingindo às vezes uma altura acima de seiscentos metros.

Frequentemente observei, tanto na Terra do Fogo como no meio dos Andes, que onde, durante a maior parte do ano, a neve cobria as rochas, estas se apresentavam despedaçadas de maneira muitíssimo singular em pequenos fragmentos angulosos. Scoresby[32] observou o mesmo fato em Spitzbergen. A meu ver, o caso é meio obscuro, pois justamente a parte da montanha que é coberta de neve, mais do que qualquer outra, deve estar protegida das grandes e repetidas mudanças de temperatura. Pensei algumas vezes que a terra e os fragmentos de pedra sobre a superfície fossem talvez removidos com menos eficácia pela lenta infiltração da água da neve[33] do que pela da chuva, de onde se conclui que é ilusória a aparência da desintegração acelerada da rocha sólida sob o manto de neve. Seja qual for a causa, é extremamente grande a quantidade de pedra miúda na cordilheira. Ocasionalmente, na primavera, escorregam das montanhas grandes massas desses detritos, que vão cobrir a neve dos vales, estabelecendo ali câmaras frigoríficas naturais. Passamos por sobre uma cuja altura estava muito abaixo da linha de neves eternas.

Ao aproximar-se a noite, chegamos a uma curiosa planície em forma de bacia, conhecida pelo nome de Vale del Yeso. Era coberta de pequena pastagem seca, e tivemos o prazer de ver uma boiada entre os desertos rochosos circundantes. O nome do vale deriva-se de um grande depósito, creio que de

---

32. *Arctic Regions*, de Scoresby, vol. I, p. 122. (N.A.)

33. Ouvi dizer em Shropshire que, quando o Severn se inunda, após uma longa chuva contínua, a água é muito mais turbada do que quando procede do derretimento de neve sobre as montanhas de Gales. D'Orbigny (tomo I, p.184), ao explicar a causa das diversas colorações dos rios sul-americanos, observa que aqueles cujas águas são azuladas ou claras têm sua nascente na cordilheira, onde se derrete a neve. (N.A.)

pelo menos seiscentos metros de espessura, de gesso branco que, em alguns lugares, tem alto grau de pureza. Passamos a noite em companhia de um grupo de homens que carregavam mulas com essa substância, cujo uso se destinava à fabricação de vinho. Partindo bem cedo na manhã do dia 21, continuamos a acompanhar o curso do rio, que estava agora muito pequeno, até que chegamos ao sopé da serra que separa as águas que correm para o Pacífico das que se dirigem ao Atlântico. A estrada, que até aqui tinha sido boa e subia em suave mas contínua rampa, transformou-se num ziguezague íngreme rumo ao alto da cadeia que divide as repúblicas do Chile e de Mendoza.

Darei aqui um relatório rápido sobre a geologia das várias linhas paralelas que formam a cordilheira. Entre essas linhas destacam-se duas que são consideravelmente mais altas do que as outras, a saber: o espinhaço de Peuquenes, do lado do Chile, que, no ponto onde o cruza a estrada, acha-se a 3.963 metros acima do nível do mar; e o do Portillo, do lado de Mendoza, a 4.290 metros. As camadas inferiores do Peuquenes, bem como das várias grandes linhas que lhe ficam a oeste, compõem-se de uma vasta pilha, com muitas centenas de metros de espessura, de pórfiros escorridos como lava submarina, alternados com fragmentos angulares e arredondados, expelidos das crateras submarinas. Nas partes centrais, essas massas alternadas se cobrem em grande espessura de arenito vermelho, conglomerado e ardósia argilosa calcárea, que se associam e se transformam em imensos depósitos de gesso. Nas camadas superiores, encontram-se com bastante frequência depósitos de conchas pertencentes aproximadamente ao período do giz inferior europeu. Apesar de velha, é admirável a história que se conta de conchas que outrora rastejavam no fundo dos mares e hoje se acham a quase 4.200 metros acima do seu primitivo nível. As camadas inferiores desta grande pilha de estratos sofreram deslocamento, cozimento, cristalização e quase permeação recíproca, devido à ação de massas montanhosas formadas de uma rocha branca de um sódio-granito peculiar.

A outra linha principal, a do Portillo, é de formação totalmente diferente: consiste principalmente de grandes pináculos denudados de um potássio-granito vermelho que, nas partes inferiores do flanco ocidental, cobrem-se de um arenito convertido pelo calor primitivo em rocha quartzosa. Sobre o quartzo repousam estratos de conglomerado medindo várias centenas de metros de espessura, que foram soerguidos pelo granito vermelho e inclinam-se em 45° na direção do Peuquenes. Muito me admirei de constatar que este conglomerado se compunha parcialmente de calhaus derivados dos rochedos, incluindo as conchas fósseis, da cadeia de Peuquenes, e parcialmente de potássio-granito vermelho, como no Portillo. Concluímos, portanto, que os dois espinhaços, de Peuquenes e Portillo, foram parcialmente erguidos e expostos à erosão quando o conglomerado estava em formação; visto, porém, que os estratos de conglomerado foram lançados em ângulo de 45° pelo granito vermelho do Portillo (com o arenito subjacente cozido pelo mesmo), podemos ter por certo que a maior parte da injeção e levantamento da linha do Portillo, já parcialmente formada, ocorreu depois que o conglomerado se acumulou e muito após a elevação do espinhaço de Peuquenes. De sorte que o Portillo, a linha mais alta nesta parte da cordilheira, não é tão antigo quanto Peuquenes, linha menos elevada que ele. Poder-se-ia aduzir à evidência encontrada na inclinação de uma corrente de lava na base oriental do Portillo, para demonstrar que este deve parte da sua grande altura à elevação de uma época ainda mais recente. Encarando-se a sua origem primitiva, parece que o granito vermelho foi injetado sobre uma linha antiga preexistente de granito branco e mica-ardósia. Pode-se concluir que em quase todas, senão em todas as partes da cordilheira, cada linha se formou com elevações e injeções repetidas e que as várias linhas paralelas são de idades diferentes. Somente assim podemos ganhar tempo suficiente para explicar a surpreendente intensidade da denudação que essas montanhas sofreram, embora, comparativamente à maioria de outras cadeias, elas sejam de data recente.

Finalmente, as conchas de Peuquenes, ou espinhaço mais antigo, provam que, como já se observou, a linha se acha elevada em 4.200 metros desde um período secundário que, na Europa, estamos acostumados a considerar como longe de ser antigo; entretanto, como as conchas viveram num mar moderadamente profundo, pode-se mostrar que a área que a cordilheira atualmente ocupa deve ter se afundado várias centenas de metros – no norte do Chile, uns 1.800 metros – permitindo que se acumulasse tal quantidade de estratos submarinos no depósito onde existiram as referidas conchas. A prova é a mesma que serviu para demonstrar que num período muito mais recente que o terciário em que viveram as conchas da Patagônia deve ter ocorrido um afundamento de várias dezenas de metros, como também uma elevação conseguinte. Diariamente a mente do geólogo se vê diante do fato de que nem o vento, que incessantemente varia, é tão instável quanto o nível da crosta terrestre.

Farei apenas mais uma observação de natureza geológica: embora seja mais alta aqui que a cadeia do Peuquenes, a cadeia Portillo deu passagem às águas que se escoavam dos vales intermediários. O mesmo fato, porém em maior escala, foi observado na linha ocidental mais elevada da cordilheira da Bolívia, por onde passam os rios, e fatos idênticos têm sido observados em outras regiões do globo. Admitindo-se a hipótese da elevação gradual e subsequente de Portillo, pode-se compreender isso, pois primeiramente teria aparecido um grupo de ilhas, entre as quais, à medida que iam sendo levantadas, as marés estariam continuamente abrindo canais mais amplos e profundos. No dia presente, mesmo nos estreitos mais retirados na costa da Terra do Fogo, são muito fortes as correntes nas aberturas transversais que ligam os canais longitudinais, a ponto de se ver numa dessas passagens transversais um pequeno veleiro girar sobre si mesmo várias vezes.

***

Por volta do meio-dia demos início à tediosa ascensão da cadeia do Peuquenes, e então, pela primeira vez, tivemos uma pequena dificuldade de respiração. As mulas paravam de cinquenta em cinquenta metros, e depois de um pequeno descanso os pobres e benevolentes animais retomavam, por eles mesmos, o movimento para cima. À respiração difícil da atmosfera rarefeita os chilenos dão o nome de "puna", e são extremamente ridículas as noções que têm a esse respeito. Alguns dizem que "todas as águas aqui têm puna"; outros, que "onde há neve, há puna" – o que, todavia, não deixa de ser verdade. A única sensação que experimentei foi um ligeiro aperto na cabeça e no peito, semelhante ao que sentiria se saísse de um quarto aquecido e passasse rapidamente a um exterior com clima de inverno. A imaginação devia desempenhar algum papel nisso, pois, ao encontrar algumas conchas fósseis na encosta mais elevada, esqueci-me, na minha satisfação, de tudo quanto dizia respeito à puna. O esforço de caminhar era, por certo, extremamente grande, e a respiração se fazia intensa e difícil. Ouvi dizer que em Potosi (cerca de 3.900 metros acima do nível do mar) os estranhos só se acostumam completamente ao ar atmosférico depois de um ano. Todos os habitantes recomendaram cebolas para combater a puna; como esse vegetal é recomendado às vezes na Europa nos casos de males peitorais, é bem possível que possa ser de real utilidade aqui; quanto a mim, porém, nada me valeu, tanto quanto as conchas fósseis!

Quando estávamos na metade do caminho encontramos uma caravana com setenta mulas carregadas. Achei muito interessante ouvir os gritos selvagens dos condutores e contemplar o cordão de animais em descida: pareciam minúsculos, nada havendo em torno com que se pudesse compará-los, além de montanhas geladas. Quando nos avizinhamos do cume, o vento, como geralmente acontece, tornou-se impetuoso e extremamente frio. De cada lado da vertente tivemos que atravessar largas faixas de neves eternas, que dentro em pouco seriam cobertas por camadas mais recentes. Da crista da montanha, olhando para trás, contemplamos o mais suntuoso panorama: a atmosfera resplandecia de clareza, o céu pintava-se de azul intenso, os vales se aprofundavam, massas de escombros empilhavam-se desde eras incontáveis, e as rochas brilhavam coloridas, tudo isso formando um inesperado contraste com a tranquilidade que prevalecia sobre as montanhas de neve, um cenário que ninguém poderia ter imaginado. Nem planta nem ave, salvo alguns condores voando em círculos sobre os pináculos mais altos, nada distraía minha atenção daquela massa inanimada. Fiquei feliz de estar a sós: era como se estivesse observando uma tempestade ou escutando um coro orquestral do Messias.

Em várias placas de neve encontrei o *Protococcus nivalis,* ou neve vermelha, tão conhecida através das descrições dos navegantes setentrionais. Ela despertou minha atenção quando observei pegadas das mulas em que se viam manchas vermelho-pálidas, como se os cascos tivessem sangrado ligeiramente. Pensei a princípio que se tratasse de pó proveniente das montanhas de pórfiro vermelho circundantes, pois em virtude do poder de ampliação dos cristais da neve, as colônias dessas plantas microscópicas pareciam partículas toscas. A neve somente apresentava coloração nos pontos em que o degelo se processara rapidamente ou que haviam sofrido contusão acidental. Friccionando-se uma pequena porção sobre uma folha de papel obtinha-se um cor-de-rosa pálido matizado de cor de tijolo. Ao raspar o resíduo do papel, verifiquei que consistia de agrupamentos de pequenas esferas encerradas em invólucros incolores, cada qual medindo 25 micra de diâmetro.

O vento sobre a crista do Peuquenes, como já mencionei, é geralmente impetuoso e muito frio: é dito[34] que sopra constantemente do oeste ou lado do Pacífico. Como as observações foram feitas, principalmente, no verão, este vento deve ser uma corrente superior de retorno. O Pico de Teneriffe, de menor elevação, e situado na latitude 28°, igualmente cai dentro de uma corrente superior de retorno. A princípio é surpreendente que o alísio ao longo da parte norte do Chile e na costa do Peru sopre tão ao sul como o faz, mas quando lembramos que a cordilheira, correndo numa linha de norte a sul, intercepta, como uma enorme parede, toda a profundidade da corrente atmosférica inferior, podemos facilmente ver que o alísio deve ser dirigido ao norte, seguindo a linha das montanhas, em direção às regiões equatoriais, e portanto perde parte do movimento em direção ao leste que, não fosse isso, teria recebido da rotação da Terra. Em Mendoza, na base oriental dos Andes, consta que o clima está sujeito a longas

34. Dr. Gilles no *Journ. of Nat. Geograph. Science*, agosto de 1830. Este autor dá as alturas dos passos. (N.A.)

calmarias assim como a frequentes, embora falsas, tempestades iminentes: podemos imaginar que o vento, que por vir do leste está dessa forma bloqueado pela linha das montanhas, se estagnaria ou se tornaria irregular.

Depois de atravessar os Peuquenes, descemos a uma região montanhosa, entre os dois limites principais, e providenciamos nossas acomodações para a noite. Nós estávamos agora na república de Mendoza. A altitude provavelmente não era inferior a 3.300 metros, e a vegetação, portanto, extremamente escassa. A raiz de uma planta pequena e atrofiada servia de combustível, mas fazia um fogo miserável, e o vento era frio e cortante. Bastante cansado do trabalho do dia, fiz minha cama o mais rápido que pude e fui dormir. Por volta da meia-noite, observei que o céu nublou subitamente: acordei o arrieiro a fim de saber se havia algum perigo de mau tempo, mas ele disse que sem trovões ou relâmpagos não havia risco de uma tempestade de neve. O perigo é iminente, e grande a dificuldade de fuga subsequente, para qualquer um que seja surpreendido pelo mau tempo entre as duas cadeias. Uma caverna oferece o único lugar de refúgio: o sr. Caldcleugh, que fez a travessia neste mesmo dia do mês, foi detido lá por algum tempo devido a uma grande nevasca. Não foram construídas Casuchas, ou casas de abrigo, neste passo como no de Uspallata, e, consequentemente, durante o outono, o Portillo é pouco frequentado. Posso ressaltar aqui que na principal cordilheira nunca chove, pois durante o verão o céu é sem nuvens e no inverno só ocorrem tempestades de neve.

No lugar onde estávamos acampados a água fervia, em virtude da baixa pressão atmosférica, numa temperatura mais baixa do que ferve num terreno menos elevado; ao contrário de um digestor de Papin. Desse modo as batatas, depois de ficarem horas inteiras na água fervendo, estavam quase tão duras como nunca. A panela ficou no fogo a noite toda, e na manhã seguinte a água foi fervida novamente, mas assim mesmo as batatas não cozinharam. Soube disso ao ouvir uma discussão entre meus dois companheiros sobre o caso; eles chegaram à simples conclusão de que "a maldita panela (que era nova) não quis cozinhar as batatas".

22 de março – Depois de nosso café da manhã sem batatas, percorremos o terreno intermediário que conduzia ao pé da cadeia do Portillo. No meio do verão o gado é trazido aqui para pastar, mas agora todo o gado já havia sido retirado, mesmo a maioria dos guanacos havia decampado, sabendo bem que se apanhados por uma tempestade de neve não lhes restaria escapatória. Daqui tivemos uma boa vista de uma cadeia de montanhas chamada Tupungato, toda ela coberta por neve, tendo no centro uma mancha azul, sem dúvida uma geleira – um fenômeno de rara ocorrência nestas montanhas. Iniciava-se agora uma pesada e longa subida, semelhante à do Peuquenes. Imponentes cones de granito vermelho erguiam-se de cada lado; nos vales estendiam-se diversos campos de neve perpétua. Essas massas geladas, durante o processo de degelo, tinham se transformado, em algumas partes, em pináculos e colunas[35], que, por serem altos e muito próximos uns dos outros, dificultavam a passagem dos animais cargueiros. Numa dessas colunas de gelo, como que sobre um pedestal, via-se um cavalo congelado cujas patas traseiras, porém, estiravam-se para o ar. O animal, suponho, caiu de cabeça para baixo em um buraco, numa ocasião em que nevava continuamente, e, depois, a neve das partes circundadas deve ter derretido.

Quando estávamos quase na crista do Portillo, fomos envolvidos por uma pesada nuvem de minúsculos espículos gelados. Isso foi muito desagradável, pois continuou durante todo o dia e obstruía completamente a nossa vista. O caminho recebeu o nome de Portillo devido a uma fenda estreita ou entrada na encosta mais alta, pela qual passa a estrada. Num dia claro pode-se, desse ponto, avistar as vastas planícies que se estendem ininterruptamente pelo oceano Atlântico. Descemos

---

35. Essa estrutura da neve gelada há muito já tinha sido observada por Scoresby nos *icebergs* próximos a Spitzbergen, e também, mais recentemente, e com mais cuidado, pelo coronel Jackson (*Journ. of Geograph. Soc.*, vol. V, p. 12) em Neva. Nos *Princípios* (vol. IV, p. 360) Lyell comparou as fissuras que parecem determinar a estrutura colunar às junturas transversais que se vê em quase todas as rochas, especialmente nas massas não estratificadas. Posso observar que, no que diz respeito à neve gelada, sua estrutura colunar deve dar-se por uma ação "metamórfica", e não por algum processo ocorrido durante a *deposição*. (N.A.)

ao limite superior da vegetação e encontramos bons alojamentos para a noite sob o abrigo de alguns grandes fragmentos de rochedo. Encontramos aqui alguns passageiros que nos indagaram ansiosos sobre o estado da estrada. Logo depois que escureceu as nuvens subitamente se dissiparam, produzindo um efeito mágico. As grandes montanhas, iluminadas pela lua cheia, pareciam estar pairando sobre nós por todos os lados, como que por sobre uma profunda fenda: certa manhã, bem cedo, presenciei o mesmo impressionante efeito. Logo que as nuvens se dispersaram ficou severamente frio, mas como não estava ventando, dormimos confortavelmente.

O intenso brilho da lua e das estrelas a essa altitude, devido à perfeita limpidez da atmosfera, era deslumbrante. Viajantes, tendo observado a dificuldade de determinar alturas e distâncias em meio a altas montanhas, atribuem geralmente o fato à falta de objetos de comparação. A mim me parece que também se deve à transparência do ar, que confunde os objetos e as distâncias, assim como, em parte, ao grau de cansaço que se sente após o mínimo esforço – quando o hábito se opõe à evidência dos sentidos. Estou certo de que a extrema claridade do ar confere um caráter peculiar à paisagem, todos os objetos aparentam estar reunidos num plano único, como numa gravura ou panorama. A transparência, presumo, se deve à uniformidade e alto grau de secura atmosférica. Essa secura era evidenciada pela maneira como as peças de madeira encolhiam (o que eu logo constatei pelo incômodo que me deu meu martelo geológico); pelo endurecimento de alimentos, como pão e açúcar, e pela conservação da pele e pedaços de carne de animais perecidos na estrada. À mesma causa devemos atribuir a facilidade singular com a qual a eletricidade é excitada. Meu colete de flanela, quando friccionado no escuro, parecia ter sido lavado com fósforo; todo o pelo do dorso de um cão produzia estalido – até mesmo os tecidos de linho e correias de couro dos arreios, quando tocados, produziam faíscas.

23 de março – A descida pelo lado leste da cordilheira é bem mais curta e íngreme do que sobre o lado do Pacífico; em outras palavras, as montanhas erguem-se mais abruptamente das planícies do que das regiões alpinas do Chile. Um mar brilhante e plano de nuvens brancas se estendia sob nossos pés, impedindo a visualização dos igualmente planos pampas. Logo adentramos a tira de nuvens, da qual não mais saímos naquele dia. Por volta do meio-dia, tendo encontrado, em Los Arnales, pasto para as mulas e arbustos para lenha, paramos para passar a noite. Isso ficava perto do limite mais alto da vegetação arborescente, e a altitude era, suponho, entre 2.000 e 2.400 metros.

Muito me surpreendeu a acentuada diferença entre estes vales orientais e os do lado do Chile, porquanto o clima e o tipo de solo são quase os mesmos, e é insignificante a diferença de longitude. A mesma observação poderia referir-se aos quadrúpedes, e também, em menor grau, às aves e aos insetos. Posso citar os ratos, dos quais obtive treze espécies nas margens do Atlântico e cinco no Pacífico, sem que nenhuma fosse igual à outra. Devemos abrir exceção para as espécies que, habitual ou ocasionalmente, frequentam montanhas elevadas; e para certos pássaros que se distribuem tão ao sul quanto o estreito de Magalhães. Esse fato está em perfeito acordo com a história geológica dos Andes, pois essas montanhas servem de barreira desde que apareceram as atuais raças de animais, e portanto, a menos que se tenha criado a mesma espécie em lugares diferentes, não devemos esperar encontrar nenhuma semelhança mais íntima entre os seres orgânicos em lados opostos dos Andes do que entre os das costas opostas do oceano. Em ambos os casos, devemos deixar de fora aquelas espécies que foram capazes de transpor a barreira, tanto de rocha sólida como de água salgada[36].

Grande parte das plantas e animais era absolutamente a mesma ou apresentava estreita afinidade aos da Patagônia. Aqui temos a cotia, a bizcacha, três espécies de tatu, a avestruz, certas espécies de perdizes e outras aves, nenhuma das quais jamais se vê no Chile, mas são os animais característicos

---

36. Isso é mera ilustração das admiráveis leis, primeiro apontadas por Lyell, sobre distribuição geográfica dos animais por influência das modificações geológicas. Todo o raciocínio, naturalmente, está fundamentado na hipótese da imutabilidade das espécies; de outra forma, se poderia considerar a diferença entre as espécies nas duas regiões como um acréscimo ocorrido durante um período de tempo. (N.A.)

das planícies desertas da Patagônia. Temos também (para os olhos de uma pessoa leiga em botânica) os mesmos mirrados arbustos espinhosos, capim fenecido e plantas anãs. Até mesmo os besouros pretos que rastejam lentamente são intimamente semelhantes, e alguns, acredito, sob rigoroso exame, absolutamente idênticos. Sempre me foi motivo de pesar o fato de termos sido obrigados a desistir da ascensão do rio S. Cruz antes de alcançarmos as montanhas; sempre acalentei a esperança de encontrar grandes alterações nas características da região, mas agora estou certo de que teria sido o mesmo que acompanhar as planícies da Patagônia numa subida montanhosa.

24 de março – Pela manhã bem cedo, escalei uma montanha a um lado do vale e deliciei-me na contemplação de uma vista distante dos pampas. Este era um espetáculo que eu sempre tinha esperado com enorme interesse, mas fiquei desapontado: inicialmente parecia muito com uma visão distante do oceano, mas muitas irregularidades foram logo evidenciadas na parte norte. A característica mais notável consistia nos rios, os quais, confrontando o sol nascente, brilhavam como fios prateados, até se perderem na imensidão da paisagem. Ao meio-dia descemos o vale e chegamos a uma choça onde um oficial e três soldados estavam incumbidos de examinar passaportes. Um desses homens era um genuíno índio dos pampas cuja função era mais a de um sabujo, para farejar e deter qualquer pessoa que, a pé ou a cavalo, passasse sorrateiramente a fronteira. Há alguns anos, um viajante tentou escapar da prisão fazendo um longo circuito numa das montanhas vizinhas, mas esse índio, tendo casualmente cruzado seu caminho, o seguiu durante todo o dia por entre colinas secas e pedregosas, até encontrar sua presa escondida no interior de uma gruta. Soubemos aqui que as nuvens prateadas, que tínhamos admirado das alturas brilhantes por que passamos, tinham despejado torrentes de chuva. O vale nesse ponto se abria gradualmente, e as colinas se transformavam em meros morros consumidos pelo temporal se comparados aos gigantes que ficavam atrás; a seguir se estendia numa planície de suave declive, composta de seixos e coberta de arbustos e árvores baixas. O talude, ainda que parecesse estreito, devia medir pelo menos quinze quilômetros de largura antes de confundir-se com a planura aparentemente morta dos pampas. Passamos pela única casa da vizinhança, a Estância de Chaquaio, e ao cair do sol apeamos no primeiro canto confortável que encontramos e ali passamos a noite.

25 de março – Vendo o disco do sol nascente cortado por um horizonte plano como o mar, lembrei-me dos pampas de Buenos Aires. Durante a noite caiu muito orvalho, situação que não experimentamos no interior da cordilheira. A estrada passava por alguma distância, precisamente a leste, através de um pântano baixo e, depois, alcançando a planície seca, virava a norte, em direção a Mendoza. A distância é de dois longos dias de viagem. No primeiro dia fizemos quatorze léguas até Estocado, e no segundo, dezessete até Luxan, próximo a Mendoza. Toda a distância é percorrida sobre uma planície nivelada e deserta que não possui mais do que duas ou três casas. O sol estava excessivamente forte, e a caminhada nada interessante. Não há quase água nessa travessia, e só no segundo dia de viagem encontramos uma pequena lagoa. É pouca água que desce das montanhas, e logo é absorvida pelo solo seco e poroso, de modo que, mesmo tendo percorrido apenas quinze ou vinte quilômetros desde a cadeia externa da cordilheira, não encontramos um único regato em todo o percurso. Em muitas partes o chão estava incrustado de uma florescência salina, e por esta razão, lá estavam as mesmas plantas amigas do sal, as quais são comuns perto da Bahia Blanca. O cenário é uniforme de aspecto desde o estreito de Magalhães, ao longo da toda a costa leste da Patagônia, até o rio Colorado, e parecia que o mesmo tipo de terreno se estendia para o interior, desde este rio, numa curva ininterrupta até São Luís, e talvez ainda até mais ao norte. A leste desta linha curva jaz a bacia das comparativamente úmidas e verdejantes planícies de Buenos Aires. As planícies estreitas de Mendoza e da Patagônia consistem de uma camada de seixos desgastados e acumulados pelas ondas do mar, enquanto os pampas, cobertos de cardo, trevo e relva, formaram-se pelo antigo estuário de lama do Prata.

Depois dos nossos dois tediosos dias de viagem, foi revigorante ver à distância os renques de álamos e salgueiros contornando a aldeia e o rio Luxan. Pouco antes de chegarmos a esse lugar, notamos ao sul uma nuvem esfacelada, de cor vermelha-parda. Pensamos a princípio que fosse fumaça de alguma grande queimada na planície, mas logo verificamos tratar-se de uma nuvem de gafanhotos. Eles estavam voando em direção ao norte e, com a ajuda de uma leve brisa, alcançaram-nos com uma velocidade de quinze ou vinte quilômetros por hora. Partindo de uma altura de seis metros o corpo principal se eleva entre seiscentos e novecentos metros acima do solo, "e o som das asas era como o som de carriolas de cavalos correndo para o combate"; ou, melhor, como uma brisa forte passando pelo cordame de um navio. O céu, visto através da guarda avançada, parecia uma gravação a meia-tinta, mas o corpo principal estava absolutamente impenetrável; os gafanhotos não estavam, no entanto, tão perto uns dos outros, pois a vara que agitei de um lado para o outro não os atingiu. Quando pousaram, eram mais numerosos que as folhas no campo, e a superfície ficou avermelhada em vez de verde; uma vez descido o enxame, os indivíduos voavam isoladamente em todas as direções. Gafanhotos não são uma praga rara neste país; já durante a estação, várias outras nuvens menores tinham aparecido, vindas do sul, onde, como aparentemente em todo o resto do mundo, se criam nos desertos. Os pobres moradores em vão tentaram defender-se do ataque, acendendo fogueiras, gritando e agitando varas. Essa espécie de gafanhoto se assemelha muito, e talvez seja idêntica, ao famoso *Gryllus migratorius* do Oriente.

Atravessamos o Luxan, rio de tamanho considerável, apesar de seu curso em demanda da costa ser pouco conhecido, há mesmo dúvida se não evapora e se perde antes de chegar ao mar, na travessia das planícies. Dormimos na aldeia de Luxan, um pequeno lugarejo rodeado de jardins, que constitui o distrito cultivado mais ao sul na Província de Mendoza e que fica a cinco léguas ao sul da capital. À noite sofri um ataque (pois bem merece esse nome) do *benchuca,* espécie de *Reduvius*, o grande percevejo negro dos pampas. É extremamente repulsivo sentir-se o inseto mole e sem asas, de dois centímetros de comprimento, rastejando sobre o corpo. Antes de sugar são muito finos, mas depois incham e ficam redondos, cheios de sangue, e nesse estado são facilmente esmagados. Apanhei um em Iquique (pois são encontrados no Chile e no Peru) que estava vazio. Quando colocado sobre a mesa, mesmo rodeado de pessoas, se um dedo lhe fosse apresentado, o ousado inseto imediatamente projetava o sugador, investia e, se lhe permitissem, retirava sangue. A mordida não causava nenhuma dor. Era curioso observar seu corpo durante a sucção, pois em menos de dez minutos passava de um pequeno folhado a uma forma globular. Este único banquete, o qual o benchuca deve a um dos oficiais, o manteve gordo por quatro meses inteiros, mas, passadas duas semanas, estava pronto para outra sugada.

27 de março – Seguimos viagem rumo a Mendoza. O campo era lindamente cultivado e lembrava o Chile. São célebres essas imediações pela excelência das frutas que produzem, e, certamente, nada poderia parecer mais viçoso que as parreiras e pomares de figos, pêssegos e azeitonas. Compramos, por meio *pence* cada, melancias quase do tamanho de duas cabeças humanas, deliciosamente frescas e saborosas; e por três *pences*, adquirimos meio carrinho de mão de pêssegos. É muito pequena a parte cultivada e cercada dessa província, pouco havendo do que vimos entre Luxan e a capital. Assim como no Chile, a terra deve sua fertilidade à irrigação artificial, e é realmente magnífico observar quão extraordinariamente produtivo um terreno estéril pode ser.

Passamos o dia seguinte em Mendoza. O lugar tem sofrido um grande declínio nos últimos tempos. Dizem os habitantes: "Ótima para se viver, mas péssima para se enriquecer". As classes inferiores têm as maneiras indolentes e inquietas dos gaúchos dos pampas, e o vestuário, os arreios e os hábitos de vida são quase os mesmos. A meu ver, a cidade tinha um aspecto insípido, abandonado. Nem a famosa alameda nem o cenário podem comparar-se a Santiago, mas àqueles que, procedentes de Buenos Aires, acabassem de atravessar a monotonia dos pampas, os jardins e pomares deveriam parecer deslumbrantes. Falando dos habitantes, *Sir* F. Head diz: "Fazem a refeição e, como o calor é demasiado, vão dormir – e como poderiam agir melhor?" Estou plenamente de acordo com *Sir* F. Head: a feliz sina dos habitantes de Mendoza é comer, dormir e ficar à toa.

29 de março – Partimos em nossa volta ao Chile pelo passo de Uspallata, situado ao norte de Mendoza. Tivemos que fazer uma travessia extremamente longa e estéril de quinze léguas de extensão. O solo em alguns lugares estava absolutamente desnudado, ao passo que em outros se cobria de incontáveis cactos pequenos e carregados de formidáveis espinhos, aos quais os habitantes dão o nome de "pequenos leões". Havia também alguns poucos arbustos de pequena estatura. Apesar de a planície estar a quase novecentos metros acima do mar, o sol ardia intensamente, e, com o calor e as nuvens de poeira impalpável, a viagem se fazia com extremo desconforto. O nosso curso durante o dia era quase paralelo à cordilheira, mas ia gradualmente se aproximando. Antes do pôr do sol, penetramos num dos amplos vales, ou antes baías, que se comunicam com a planície, o qual logo se transformou numa estreita ravina onde, pouco mais acima, encontrava-se a casa da Vila Vicencio. Como viajamos o dia todo sem uma só gota de água, tanto nós como os animais sentíamos intensa sede e ansiávamos por ver o riacho que corre neste vale. A água, curiosamente, foi aparecendo aos poucos: na planície o percurso estava bem seco, gradualmente foi se umedecendo, então poças d'água foram surgindo, que logo se ligaram entre si, e, chegando à Vila Vicencio, já rumorejava um pequeno regato.

30 de março – Todos os viajantes que fizeram a travessia dos Andes mencionaram a choça solitária que carrega o pomposo nome de Vila Vicencio. Durante os dois dias seguintes permaneci aí e nas minas vizinhas. É muito curiosa a geologia da região circundante. A cadeia Uspallata é separada da cordilheira principal por uma estreita e comprida planície ou bacia, como as que foram tão amiúde mencionadas no Chile, e situa-se a 1.800 metros acima do nível do mar. Esta serra tem quase a mesma posição geográfica que o gigantesco Portillo, com relação à cordilheira, mas procede de origem totalmente diversa, consiste de várias qualidades de lava submarina alternadas com arenito vulcânico e outros notáveis depósitos sedimentares, de modo que todo o conjunto tem alguma semelhança com certas camadas terciárias das costas do Pacífico. Tal semelhança me fez esperar encontrar madeira salicificada, que geralmente caracteriza essas formações. Minha esperança foi satisfeita de um modo muito extraordinário. Observei na parte central da cadeia, numa altitude de cerca de 2.100 metros, algumas colunas brancas como neve em uma rampa descoberta. Eram árvores petrificadas, onze das quais silicificadas, e de trinta a quarenta convertidas em espato calcário toscamente cristalizado. Eram quebradas abruptamente, e os troncos verticais projetavam-se em pequeno comprimento acima do solo. Mediam de noventa centímetros a um metro e meio de circunferência e achavam-se separados uns dos outros, mas formavam um grupo. O sr. Robert Brown fez-me a gentileza de examinar a madeira; declarou que pertence à tribo do abeto, com características da família araucária, mas com alguns pontos curiosos de afinidade com o teixo. O arenito vulcânico em que se achavam incrustradas as árvores, e de cuja parte inferior deviam ter surgido, tinha-se acumulado em camadas finas e sucessivas em torno dos troncos, e a pedra ainda retinha a impressão da casca.

Pouca prática em geologia bastava para interpretar a maravilhosa história que a cena imediatamente contava; entretanto, devo confessar que no momento me admirei tanto que mal podia crer na claríssima evidência ante meus olhos. Vi o local onde um grupo de belas árvores acenou outrora sua folhagem nas praias do Atlântico, quando esse oceano (atualmente recuado a 1.100 quilômetros) tocava as faldas dos Andes. Vi que tinham brotado de um solo vulcânico que fora erguido acima do nível do mar e que subsequentemente essa terra seca, com suas árvores eretas, tinha afundado nas profundezas do oceano. Aí a terra primitivamente seca se cobrira de camadas sedimentárias, e estas, por sua vez, de enormes correntes de lava submarina – uma massa tal que atingia a espessura de trezentos metros. E cinco vezes alternadas esses dilúvios de pedra fundida e depósitos aquosos tinham se espalhado. O oceano devia ter sido infinitamente profundo para receber massas tão espessas, mas novamente entraram em ação as forças subterrâneas, e agora podia eu contemplar o leito desse oceano formando uma cadeia de montanhas de mais de 2.100 metros de altura. Nem estiveram dormentes as forças antagonistas, que estão sempre em atividade no trabalho de erosão da superfície da terra; muitos vales amplos tinham entrecortado as grandes pilhas de estratos, e as árvores, transformadas agora em sílex, projetavam-se no solo vulcânico agora transmutado em rochedo, onde primitivamente tinham germinado em verdejantes botões para mover no ar as suas ramagens frondosas. Mas agora está tudo irremediavelmente deserto, e nem mesmo o líquen poderá aderir à forma pétrea de primitivas árvores. Vastas e quase incompreensíveis como possam parecer semelhantes modificações, elas ocorreram, contudo, num período relativamente recente, quando se considera a história da cordilheira. E a própria cordilheira é absolutamente moderna quando comparada a muitos dos estratos fossilíferos da Europa e da América.

1º de abril – Atravessamos a cadeia de Uspallata e passamos a noite na casa da Alfândega, o único lugar habitado sobre a planície. Pouco antes de deixar as montanhas podia-se contemplar uma magnífica vista: rochas sedimentares vermelhas, púrpuras, verdes e brancas, alternando-se com lava negra, espalhavam-se fragmentadas em grande desordem entre massas de pórfiro de toda a escala de cores, desde pardo-escuro até o mais brilhante lilás. Foi a primeira vez que presenciei uma vista que de fato se parecia com as lindas seções que os geólogos fazem do interior da terra.

No dia seguinte atravessamos a planície e seguimos o curso da mesma grande corrente de montanha que vimos perto de Luxan. Aqui ela era impetuosa, completamente intransponível, e parecia mais larga que nas regiões baixas, como tinha acontecido no caso do riacho de Vila Vicencio. No dia seguinte, no início da noite, chegamos ao rio de las Vacas, considerado o pior rio da cordilheira para se atravessar. Como todos esses rios têm curso rápido e curto, e se formam pelo derretimento da neve, a hora do dia influi consideravelmente sobre o volume das águas. Ao entardecer o rio se enche e fica lamacento, mas ao clarear do dia a água se torna muito clara e menos impetuosa. Foi o caso do rio de las Vacas, e pela manhã o atravessamos sem dificuldade.

Até aqui o cenário esteve muito interessante se comparado ao passo de Portillo. Pouco se pode avistar para além dos paredões que cercam o único extenso vale de fundo achatado, o qual a estrada acompanha até a crista mais alta. O vale e as colossais montanhas rochosas são extremamente infecundos; durante os dois últimos dias as pobres mulas não tiveram absolutamente nada para comer, pois com exceção de poucos arbustos resinosos, não se via uma planta sequer. No decorrer do dia transpusemos alguns dos piores passos da cordilheira, mas exageraram muito em relação ao perigo deles. Haviam me dito que, se tentasse passar a pé, ficaria atolada até a cabeça, e que não havia espaço para apear, mas não encontrei nenhum lugar onde não se pudesse passar andando de costas, nem onde não houvesse espaço para saltar da mula, quer de um, quer de outro lado. Um dos passos que atravessei, chamado *Las Animas* (as almas), era, segundo diziam, um dos mais perigosos, entretanto só no dia seguinte é que fui informado a respeito disso. Não há dúvida de que existem muitos lugares onde, se a mula tropeçasse, o cavaleiro seria lançado num vertiginoso abismo, mas é muito remota essa possibilidade. Arrisco dizer que na primavera as "laderas", ou estradas, que todos os anos se refazem através de pilhas de detritos caídos, são péssimas, mas, pelo que vi delas, acho que o perigo real é insignificante. Todavia, no caso das mulas de carga a situação é um tanto diferente, porque a carga as projeta muito à frente, impedindo-as de ver claramente, e, se esbarram uma contra outra ou contra uma ponta de rochedo, podem perder o equilíbrio e rolar precipício abaixo. Na travessia dos rios acredito que a dificuldade possa ser muito grande: na ocasião não tivemos muito problema, mas no verão deve ser muito arriscada. Posso imaginar, como descreve *Sir* F. Head, a diferença na expressão daqueles que *passaram* o golfo e daqueles que o *estão passando*. Nunca ouvi falar que alguém tivesse se afogado, mas isso acontece frequentemente com as mulas carregadas. Manda o arrieiro que se mostre à mula a melhor linha e se deixe que siga à vontade: a mula de carga escolhe uma linha ruim e muitas vezes se perde.

4 de abril – Do Rio de las Vacas à Puente del Incas, leva-se meio dia de viagem. Como havia pasto para as mulas e geologia para mim, acampamos ali durante a noite. Quando se ouve falar de uma ponte natural, imagina-se uma ravina estreita e funda, sobre a qual tivesse tombado uma imensa lage; ou, então, uma grande arcada escavada como a abóbada de uma caverna. Em vez disso, a Ponte dos Incas é uma crosta de seixo estratificado, cimentado pelos depósitos das fontes quentes vizinhas. A impressão que dava era que a correnteza havia aberto um canal de um lado, deixando suspensa uma borda, que encontrou os desmoronamentos de terra e pedras do paredão oposto. Havia de um lado, como era de se esperar, uma linha oblíqua de junção distintamente visível. A Puente de los Incas não é, de maneira alguma, digna dos grandes monarcas cujo nome ela carrega.

5 de abril – Tivemos um longo dia de jornada atravessando a encosta central que vai da Ponte dos Incas aos Ojos del Água, localizados próximos da mais baixa *casucha* sobre o lado chileno. As *casuchas* são pequenas torres redondas, com uma escadaria por fora que conduz ao terraço, elevado a pouca altura do chão a fim de evitar o acúmulo de neve. Eram oito ao todo e, durante o inverno, eram abastecidas pelo governo espanhol com abundante provisão de alimentos e carvão vegetal, e cada guia levava uma chave delas. Agora seu único propósito é servir de cavernas, ou mesmo calabouços. Localizados sobre uma pequena eminência, não destoam, entretanto, da cena de desolação dos arredores. A subida em ziguezague ao Cumbre, ou partição das águas, foi íngreme e entediante; a altura, segundo o cálculo do sr. Pentand, é de 3.740 metros. A estrada não passava por nenhuma neve perpétua, embora de cada lado se vissem pedaços dela. O vento do cume era extremamente frio, mas era impossível não parar por alguns minutos a fim de admirar, a toda hora, a cor do céu e a brilhante transparência da atmosfera. O panorama era deslumbrante: à oeste, via-se um caos de montanhas divididas por profundos barracos. Geralmente cai alguma neve antes deste período da estação, e já aconteceu, nesta época, de a cordilheira estar totalmente fechada. Mas nós tivemos mais sorte. A não ser por pequenas massas vaporosas que flutuavam acima dos pináculos mais altos, o céu estava dia e noite sem nuvens. Muitas vezes vi essas ilhotas no firmamento, marcando a posição da cordilheira, quando as montanhas mais distantes estavam ocultas no horizonte.

6 de abril – Pela manhã descobrimos que um gatuno tinha roubado uma das mulas e a sineta da *madrina*. Por conseguinte, somente prosseguimos três ou quatro quilômetros e estacionamos durante o dia seguinte, na esperança de recuperarmos o animal, que, como pensava o arrieiro, devia estar escondido em alguma barroca. O cenário desta parte tinha uma característica chilena: os lados mais baixos das montanhas pontilhados com as pálidas árvores sempre-vivas de Quillay e com os cactos em forma de candelabro eram certamente mais interessantes do que os vales estéreis do leste; contudo não concordo com a admiração expressa por alguns viajantes. O prazer máximo, penso eu, está estritamente relacionado à perspectiva de uma boa fogueira e de uma saborosa refeição, após escapar das regiões frias acima, e tenho certeza que compartilhei honestamente dessas sensações.

8 de abril – Deixamos o vale do Aconcágua, pelo qual havíamos descido, e chegamos, à tarde, em uma cabana próxima à Vila de Sta. Rosa. Era delicioso ver a fertilidade da planície: como o outono estava adiantado, as folhas de muitas árvores frutíferas começavam a cair; e os trabalhadores – uns secando figos e pêssegos sobre o telhado de suas casas, outros na colheita de uva das parreiras. Era um quadro encantador, mas senti falta daquela quietude melancólica que, na Inglaterra, faz do outono o entardecer do ano. No dia 10 chegamos a Santiago, onde o sr. Caldcleugh me fez a mais bondosa e hospitaleira recepção. A excursão me custou apenas 24 dias, e nunca me diverti tanto em igual espaço de tempo. Alguns dias mais tarde voltei à casa do sr. Corfield, em Valparaíso.

Capítulo XVI

Norte do Chile e Peru

Estrada costeira a Coquimbo – Pesadas cargas transportadas pelos mineiros – Coquimbo – Terremoto – Terraços em degrau – Ausência de depósitos recentes – Contemporaneidade das formações terciárias – Excursão pelo vale – Estrada de Guasco – Desertos – Vale do Copiapó – Chuva e terremotos – Hidrofobia – O Despoblado – Ruínas indígenas – Provável mudança de clima – Leito de rio arqueado pelo sismo – Rajadas de vento frio – Ruídos ouvidos numa colina – Iquique – Aluvião de sal – Nitrato de sódio – Lima – País insalubre – Ruínas de Callao, revolvidas por terremoto – Conchas elevadas de São Lourenço, sua decomposição – Planície com conchas e fragmentos de cerâmica incrustadas – Antiguidade da raça indígena.

27 de abril – Parti em uma expedição a Coquimbo, para daí, passando por Guasco, dirigir-me a Copiapó, onde o capitão Fitz Roy gentilmente propusera me recolher a bordo do *Beagle*. A distância em linha reta, seguindo a costa para o norte, é de apenas 665 quilômetros, mas o meu modo de viajar tornou muito longa a jornada. Comprei quatro cavalos e duas mulas, destinadas essas ao transporte da bagagem em dias alternados. Os seis animais me custaram apenas 25 libras esterlinas, mas, chegando a Copiapó, revendi-os por 23. Prosseguimos do mesmo modo independente de antes, preparando o próprio alimento e dormindo ao ar livre. Quando seguíamos em direção ao Vino del Mar, lancei um olhar de despedida a Valparaíso e admirei o seu aspecto pitoresco. Com finalidades geológicas desviei-me da estrada principal ao pé do monte Bell de Quillota. Passamos por um distrito de aluvião, rico em ouro, às imediações de Limache, onde pernoitamos. A procura do ouro sustenta os habitantes das numerosas palhoças espalhadas nas margens de todo o regato, mas, como todos cuja renda é incerta, têm hábitos pouco econômicos e são, consequentemente, muito pobres.

28 de abril – À tarde chegamos a uma cabana situada no pé do monte Bell. Os moradores eram proprietários independentes, coisa muito pouco comum no Chile. Subsistiam dos produtos da sua horta e seu pequeno campo, mas eram extremamente pobres. Há tal deficiência de capital que as pessoas são forçadas a vender suas espigas de milho, antes da colheita, para poder comprar as coisas necessárias para o ano seguinte. Em consequência disso, o trigo era mais caro exatamente no seu lugar de produção do que em Valparaíso, onde residiam os fornecedores. No dia seguinte retomamos a via principal que conduz a Coquimbo. À noite, caiu uma ligeira quantidade de chuva, a primeira gota desde o forte aguaceiro que tinha me prendido nos Banhos de Cauquenes, nos dias 11 e 12 de setembro. O intervalo foi de sete meses e meio, mas a chuva no Chile este ano foi mais tardia do que de costume. Os Andes distantes estavam cobertos agora de grossa camada de neve, que dava a eles uma aparência grandiosa.

2 de maio – A estrada continuava a seguir a costa, à pequena distância do mar. As poucas árvores e arbustos que são comuns ao Chile central foram diminuindo rapidamente quantidade e sendo substituídas por uma planta alta, que tinha certa semelhança com a mandioca. A superfície da região, em grande escala, mostrava-se singularmente irregular, picos abruptos de rochedo erguiam-se no meio das pequenas planícies ou bacias. A costa denteada e o fundo do mar impetuoso e próximo dali, teriam um aspecto idêntico se fossem convertidos em terra seca, algo que certamente está acontecendo no lugar em que nos encontrávamos.

3 de maio – De Quilimai a Conchalee. A terra ficava cada vez mais estéril. Nos vales quase não havia água suficiente para a irrigação, e a terra intermediária estava tão desnuda que nem mesmo cabras poderiam viver ali. Na primavera, após as chuvas invernais, uma vegetação rala rapidamente germina, e as manadas da cordilheira são trazidas para que pastem durante um curto período de tempo. É curioso observar como as sementes do capim e de outras plantas parecem acomodar-se, como que por hábito adquirido, à quantidade de chuva que cai nas diferentes partes dessa costa. Uma chuva ao norte de Copiapó produz tanto efeito na vegetação ali como duas chuvas em Guasco, ou três ou quatro nesta região. Um inverno seco que em Valparaíso, prejudicaria as pastagens, aqui produziria a uma abundância incomum. Prosseguindo ao norte, a quantidade de chuva não parece diminuir na proporção direta da latitude. Em Conchalee, que somente dista 126 quilômetros a norte de Valparaíso, não se espera a chuva antes do fim de maio, enquanto que em Valparaíso sempre chove um pouco no início de abril; e a quantidade anual é, da mesma forma, pequena em proporção à época tardia em que inicia.

4 de maio – Como a costa era destituída de qualquer interesse, voltamo-nos de novo para o interior, em direção ao distrito mineiro e ao vale de Illapel. Como qualquer vale do Chile, este é também é plano, amplo e muito fértil: é circundado de despenhadeiros de seixo estratificado ou, então, montanhas rochosas sem vegetação. Acima da última vala de irrigação, tudo era pardo como se fosse uma estrada: abaixo, tudo era verde brilhante como acetato de cobre, devido aos canteiros de alfafa. Prosseguimos em direção a Los Hornos, outro distrito de minas, onde a principal colina estava toda perfurada, como um grande formigueiro. Os mineiros chilenos são uma raça de hábitos peculiares. Como vivem semanas inteiras nos sítios mais desolados, quando descem às aldeias nos dias de festa, não há excesso ou extravagância em que não incorram. Às vezes ganham considerável quantia, e depois, como marinheiros de posse de dinheiro de prêmio, procuram gastá-la o mais depressa possível. Excedem-se nas bebidas, compram enorme quantidade de roupas e poucos dias mais tarde voltam sem um níquel para a miserável residência e para trabalhar mais arduamente que bestas de carga. Essa falta de cuidado, como no caso dos marinheiros, é evidentemente o resultado de um modo similar de viver. O alimento lhes é fornecido diariamente, consequentemente não adquirem hábitos de previsão; além disso, colocam-lhes simultaneamente nas mãos a tentação e os meios de satisfazê-la. Do outro lado, em Cornwall, como em outras partes da Inglaterra, onde vigora o sistema da venda de parte do veio, os mineiros, por serem obrigados a agir e pensar por si mesmos, são homens singularmente inteligentes e de bom comportamento.

O vestuário do mineiro chileno é peculiar e um tanto pitoresco. Ele usa uma camisa muito comprida de baeta escura com um avental de couro, tudo preso à cintura por uma cinta de cor brilhante. As calças são muito largas, e o pequeno boné vermelho, muito justo na cabeça. Encontramos um grupo desses mineiros de traje completo levando, para ser enterrado, o corpo de um companheiro que falecera. Seguiam em trote bastante ligeiro, quatro homens carregando o corpo. Depois de terem corrido o mais que podiam numa distância de cerca de duzentos metros, estes foram substituídos por outros quatro que antes tinham passado à frente a cavalo. Assim prosseguiam, encorajando-se mutuamente com gritos selvagens. A cena toda se constituía num cortejo fúnebre muitíssimo estranho.

Continuamos a jornada para o norte, ziguezagueando e parando às vezes por um dia, a fim de estudar a geologia local. A região era tão pouco habitada, e as estradas tão obscuras, que muitas vezes tivemos dificuldade em achar o caminho. No dia 12 visitei algumas minas. Não se considerava o minério ali especialmente bom, mas como era abundante se supunha que a mina poderia ser vendida por trinta ou quarenta mil dólares (isto é, seis mil ou oito mil libras esterlinas); entretanto fora comprada, por uma associação inglesa, por uma onça de ouro. O minério consistia de piritas amarelas que, como já tinha notado antes da chegada dos ingleses, não se supunha conterem uma única partícula de cobre. Numa escala de lucros quase da mesma importância que a do caso acima, compraram-se montes de cinzas cheias de minúsculos glóbulos de cobre metálico; apesar dessas vantagens, como se sabe, as associações mineiras perderam rios de dinheiro. A loucura de grande número de comissionados e acionistas chega ao ponto da estupidez: mil libras por ano foram empregadas, em alguns casos, homenageando autoridades chilenas; instituíram-se bibliotecas com livros de geologia ricamente encadernados; importaram-se mineiros para trabalhar em metais que, como o estanho, não se encontram no Chile; assinaram-se contratos de fornecimento de leite aos mineiros, em lugares onde não havia vacas; fizeram-se, assim, centenas de operações semelhantes que testemunhavam o absurdo do nosso procedimento e que ainda hoje servem de divertimento aos nativos. Sem dúvida, esse mesmo capital, se fosse empregado convenientemente naquelas minas, teria dado um imenso retorno; um homem de confiança para a gerência, um mineiro perito e um técnico experimentado teriam sido suficientes.

O capitão Head fez a descrição da maravilhosa carga que os "*apires*", verdadeiras bestas de carga, erguem do fundo das minas. Confesso que pensei que o seu relatório estivesse exagerado, e fiquei contente com a oportunidade de verificar o peso que uma das bestas humanas carregava, tomada ao acaso. Custou-me considerável esforço levantar do chão o fardo, quando estava exatamente abaixo dos meus braços. Uma carga de noventa quilos é considerada leve. O *apire* tinha carregado esse peso até uma altura perpendicular de oitenta metros, seguindo um pedaço do caminho por uma passagem íngreme, mas a maior parte do percurso, sobre estacas postas em ziguezague poço acima. De acordo com o regulamento geral, o *apire* não pode parar para recobrar o fôlego, salvo se a profundidade da mina for de 180 metros. Considera-se como carga média o peso de mais de noventa quilos, e me garantiram que a título de experiência já se fizeram subir 140 quilos da mina mais profunda! Na ocasião da minha visita, os *apires* estavam carregando doze vezes por dia a carga comum, isto é, 1.087 quilos da profundidade de oitenta metros; e, durante os intervalos, tinham que quebrar e recolher o minério.

A não ser em caso de acidente, esses homens gozam de saúde e parecem bem-humorados. Seu corpo não é muito musculoso. Raramente comem carne uma vez por semana, nunca mais que isso, e mesmo assim somente o charque duro e seco. Embora se soubesse que aquele serviço era feito de espontânea vontade, não se podia deixar de ficar revoltado quando se via o estado em que chegavam à boca da mina, com o corpo arqueado, apoiando-se com os braços nos degraus, as pernas curvadas, os músculos trêmulos, o suor escorrendo do rosto e do peito, as ventas dilatadas, os cantos da boca contraídos à força e a respiração dificílima. Cada vez que respiram proferem um grito articulado de "ei-ei" que termina por um som partido vindo do fundo dos pulmões, estridente como a nota de um pifara. Encaminhando-se laboriosamente ao montão de minério, ali esvaziam o seu "carpacho", em dois ou três segundos refazem o fôlego, enxugam o suor da testa e, aparentemente refrescados, descem novamente ao fundo da mina, num passo rápido. Isso me parece um exemplo extraordinário da quantidade de trabalho que o hábito (pois não pode haver nenhuma outra causa) permite ao homem suportar.

À noite, falando com o *mayor-domo* das minas a respeito do número de estrangeiros atualmente espalhados por todo o país, ele me disse, embora fosse ainda moço, que se lembrava, quando menino de colégio em Coquimbo, de um feriado decretado em honra do comandante de um navio inglês que viera à cidade falar com o governador. Ele acredita que nada teria induzido qualquer menino da escola, incluindo ele, a se aproximar do inglês de tão profunda a impressão que tinham da heresia, da contaminação e do mal que adviriam do contacto com semelhante pessoa. Até o dia de hoje narram ainda as atrocidades dos piratas, especialmente do indivíduo que, tendo carregado a imagem da Virgem Maria, voltara um ano depois para levar a de São José, pois seria lastimável que a senhora ficasse sem marido. Ouvi também uma senhora idosa dizer, à mesa em Coquimbo, que achava muitíssimo estranho que tivesse vivido para se ver jantando na mesma sala com um inglês, pois lembrava-se distintamente de duas ocasiões, quando moça, em que, ao mero pronunciar de "Los Ingleses", todos saíram a correr para as montanhas, levando consigo todos os valores que possuíam.

14 de maio – Chegamos a Coquimbo, onde ficamos durante alguns dias. A cidade não se destaca por coisa alguma, a não ser pela extrema tranquilidade. Dizem que a população é de seis a oito mil habitantes. No dia 17 choveu ligeiramente durante cinco horas, a primeira chuva daquele ano. Os fazendeiros que cultivam cereais perto da costa, onde o clima é mais úmido, aproveitam-se dessa primeira chuva para arrotear os campos; na segunda, lançam a semeadura; e, se uma terceira cair, fazem, na primavera, uma abundante colheita. Foi interessante observar os efeitos daquela insignificante quantidade de umidade. Doze horas mais tarde, o solo parecia mais seco que nunca; entretanto, dez dias depois, pintavam-se levemente de verde todas as colinas, e o capim crescia espalhado parcimoniosamente em filamentos de dois ou três centímetros. Antes da chuva, a superfície estava tão desnudada como a terra das estradas.

À noite, o capitão Fitz Roy e eu jantávamos na casa do sr. Edwards, inglês residente no local, conhecido pela sua hospitalidade por todos que já visitaram Coquimbo, quando houve um forte abalo sísmico. Ouvi os rumores perfeitamente, mas, devido aos gritos das mulheres, à correria dos criados e à saída precipitada de vários cavalheiros em direção à porta, não me foi possível distinguir o movimento. Algumas das senhoras choravam de terror, e um dos cavalheiros declarou que seria incapaz de dormir aquela noite, a não ser que fosse para sonhar com casas desabando. O pai desse senhor tinha recentemente perdido tudo que possuía em Talcahuano, e ele mesmo acabara de escapar, em 1822, de um teto que ruíra em Valparaíso. Fez menção a uma curiosa coincidência que acontecera então: estava jogando cartas, quando um dos parceiros, um alemão, levantou-se e declarou que nunca mais sentaria, neste país, numa sala com a porta fechada, pois isso quase lhe custara a vida em Copiapó. De acordo com as suas palavras, foi abrir a porta e, mal acabara de fazer isso, exclamou: "Aí vem ele de novo!", e o famoso terremoto começou. Todos conseguiram se salvar. O perigo do terremoto não está no tempo que se perde em abrir a porta, mas na possibilidade de ela ficar entalada com os movimentos das paredes.

Embora certos nativos tenham fama de possuir grande controle mental, é impossível surpreender-se ao ver o medo que geralmente demonstram durante os terremotos esses indivíduos, como também os estrangeiros de longa residência no local. Creio, todavia, que o pânico incontrolado deve-se parcialmente ser atribuído à falta de domínio próprio, pois o medo não é um sentimento que os envergonhe. Efetivamente, os nativos não gostam que ninguém se mostre indiferente.

Ouvi falar de dois ingleses que dormiam ao ar livre durante uma convulsão, e que, sabendo que não corriam perigo, não se levantaram. Os nativos, indignados, puseram-se a gritar: "Vejam aqueles hereges, nem se mexem das suas camas!"

***

Passei alguns dias examinando os terraços em degrau, notados pela primeira vez pelo capitão B. Hall, e que o sr. Lyell acreditava terem sido formados pelo mar, durante o levantamento gradual do terreno. A explicação é certamente verdadeira, pois encontrei inúmeras conchas de espécies existentes. Cinco platôs estreitos, ligeiramente inclinados e franjados, se erguem um atrás do outro, compostos, onde se desenvolveram melhor, de seixos; eles fazem frente à baía e abrangem os dois lados do vale. Em Guasco, ao norte de Coquimbo, o fenômeno apresenta-se em muitíssimo maior escala, enchendo de admiração até os próprios habitantes. Os terraços são muito mais largos, e podem ser chamados de planícies; em alguns lugares existem seis, mas em geral são cinco, e estendem-se pelo vale numa distância de quarenta e seis quilômetros da costa. Esses terraços muito se assemelham aos do vale de St. Cruz, e, em menor escala, aos que se veem por toda a linha costeira da Patagônia. Indubitavelmente se formaram pela força do mar, durante longos períodos de repouso na gradual elevação do continente.

Existem conchas de muitas espécies, não somente na superfície dos terraços em Coquimbo (a 75 metros de altura), mas também embutidas na rocha calcárea friável, que em muitos lugares tem uma espessura entre seis e nove metros, se bem que de pequena extensão. As camadas recentes repousam sobre uma antiga formação terciária que contém conchas aparentemente extintas. Embora tivesse examinado muitas centenas de milhas da costa do Pacífico, nunca encontrei estratos regulares que contivessem conchas marinhas de espécies recentes, exceto aqui e em poucos lugares ao norte na estrada que conduz a Guasco. Considero notável esse fato, por isso que não é cabível a explicação geralmente apresentada pelos geólogos, da ausência em qualquer distrito, de depósitos fossilíferos estratificados de um dado período, isto é, que a superfície do terreno existisse então como terra seca, pois sabemos, pelo fato de se acharem conchas espalhadas à superfície e soterradas na areia solta ou barro, que a terra esteve recentemente submergida entre milhares de milhas ao longo de ambas as costas. Deve-se procurar a explicação, sem dúvida, no fato de que toda a parte sul do continente há muito tempo vem sendo lentamente soerguida, e, portanto, toda matéria depositada em água rasa ao longo da praia deve ter sido trazida para cima e lentamente exposta à ação erosiva das ondas; é somente em água comparativamente rasa que podem prosperar em grande número os seres orgânicos marinhos, portanto, é óbvia a impossibilidade de acumularem-se estratos de grande espessura. Para demostrar a intensidade do poder erosivo das praias, basta citar os grandes despenhadeiros visíveis na costa atual da Patagônia e os escarpamentos ou antigos despenhadeiros marítimos em diferentes níveis, um sobre o outro, naquela mesma linha de costa.

A antiga formação terciária subjacente de Coquimbo parece ser da mesma idade que os vários depósitos sobre a costa do Chile (sendo o de Navedad o principal), e da grande formação da Patagônia. Tanto em Navedad como na Patagônia existe evidência de que, desde que as conchas (uma lista das quais foi vista pelo professor E. Forbes) ali sepultadas eram vivas, houve abaixamento de várias dezenas de metros, bem como levantamento consecutivo. Poder-se-ia naturalmente perguntar como é que, embora não haja extensos depósitos fossilíferos de período recente, nem de nenhum período intermediário entre ela e a antiga época terciária, podem ter se conservado de ambos os lados do continente, conquanto nessa antiga época terciária se tivesse depositado matéria sedimentária contendo restos fósseis conservados, em pontos diferentes em direção norte e sul, sobre 1.742 quilômetros da costa do Pacífico, e pelo menos 2.140 da costa do Atlântico, e numa direção este e oeste de 1.100 quilômetros através da parte mais larga do continente? Creio que a explicação não é difícil, e talvez seja aplicável a fatos quase análogos em outras partes do mundo. Considerando o enorme poder de denudação do mar, demonstrado por incontáveis fatos, não é provável que um depósito sedimentário, ao ser levantado, pudesse suportar a prova da praia, de modo a conservar-se em massa suficiente para durar por um período longo, a não ser que fosse primitivamente de larga extensão e de considerável espessura; agora, é impossível em uma base moderadamente rasa, que só assim é favorável à maioria das criaturas vivas, que uma larga cobertura de sedimento pudesse se estender, sem que o fundo se abaixasse para receber as sucessivas camadas. Isso parece ter ocorrido efetivamente, mais ou menos no mesmo período, na Patagônia sul e no Chile, embora mais de mil quilômetros separem esses dois lugares. Em vista disso, como estou muitíssimo inclinado a crer depois de ter examinado os recifes de coral dos grandes mares, se houvesse prolongados movimentos de abaixamento, proximamente coetâneos, de extensão geral tão ampla – ou se, limitando-nos à América do Sul, os movimentos de abaixamento fossem de igual extensão aos de levantamento pelos quais, dentro do mesmo período das conchas existentes, foram levantadas as costas do Peru, Chile, Terra do Fogo, Patagônia e La Plata – então poderíamos ver que ao mesmo tempo, e em pontos muito distantes, as circunstâncias teriam sido favoráveis à formação de depósitos fossilíferos de grande extensão e considerável espessura; e tais depósitos, consequentemente, teriam boa probabilidade de resistir à erosão de sucessivas linhas de praias, e de durar até uma época futura.

21 de maio – Em companhia de Don José Edwards, dirigi-me à mina de prata de Arqueros, e daí subi pelo vale de Coquimbo. Depois de atravessarmos uma região montanhosa, chegamos, à noite, às minas de propriedade do sr. Edwards. Passei aqui uma noite de descanso muito agradável, e isso por uma razão que não pode ser completamente avaliada na Inglaterra, a saber: a ausência de pulgas! Os quartos de Coquimbo estão infestados delas, mas não podem viver aqui, numa altura de apenas 900 ou 1.200 metros; não seria pelo insignificante abaixamento de temperatura, mas por alguma outra causa que aqui destrua esse aborrecido inseto. As minas encontram-se em mau estado, se bem que antigamente produziam cerca de uma tonelada de prata por ano. Houve quem dissesse que "com uma mina de cobre o proprietário ganha; com uma de prata, pode ser que ganhe; mas, com uma de ouro, certamente perde". Isso não é exato: todas as grandes fortunas do Chile saíram de minas de metais mais preciosos. Havia pouco tempo, voltara à Inglaterra um médico inglês, levando de Copiapó os lucros de parte de uma mina de prata, no valor de *24 mil* libras esterlinas. Não há dúvida de que uma mina de cobre bem cuidada é lucro certo, enquanto que, de outro modo, é como jogar na sorte ou comprar bilhete de loteria. Os proprietários perdem grandes quantidades de valiosos minérios porque não tomam nenhuma precaução contra roubos. Ouvi um cavalheiro apostar com outro que um dos seus operários haveria de roubar-lhe sob as próprias vistas. Ao ser retirado da mina, o minério é britado, e as pedras inúteis atiradas para o lado. Dois mineiros que trabalhavam nesse serviço jogaram fora, como que acidentalmente, e no mesmo momento, dois grandes fragmentos e gritaram de brincadeira: "Vamos ver qual rola mais longe!" O proprietário, que estava por perto, apostou um charuto com o amigo na competição. O mineiro observou precisamente o lugar onde fora parar a pedra, e, à noite, foi apanhá-la e apresentou-a ao patrão – um rico pedaço de minério –, dizendo-lhe: "Foi esta a pedra que rolou tão longe e lhe valeu a aposta do charuto".

23 de maio – Descemos ao fértil vale de Coquimbo e seguimos por ele até alcançarmos a *hacienda* que pertencia a um parente de Don José, onde passamos o dia seguinte. Prossegui, então, em mais um dia de jornada, a fim de ver o que alegavam ser conchas petrificadas, mas que em realidade não passavam de calhaus de quartzo. Atravessamos várias pequenas aldeias, o vale estava lindamente cultivado, e todo o cenário era grandioso. Estávamos próximos da principal cordilheira, e as colinas vizinhas subiam a grande altura. Em toda parte ao norte do Chile, as árvores frutíferas produzem com muito maior abundância, numa altura considerável perto dos Andes, do que nas regiões mais baixas. Os figos e as uvas deste distrito são famosos pela sua excelência, e são cultivadas em grande escala.

O vale é, talvez, o mais produtivo ao norte de Quillota; creio que, incluindo-se Coquimbo, conta com uma população de 25 mil habitantes. No dia seguinte voltei à *hacienda*, de onde, em companhia de Don José, segui rumo a Coquimbo.

2 de junho – Partimos à procura do vale de Guasco, seguindo o caminho da costa, que se considerava menos deserto que o outro. O nosso primeiro dia de jornada nos conduziu a uma casa solitária, chamada Yerba Buena, onde nossos animais encontraram pasto excelente. A chuva que disse ter caído havia quinze dias, somente chegara até a metade do caminho de Guasco, de sorte que o leve matiz esverdeado que vimos na primeira parte do percurso logo desapareceu. Mesmo onde era mais brilhante, não bastava para chamar à lembrança a turfa viçosa e flores em botão que se veem em outros países na primavera. Quando se viaja através desse deserto, sente-se como o prisioneiro encerrado num pátio lúgubre, que anseia por ver qualquer coisa verde e respirar um pouco de ar úmido.

3 de junho – De Yerba Buena a Carizal. Durante a primeira parte do dia atravessamos um deserto de montanhas rochosas, e, depois, uma extensa planície arenosa, cheia de conchas marinhas trituradas. A pouca água que havia era salina, toda a região desde a costa até a cordilheira é um deserto desabitado. Somente vi sinais de um animal vivendo em abundância: as conchas de um Bulimus, encontradas em extraordinário número nos recantos mais secos. Na primavera cresce uma pequena planta, cujas folhas servem de alimento ao caracol. Como somente as veem pela manhã muito cedo, quando o orvalho ainda umedece ligeiramente o chão, os guascos pensam que nascem dele. Observei em outros lugares que, onde o solo é calcáreo, os distritos extremamente secos e áridos são extraordinariamente favoráveis às conchas terrestres. Em Carizal viam-se algumas cabanas, água salobra, os traços de cultura; entretanto, foi com certa dificuldade que conseguimos comprar milho e capim para os cavalos.

Dia 4 – De Carizal a Sauce. Continuamos a cavalgar pelo deserto, logradouro de imensas manadas de guanacos. Também atravessamos o vale de Chaneral, que, embora seja o mais fecundo entre Guasco e Coquimbo, é muito estreito e produz tão pouca pastagem, que nada pudemos comprar para os animais. Encontramos em Sauce um velho muito delicado, gerente de uma fundição de cobre. Como especial favor permitiu-me que lhe comprasse, por elevadíssimo preço, um punhado de capim sujo, que foi só o que puderam receber os cavalos em troca do seu longo dia de trabalho. Em qualquer parte do Chile, existem agora fundições em atividade; foi constatado ser mais proveitoso em face da extrema escassez de lenha, e por causa da deficiência do método chileno de redução, exportar o minério para Swansea. No dia seguinte, transpusemos algumas montanhas, a caminho de Freyrina, no vale de Guasco. Como cada dia que nos levava mais a norte, mais se ia escasseando a vegetação: os próprios cactos enormes davam lugar a espécies diferentes e muito menores. Nos meses de inverno, tanto ao norte do Chile como no Peru, um uniforme manto de nuves estende-se a pouca altura sobre o Pacífico. Era surpreendente a perspectiva que se tinha do alto das montanhas desse campo aéreo branco, que projetava ramificações sobre os vales, deixando ilhas e promontórios do mesmo modo, como o mar faz no arquipélago de Chonos e na Terra do Fogo.

Demoramo-nos dois dias em Freyrina. No vale do Guasco existem quatro pequenas cidades. Da entrada vê-se o porto, um local inteiramente deserto e sem água nas vizinhanças próximas. Cinco léguas mais acima, encontra-se Freyrina, uma aldeia comprida e solitária, com casinhas bem decentes. E mais acima ainda, encontra-se Ballenar; e um pouco mais longe, Guasco Alto, uma aldeia de horticultura, célebre pelas suas frutas secas. É muito linda a vista do vale num dia bonito: a estreita abertura terminando-se na longínqua cordilheira nevada, e, de cada lado, uma infinidade de linhas entrecruzando-se e confundindo-se numa belíssima névoa. O primeiro plano da paisagem é muito singular; e a faixa verde de vale encerrada com seus salgueiros contrasta notavelmente de cada lado com a nudez das colinas. Facilmente se acreditará na aridez da região circundante, quando se souber que em treze meses não tinha caído uma só gota de chuva. Com muita inveja os habitantes ouviram falar da chuva de Coquimbo; mas, pelo aspecto do céu, nutriam esperanças de igual boa sorte, que, quinze dias depois, se realizaram. Eu estava em Copiapó, onde, com a mesma inveja, os moradores se referiam à abundante chuva de Guasco. Após dois ou três anos de seca, sem talvez mais que uma chuva durante todo o tempo, há geralmente um ano chuvoso; entretanto, esta causa mais prejuízos do que a própria seca. Os rios crescem, e as únicas faixas estreitas passíveis de cultura ficam cobertas de seixos e areia. Também as valas de irrigação sofrem com as inundações. Há três anos, uma grande devastação ocorreu desse modo.

8 de junho – Dirigimo-nos a Ballenar, cujo nome deriva de Ballenagh, na Irlanda, lugar de nascimento da família O'Higgins, que, sob o governo espanhol, produziu presidentes e generais no Chile. Como as montanhas rochosas do local se achavam escondidas pelas nuvens, as planícies em degraus davam ao vale um aspecto semelhante ao de Santa Cruz, na Patagônia. Depois de ter passado um dia em Ballenar, parti, no dia 10, em direção à parte mais elevada do vale do Copiapó. Percorremos o dia todo uma região desinteressante. Estou cansado de repetir os epítetos infecundo e estéril. Essas palavras, embora tão comumente usadas, são comparativas. Sempre as apliquei às planícies da Patagônia, que sustentam arbustos espinhosos e alguns tufos de grama e isso seria a fertilidade absoluta, se comparada com as planícies do norte do Chile. Aqui novamente não há lugar em que não se encontre, com um exame cuidadoso, alguns pequenos arbustos, cactos ou líquens. Sementes permanecem em estado latente, prontas para brotar durante o primeiro inverno chuvoso. No Peru, desertos reais se espalham por grande parte do país. Ao entardecer, chegamos a um vale em que o leito de uma pequena corrente ainda estava úmido. Seguindo-o um pouco acima, encontramos uma quantidade razoavelmente aceitável de água. Durante a noite, o córrego, por não evaporar nem ser tão rapidamente absorvido pela terra, desce uma légua a mais do que durante o dia. Havia abundância de gravetos para nossa fogueira, de forma que aquele era um bom local para acamparmos. Todavia, por causa da escassez de animais, havia pouco o que comer.

11 de junho – Cavalgamos sem parar por doze horas até alcançarmos uma velha fornalha de fundição onde havia água e lenha, mas nossos cavalos mais uma vez não tinham nada para comer, e os trancamos em um velho pátio. A estrada percorria uma série de elevações, e as paisagens distantes eram interessantes pela variedade de cores das montanhas. Era quase lamentável ver o sol brilhando constantemente sobre uma região tão estéril. Um clima tão esplêndido deveria ter feito brilhar campos e belos jardins. No dia seguinte, alcançamos o vale de Copiapó. Isso me deixou muito alegre, pois toda a jornada fora uma contínua fonte de ansiedade. Era muito desagradável ouvir nossos cavalos roendo os postes em que estavam amarrados enquanto comíamos nossas jantas, sem termos qualquer maneira de aliviar a fome que passavam. Em todo o caso, os animais pareciam bem descansados e ninguém diria que estavam sem comer há 55 horas.

Eu tinha uma carta de apresentação para o sr. Bingley, que me recebeu muito gentilmente na *hacienda* de Potrero Seco. Essa propriedade tinha entre 32 e 48 quilômetros de comprimento, mas era muito estreita, com apenas dois campos de pasto em cada lado do rio. Em algumas partes a propriedade era tão estreita que a terra não podia ser irrigada, carecendo assim de valor, como os desertos pedregosos que a cercam. A pequena quantidade de terra cultivada em toda a linha do vale não depende tanto dos desníveis do solo e da consequente impossibilidade de irrigação, mas muito mais do suprimento insuficiente de água. O rio, esse ano, estava notavelmente cheio. Aqui, muito acima no vale, ele alcançava a barriga dos cavalos, tinha aproximadamente quinze metros de largura e corria rápido. Mais abaixo ele vai se afilando e geralmente desaparece. Nos últimos trinta anos nenhuma gota do rio conseguiu chegar ao mar. Os habitantes observam uma tempestade sobre a cordilheira com muito apreço, pois uma boa queda de neve os provê de água por todo o ano. Nas regiões baixas, isso é infinitamente mais decisivo do que a chuva. A chuva, sempre que caía, aproximadamente uma vez a cada dois ou três anos, era uma grande vantagem, pois o gado e as mulas podiam, durante algum tempo, encontrar um pouco de pasto nas montanhas. Mas sem neve nos Andes, a desolação se estende por todo o vale. Está registrado que por três vezes quase todos os habitantes da região foram obrigados a migrar para o sul. Nesse ano havia água em abundância e cada pessoa irrigou sua terra tanto quanto quis. Frequentemente, porém, era necessário colocar soldados nas barragens durante muitas horas da semana para garantir que cada propriedade tomasse apenas sua parte. Dizem que o vale tem doze mil habitantes, mas sua produção é suficiente para apenas três meses do ano. O resto do suprimento é obtido da região mais ao sul e de Valparaíso. Antes da descoberta das famosas minas de prata de Chanuncillo, Copiapó estava em acelerada decadência, mas agora é muito próspera, e a cidade que tinha sido completamente destruída por um terremoto foi reconstruída.

O vale de Copiapó é uma estreita faixa verde em um deserto e se estende na direção sul, tendo uma extensão considerável desde sua origem na cordilheira. Os vales de Guasco e de Copiapó podem ser considerados como longas ilhas estreitas separadas do resto do Chile por desertos de rocha em vez de água salgada. Ao norte, há outro vale miserável chamado Paposo, que contém aproximadamente duzentas almas, e daí em diante começa o verdadeiro deserto de Atacama: uma barreira mais instransponível do que o oceano mais turbulento. Após ficarmos alguns dias em Potrero Seco, subi o vale até a casa de Don Benito Cruz, a quem eu levava uma carta de apresentação. Descobri que ele era muito hospitaleiro. De fato, é impossível dar um testemunho exagerado sobre a gentileza com que os viajantes são recebidos em quase todas as partes da América do Sul. No dia seguinte, aluguei algumas mulas para que me levassem pela ravina de Jolquera até a parte central da cordilheira. Na segunda noite, o tempo parecia anunciar uma tempestade de neve ou chuva, e enquanto estávamos deitados em nossas camas sentimos as pequenas vibrações de um terremoto.

A conexão entre esses terremotos e o clima tem sido frequentemente discutida: parece-me ser um ponto de grande interesse que é pouco entendido. Humboldt salientou, em uma parte de sua *Narrativa Pessoal*[37], que seria difícil para qualquer pessoa que tenha residido por muito tempo na Nova Andaluzia ou na parte baixa do Peru negar a existência de alguma conexão entre esses fenômenos. Em outras partes, entretanto, ele parece considerar essa conexão como imaginária. Em Guayaquil, diz-se que uma chuva pesada na estação seca é invariavelmente seguida por um terremoto. No Chile Setentrional, a probabilidade de coincidências acidentais é muito pequena por causa da extrema raridade de chuva ou até mesmo de previsão de chuva. Ainda assim, os habitantes aqui estão firmemente convictos da existência de alguma conexão entre o estado da atmosfera e os tremores do solo. Fiquei muito surpreso quando mencionei a algumas pessoas em Copiapó que um forte tremor ocorrera e eles imediatamente gritaram: "Que bom! Teremos muito pasto esse ano." Em suas mentes, um terremoto prediz chuva com tanta certeza quanto uma chuva prediz um bom pasto. E de fato choveu no dia do terremoto, produzindo, em dez dias, como descrevi, uma fina e rala grama. Outras vezes, as chuvas têm seguido os terremotos em um período do ano em que elas são um evento ainda mais raro que os próprios terremotos: isso aconteceu após o abalo de novembro de 1822 e novamente em 1829, em Valparaíso, também depois daquele de setembro de 1833, em Tacna. Uma pessoa deve estar um pouco inteirada do clima dessas regiões para notar a extrema improbabilidade de chuvas em tais estações, exceto por uma lei que não está de forma alguma relacionada com o curso habitual do clima. No caso de grandes erupções vulcânicas, como aquelas de Coseguina, em que torrentes de chuva caíram na época do ano mais improvável para tal evento e "quase sem precedentes na América Central", não é difícil entender que os volumes de vapor e nuvens de cinzas podem ter perturba-

37. Vol. IV, p. 11, e vol. II, p. 217. Para as anotações sobre Guayaquil, ver *O diário de Silliman*, vol. XXIV, p. 384. Para as anotações sobre Tacna feitas pelo sr. Hamilton, ver *Relatório da Associação Britânica*, 1840. Para aquelas sobre Conseguina, ver sr. Caldcleugh, em *Relatórios Filosóficos*, 1835. Na edição anterior, coletei muitas referencias sobre as coincidências entre as quedas nas medições do barômetro e os terremotos e entre os terremotos e os meteoros. (N.A.)

do o equilíbrio atmosférico. Humboldt também estende essa ideia para o caso de terremotos que não são acompanhados por erupções, mas dificilmente posso conceber que isso seja possível, que a pequena quantidade de fluidos aeriformes que então escapam do solo fissurado possa produzir efeitos tão notáveis. Muito mais provável é a ideia primeiramente proposta pelo sr. P. Scrope de que quando o barômetro está baixo e se espera que a chuva caia naturalmente, essa baixa pressão atmosférica em extensão da região pode facilmente determinar o dia preciso em que a terra, já expandida ao máximo por forças subterrâneas, irá recuar, quebrar e consequentemente tremer. Entretanto, é duvidoso saber até onde esta ideia poderá explicar as circunstâncias das torrentes de chuva que se precipitam na estação seca durante vários dias, após um terremoto não acompanhado de uma erupção. Tais casos parecem indicar alguma conexão mais estreita entre as regiões atmosférica e subterrânea.

Como encontramos poucas coisas interessantes nessa parte da ravina, refizemos nossos passos para a casa de Don Benito, onde fiquei por dois dias coletando conchas fósseis e madeira. Havia um grande número de troncos de árvores, tombados e petrificados, incrustados em um conglomerado. Medi um que tinha aproximadamente cinco metros de circunferência. É surpreendente o fato de que cada átomo da madeira nesse grande cilindro tenha sido removido e substituído tão perfeitamente por sílica, fazendo com que todos os vasos e poros estejam perfeitamente preservados! Essas árvores predominaram por volta do período de nosso *chalk*[38] inferior. Elas todas pertenceram à classe dos abetos. Era divertido ouvir os habitantes discutindo a natureza das conchas fósseis coletadas quase nos mesmos termos usados um século atrás na Europa, a saber: se esse era seu aspecto "natural". Meu exame geológico da região geralmente provocava alguma surpresa entre os chilenos. Demorou muito para que eu os convencesse de que não procurava por minas. Algumas vezes isso era uma fonte de problemas. Descobri que a maneira mais breve de lhes ex-

38. Provavelmente o autor estava se referindo à base do período cretáceo. Hoje estas madeiras petrificadas tem sido atribuídas ao final do período triácico ou à base do jurássico (N.T.).

plicar minha ocupação era lhes perguntar como era possível que não tivessem curiosidade sobre os terremotos e os vulcões? Por que algumas fontes eram quentes e outras frias? Por que havia montanhas no Chile e nem um morro em La Plata? Essas simples questões satisfaziam e silenciavam a maioria. Alguns, entretanto (como outros que na Inglaterra estão um século atrasados), pensavam que todas essas indagações eram inúteis e ímpias e que era suficiente que Deus tivesse feito as montanhas.

Recentemente fora divulgada uma ordem de que todos os cães sem dono deveriam ser mortos, e vimos muitas carcaças pela estrada. Um grande número de animais havia contraído raiva, e muitos homens tinham sido mordidos, vindo a morrer por causa da doença. Em muitas ocasiões, surtos de hidrofobia tomaram conta deste vale. É um fato notável saber que esta doença tão estranha e terrível aparece seguidamente neste mesmo ponto isolado. Foi relatado que algumas vilas na Inglaterra estão muito mais sujeitas a esses acontecimentos do que outras. O dr. Unanùe afirma que a hidrofobia foi primeiramente descoberta na América do Sul em 1803. Essa afirmação pode ser confirmada se atentarmos para o fato de que Azara e Ulloa nunca a mencionaram em suas épocas. O dr. Unanùe diz que ela se espalhou na América Central e lentamente avançou em direção ao sul. A doença alcançou Arequipa em 1807, e dizem que alguns homens foram afetados mesmo sem terem sido mordidos, como também alguns negros que tinham comido um boi que havia morrido de hidrofobia. Em Ica, 42 pessoas pereceram miseravelmente dessa forma. A doença se desenvolve entre doze e noventa dias após a mordida e, nos casos manifestos, invariavelmente a morte ocorria em cinco dias. Depois de 1808, sucedeu-se um longo intervalo sem nenhuma ocorrência. Investigando o caso, não ouvi relatos de hidrofobia na Terra de Van Diemen ou na Austrália, e Burchell diz que, durante os cinco anos em que ele esteve no Cabo da Boa Esperança, nunca ouviu notícia de um caso da doença. Webster afirma que nas ilhas de Açores nunca ocorreu hidrofobia, e a mesma afirmação foi feita a respeito da ilhas Maurício e de Santa Helena[39]. No caso de uma doença tão estranha, alguma informação pode ser possivelmente adquirida se considerarmos as circunstâncias em que ela, em climas distantes, se originou, pois é improvável que um cão já mordido possa ter sido levado a essas regiões distantes.

À noite, um estranho chegou à casa de Don Benito e pediu permissão para ficar. Disse que tinha se perdido e vagado pelas montanhas por dezessete dias. Partira de Guasco e, por estar acostumado a viajar pela cordilheira, não esperava encontrar qualquer dificuldade para seguir a trilha até Copiapó, mas logo se viu envolvido por um labirinto de montanhas do qual não conseguia sair. Algumas de suas mulas caíram em precipícios e ele esteve em sérios apuros. Sua maior dificuldade foi não saber onde encontrar água na região mais baixa, de forma que teve que se manter próximo às cadeias centrais.

Retornamos descendo o vale e, no dia 22, alcançamos a cidade de Copiapó. A parte baixa do vale é larga, formando uma bela planície como aquela de Quillota. A cidade cobre um espaço considerável de solo e cada casa possui um jardim. Esse lugar, no entanto, é desconfortável, e as residências são muito mal mobiliadas. Todos parecem ter apenas um objetivo: fazer dinheiro e então emigrar o mais rápido possível. Todos os habitantes estão de certa forma diretamente ligados às minas, e minas e minérios são os únicos assuntos de conversação. Artigos de necessidade de todos os tipos são extremamente caros, pois a distância entre a cidade e o porto é de 87 quilômetros, e o transporte por terra é muito caro. Uma galinha custa cinco ou seis xelins, a carne é quase tão cara como na Inglaterra, lenha ou até mesmo gravetos são trazidos em burros de uma distância de dois ou três dias de jornada pela cordilheira, e pasto para os animais custa um xelim por dia: estes preços, para os padrões da América do Sul, são exorbitantemente caros.

39. *Observat. Sobre el Clima de Lima*, p. 67. – *As Viagens de Azara*, vol. I, p. 381. – *A Viagem de Ulloa*, vol. II, p. 28. – *As viagens de Burchell*, vol. II, p. 524. – *Descrição das ilhas de Açores de Webster*, p. 124. – *Viagem à ilha de França por um Oficial do Rei*, tomo I, p. 248. – *Descrição de Santa Helena*, p. 123. (N.A.)

26 de junho – Contratei um guia e oito mulas para me levar por um caminho através da cordilheira diferente do caminho de minha última excursão. Como a região era absolutamente deserta, levamos uma carga e meia de cevada misturada à palha cortada. A aproximadamente cinco quilômetros acima da cidade, um amplo vale chamado "Despoblado", ou desabitado, ramifica-se a partir daquele pelo qual viemos. Embora seja um vale grande e que leva para um caminho sobre a cordilheira, ainda assim é um local completamente seco, exceto talvez alguns poucos dias durante um inverno muito chuvoso. Os lados carcomidos das montanhas não foram sulcados por praticamente nenhuma ravina, e o fundo do vale principal, cheio de brita, era liso e quase plano. Nenhuma torrente considerável poderia algum dia ter corrido por esse leito de cascalho, pois, se tivesse, com certeza um grande canal limitado por penhascos teria se formado. Tenho pouca dúvida de que esse vale, como aqueles mencionados pelos viajantes no Peru, se encontra agora assim por causa das ondas do mar, quando a terra lentamente se elevava. Observei, em um local onde o Despoblado era ligado a uma ravina (que em quase todas as cadeias teria sido chamada de um grande vale), que o leito dela, embora composto apenas de areia e cascalho, era mais alto do que o de seu afluente. Um mero riacho, no curso de uma hora, teria feito sozinho um canal, mas era evidente que eras haviam passado e que esse riacho não havia drenado esse grande afluente. Era curioso observar o maquinário, se tal termo pode ser usado, para a drenagem, todo, sem a menor exceção, perfeito, ainda sem sinais de uso. Todos devem ter notado como os bancos de lama deixados pela maré baixa imitam, em miniatura, uma região com montanha e vale. E aqui temos o modelo original em rocha, formado enquanto o continente se elevava durante o recuo secular do oceano, ao invés do ciclo das marés. Se uma pancada de chuva cai no banco de lama, ao secar, ela aprofunda as linhas de escavação já formadas; e assim também ocorre com a chuva sucessiva de séculos nas margens de rocha e solo a que chamamos de continente.

Continuamos cavalgando após ter escurecido até chegarmos a uma ravina lateral com um pequeno poço chamado

"Água amarga". A água merecia esse nome, pois além de ser salina era pútrida e muito amarga, de forma que tivemos que nos privar do nosso chá ou mate. Suponho que a distância do rio de Copiapó até esse ponto era de pelo menos quarenta ou quarenta e oito quilômetros, e em todo esse espaço não havia uma gota sequer de água. De fato, a região merece o nome de deserto. Ainda assim, passamos na metade do caminho por velhas ruínas indígenas, perto de Punta Gorda; notei também, em frente a alguns dos vales que se ramificavam a partir do Despoblado, duas pilhas de pedras um pouco afastadas uma da outra e posicionadas como que para apontar as bocas desses pequenos vales. Meus companheiros não sabiam nada sobre elas e apenas responderam minhas perguntas com seus tradicionais "*quién sabe?*".

Observei ruínas indígenas em muitas partes da cordilheira; as mais perfeitas que vi foram as Ruínas de Tambillos, na Passagem Uspallata. Lá, pequenos quartos quadrados uniam-se em grupos separados; alguns, em que a porta ainda estava em pé, eram formados por um pedaço de pedra cruzada de apenas noventa centímetros de altura. Ulloa já havia salientado a pouca estatura das portas em antigas moradias peruanas. Essas casas, quando perfeitas, seriam capazes de conter um considerável número de pessoas. A tradição diz que elas eram usadas como parada para os incas, quando eles atravessavam as montanhas. Traços de habitações indígenas têm sido descobertos em muitas outras partes, inclusive em locais em que não parece provável que essas cabanas fossem lugares de descanso, e até onde a terra é tão absolutamente inadequada para qualquer tipo de cultivo. Na ravina de Jajuel, perto do Aconcágua, onde não há passagem, ouvi falar sobre restos de casas situados a uma grande altura, onde a temperatura é extremamente baixa e o solo estéril. Primeiro imaginei que essas construções fossem lugares de refúgio construídos pelos índios quando da chegada dos espanhóis, mas desde então estive inclinado a especular sobre a probabilidade de uma pequena mudança no clima.

Nessa parte setentrional do Chile, dentro da cordilheira, dizem que há muitas casas indígenas velhas são muito numerosas. Cavando entre as ruínas, são frequentemente descobertos pedaços de artigos de lã, instrumentos de metais preciosos e cabeças de hastes de cereais. Foi-me dada uma ponta de flecha feita de ágata com exatamente a mesma forma daquelas usadas na Terra do Fogo. Sei que agora os índios peruanos costumam habitar lugares mais altos e frios, mas em Copiapó, dois homens que passaram suas vidas viajando pelos Andes me asseguraram que havia muitas (*muchísimas*) construções em lugares tão altos que beiravam a linha da neve perpétua e também em partes onde não há passagens, em que a terra não produz absolutamente nada e, o que é ainda mais extraordinário, em que não há água. Todavia é a opinião do povo da região (embora fiquem muito intrigados com essa circunstância) que, pela aparência das casas, os índios deviam usá-las como moradia. Neste vale, em Punta Gorda, as ruínas consistiam de sete ou oito pequenos quartos quadrados que eram de uma forma similar àqueles em Tambillos, mas construídos essencialmente de um tipo de lama cuja durabilidade os atuais habitantes não conseguem nem aqui, nem no Peru, de acordo com Ulloa, imitar. Elas estavam situadas na posição mais exposta e indefesa, no fundo do vale largo e plano. Em um raio de quinze quilômetros não havia água, e mesmo depois a que se conseguia era muito pouca e de má qualidade. O solo era absolutamente estéril. Procurei por algum líquen aderido as rochas, mas foi em vão. Atualmente, mesmo com a vantagem de se dispor de bestas de carga, uma mina, a menos que muito rica, dificilmente poderia ser explorada com lucro. Ainda assim, os índios antigamente escolhiam esse lugar para construir moradias! Se nos dias de hoje duas ou três pancadas de chuva caíssem anualmente, em vez de uma, como tem sido o caso há muitos anos, um pequeno riacho provavelmente se formaria nesse grande vale e então, através de irrigação (que era antigamente tão bem compreendida pelos índios), o solo facilmente se tornaria produtivo o suficiente para manter algumas famílias.

Tenho provas convincentes de que essa parte do continente da América do Sul se elevou, nas proximidades da costa, 120 a 150 metros e, em algumas partes, de 300 a 390 metros dentro do mesmo período das conchas que existem atualmente e, mais para o interior, a elevação pode ter sido maior. Como a peculiar aridez do clima é evidentemente consequência da altura da cordilheira, é quase certo que, antes das recentes elevações, a atmosfera não era tão seca como é agora, ou seja, assim como esta elevação se deu de modo gradual, também deve ter sido gradual a mudança climática. Com base nessa noção de mudança do clima, pode-se supor que essas ruínas sejam extremamente antigas, pois não penso em nenhuma grande dificuldade para sua preservação sob o clima chileno. A partir desse ponto de vista, devemos admitir também (e isso é talvez uma dificuldade maior) que o homem habita a América do Sul há um período imensamente longo, considerando que qualquer mudança no clima provocada pela elevação da terra deve ter sido extremamente gradual. Em Valparaíso, nos últimos 220 anos, a elevação foi de no mínimo cinco metros. Em Lima, uma praia foi certamente elevada de 24 a 27 metros dentro do período indo-humano. Essas pequenas elevações, porém, não teriam tido o poder de retirar a umidade trazida pelas correntes atmosféricas. O dr. Lund, entretanto, encontrou esqueletos em cavernas no Brasil cuja aparência o induziu a crer que a raça indígena já habitava a América do Sul há um largo período de tempo.

Em Lima, conversei sobre esses assuntos[40] com o sr. Gill, um engenheiro civil que tinha visto muito do interior da região. Contou-me que a hipótese de uma mudança no clima passou por sua mente algumas vezes, mas que acreditava que a maior parte da terra, agora não cultivável, embora coberta por ruínas indígenas, tinha sido reduzida a esse estado pelo fato de os condutos de água que os índios haviam construído antigamente, em uma escala maravilhosa, terem sido destruídos por negligência e por movimentos subterrâneos. Devo

40. Temple, em suas viagens pela parte alta do Peru ou Bolívia, ao ir de Potosi para Oruro diz: "Vi muitas vilas ou residências indígenas em ruínas até mesmo nos altos topos das montanhas confirmando a existência antigamente de uma população onde agora tudo está abandonado". Ele faz observações similares em outro lugar, mas não pude determinar se esse abandono foi causado por um desejo da população ou por uma alteração na condição da terra. (N.A.)

aqui mencionar que os peruanos de fato faziam seus canais de irrigação por túneis através de montanhas de rocha sólida. O sr. Gill me contou que tinha se empregado profissionalmente para examinar um desses canais: encontrou uma passagem baixa, estreita, deformada e de largura não uniforme, mas com uma considerável extensão. Não é maravilhoso que homens tenham tentado tais obras sem o uso de ferro ou pólvora? O sr. Gill também mencionou um caso muito interessante e, até onde sei, sem paralelos de um distúrbio subterrâneo ter alterado a drenagem da região. Viajando de Casma para Huaraz (não muito longe de Lima), ele encontrou uma planície coberta com ruínas e marcas de cultivo antigo, mas agora bastante estéril. Perto dela havia o curso seco de um rio de tamanho considerável por onde a água para a irrigação era antigamente conduzida. Não havia nada no aparente curso da água que indicasse que o rio não tivesse fluido ali alguns anos atrás. Em algumas partes, leitos de areia e cascalho estavam espalhados; em outras, a rocha sólida havia sido desgastada até formar um largo canal que em um determinado ponto chegava a ter aproximadamente quarenta metros de largura e dois metros e meio de profundidade. É por si só evidente que uma pessoa, ao subir o curso de um rio, irá sempre subir por uma inclinação de maior ou menor grau. O sr. Gill, portanto, ficou muito surpreso quando, ao subir o leito desse antigo rio, percebeu-se, de súbito, descendo morro abaixo. Imaginou que o declive tinha uma queda perpendicular de doze ou quinze metros. Temos aqui evidências incontestáveis de que uma cadeia de montanhas foi erguida cruzando exatamente o antigo leito do rio. No momento em que o curso do rio foi arqueado, a água deve ter sido necessariamente lançada para trás, formando um novo canal. A partir desse ponto, a planície também deve ter perdido seu rio fertilizante, tornando-se assim um deserto.

27 de junho – Partimos cedo na manhã e pelo meio-dia chegamos à ravina de Paypote, onde há um pequeno riacho com um pouco de vegetação e até mesmo algumas árvores de algarroba, um tipo de mimosa. Por haver lenha na região, uma fornalha de fundição foi construída ali em tempos remotos: encontramos um homem solitário que era o encarregado da fornalha. Em verdade sua única ocupação era caçar guanacos. A noite foi muito fria, mas nos mantivemos aquecidos, pois tínhamos abundância de lenha para o nosso fogo.

28 de junho – Continuamos a subir gradualmente, e o vale então se transformou numa ravina. Durante o dia, vimos muitos guanacos e rastros de espécies similares, como a vicunha. Este último animal é predominantemente alpino em seus hábitos, raramente desce muito abaixo do limite da neve perpétua e, portanto, habita um lugar ainda mais estéril e alto que o guanaco. O único outro animal que vimos em algum número foi uma pequena raposa. Suponho que esse animal seja o predador de ratos que, enquanto houver um mínimo de vegetação, subsistem em grande número e em lugares muito secos. Na Patagônia, mesmo nas margens das salinas, onde não se encontra uma gota de água fresca, exceto o orvalho, esses pequenos animais são abundantes. Junto com os lagartos, os ratos parecem capazes de sobreviver nos menores e mais secos lugares da terra, até mesmo em ilhotas em meio a grandes oceanos.

A paisagem era desoladora, clara e visível graças a um céu limpo e sem nuvens. Por algum tempo, tal cenário é sublime, mas essa sensação é incapaz de se prolongar, e então tudo se torna desinteressante. Acampamos ao pé da "*primera línea*", ou a primeira linha da partição das águas. Entretanto, os rios, no lado oriental não fluem para o Atlântico, mas para um distrito elevado no meio do qual há uma grande salina, ou lago de sal, formando, dessa forma, um pequeno mar Cáspio à altura, talvez, de 3.050 metros. Havia, onde dormimos, consideráveis porções de neve, mas estas não duram o ano todo. Os ventos, nessas regiões elevadas, obedecem a leis bastante regulares. Todo dia uma brisa fresca sopra pelo vale e, à noite, uma hora ou duas após o pôr do sol, o ar das regiões frias localizadas mais acima desce como se passasse por um funil. Nessa noite uma rajada de vento soprou e a temperatura deve ter caído consideravelmente abaixo de zero, pois a água no vasilhame logo se tornou um bloco de gelo. Nenhuma roupa parecia ser obstáculo para o ar gelado, e eu sofri muito com o frio, a ponto de não poder dormir. Pela manhã, ao me levantar, senti meu corpo bastante entorpecido e paralisado.

Mais ao sul da cordilheira, as pessoas morrem por causa das tempestades de neve; aqui, isso acontece algumas vezes por outras causas. Meu guia, quando era um garoto de catorze anos, estava atravessando a cordilheira com um grupo no mês de maio e, quando chegaram nas partes centrais, um furioso vendaval surgiu de forma que os homens mal podiam se segurar em suas mulas e as pedras voavam por toda parte. O dia estava sem nenhuma nuvem e nem uma partícula de neve caiu, mas a temperatura era baixa. É provável que a temperatura não tenha caído muito abaixo de zero, mas o efeito desse frio em seus corpos mal protegidos deve ter sido tão danoso quanto a rapidez das correntes de ar. O vendaval durou mais de um dia. Os homens começaram a perder as forças e as mulas não conseguiam prosseguir. O irmão de meu guia tentou retornar, mas morreu e seu corpo foi encontrado dois anos depois ao lado de sua mula, próximo à estrada, com as rédeas ainda em suas mãos. Dois outros homens no grupo perderam os dedos das mãos e dos pés, e, de um grupo de duzentas mulas e trinta vacas, apenas catorze das primeiras escaparam com vida. Muitos anos atrás, um grupo inteiro supostamente pereceu de maneira similar, mas seus corpos até hoje não foram encontrados. A união de um céu limpo, temperatura baixa e um vento furioso deve ser, penso, em todas as partes do mundo, um fato incomum.

29 de junho – Descemos alegremente o vale para o nosso alojamento da noite anterior, aproximando-nos, dessa forma, de Água Amarga. No dia primeiro de julho, chegamos ao vale de Copiapó. O cheiro dos trevos frescos era muito agradável, ainda mais depois do ar sem aroma, seco e estéril de Despoblado. Enquanto estávamos na cidade, ouvi os relatos de muitos habitantes sobre uma montanha na vizinhança que eles chamavam de "El Bramador" – o rugidor ou gritador. Na hora, não prestei atenção suficiente ao relato, mas, pelo que entendi, a montanha era coberta de areia e um som era produzido quando as pessoas deslocavam a areia ao tentar escalá-la. O mesmo caso é descrito em detalhes e com a credibilidade de Seetzen e Ehrenberg[41] como sendo a causa dos sons que têm sido ouvidos por muitos viajantes no Monte Sinai, perto do Mar Vermelho. Uma pessoa com quem conversei tinha testemunhado esse som. Ele o descreveu como muito surpreendente e me afirmou claramente que, embora não conseguisse entender a origem do som, este era necessário para fazer com que a areia descesse montanha abaixo. Um cavalo, ao caminhar sobre areia seca e grossa, produz um som peculiar, semelhante a um trinado pela fricção das partículas. Observei tal circunstância muitas vezes na costa brasileira.

Três dias depois, soube da chegada do *Beagle* ao Porto, distante 87 quilômetros da cidade. Há pouca terra cultivada no vale. Sua larga extensão sustenta uma grama muito dura e rala que até mesmo os burros têm dificuldade em comer. Essa pobreza da vegetação se deve à quantidade de matéria salina no solo. O Porto consiste de uma reunião de cabanas pequenas e miseráveis, situadas ao pé de uma planície estéril. Atualmente, como o rio está com um volume suficiente de água para chegar até o mar, os habitantes gozam da vantagem de ter água fresca a menos de três quilômetros. Na praia havia grandes pilhas de mercadorias e o pequeno lugar tinha um ar de atividade. Durante a tarde, dei meu *adios*, do fundo do coração, a meu companheiro Mariano Gonzáles, com quem cavalguei tantas léguas no Chile. Na manha seguinte o *Beagle* partiu para Iquique.

12 de julho – Ancoramos no porto de Iquique à latitude 20º12', na costa do Peru. A cidade contém aproximadamente mil habitantes e fica em uma pequena planície de areia ao pé de uma grande muralha de rocha de seiscentos metros de altura. Todo o conjunto é absolutamente desértico. Uma leve pancada de chuva cai apenas uma vez ao longo de muitos anos, e as ravinas, em consequência disso, estão cheias de detritos. As laterais das montanhas estão cobertas por pilhas de areia fina e branca, a uma altura de trezentos metros. Durante essa estação do ano, o pesado acúmulo de nuvens sobre o oceano raramente

---

41. *Edinburgh Phil. Journ.*, Jan., 1830, p. 74, e abril, 1830, p. 258 – também *Daubeny sobre os Vulcões*, p. 438, e *Bengal Journ.*, vol. VII, p. 324. (N.A.)

se eleva sobre a parede de rochas da costa. O aspecto do lugar era muito sombrio, o pequeno porto, com seus poucos navios e seu pequeno grupo de casas miseráveis, parecia ser esmagado pelo resto da paisagem.

Os habitantes vivem como pessoas a bordo de um navio. Cada artigo de necessidade vem de longe: água é trazida em barcos de Piságua, aproximadamente 65 quilômetros ao norte, e cada barril de dezoito galões é vendido por nove reais (quatro xelins e seis dinares). Comprei uma garrafa de vinho por três *pences*. O mesmo acontece com a lenha e, é claro, cada artigo alimentício é importado. Poucos animais podem ser mantidos em tal lugar. Na manhã seguinte, contratei com dificuldade, a um preço de quatro libras esterlinas, duas mulas e um guia para me levarem às minas de nitrato de sódio, que são atualmente a fonte de sustento de Iquique. Esse sal foi exportado pela primeira vez em 1830. Em um ano, uma quantidade no valor de cem mil libras esterlinas foi mandada para a França e para a Inglaterra. Seus usos principais são como um adubo e na manufatura de ácido nítrico; devido à sua propriedade deliquescente, não servia como pólvora. Antigamente havia duas riquíssimas minas de prata ao redor, mas sua produção agora é muito pequena.

Nossa presença na enseada causou acerta apreensão. O Peru estava em estado de anarquia, e cada partido exigia uma contribuição à título de imposto. A pobre cidade de Iquique estava atribulada, pensando que a hora fatídica houvesse chegado. O povo também tinha seus problemas domésticos: pouco tempo atrás, três carpinteiros franceses haviam arrombado, durante a mesma noite, as duas igrejas e roubado toda a prata. Um dos ladrões, entretanto, confessou o crime e, em seguida, a prata foi recuperada. Os condenados foram mandados para Arequipa que, embora seja a capital dessa província, está a 965 quilômetros daqui. O governo de lá considerou lamentável ter de punir trabalhadores tão úteis, que podiam fazer todos os tipos de móveis, e, de comum acordo, os soltaram. Assim sendo, as igrejas foram novamente arrombadas, mas dessa vez a prata não foi recuperada. Os habitantes ficaram revoltados e declararam que somente heréticos poderiam "comer Deus Todo-Poderoso", e passaram a torturar alguns ingleses, com a intenção de fuzilá-los posteriormente. Finalmente as autoridades interferiram e a paz foi restabelecida.

13 de julho – Pela manhã, parti para as minas de salitre, a uma distância de 67 quilômetros. Após a subida de uma montanha íngreme por uma estrada arenosa em ziguezague, logo pudemos ver as minas de Guantajaya e Santa Rosa. Essas duas pequenas vilas estão localizadas exatamente nas entradas das minas, como se tivessem aterrissado em cima de montanhas. Possuíam uma aparência ainda mais desolada e antinatural do que a cidade de Iquique. Não alcançamos as minas de salitre antes do pôr do sol e passamos todo o dia cavalgando por uma região ondulada, em meio a um deserto completo e absoluto. A estrada estava coberta de ossos e peles secas de bestas de carga que tinham perecido por fadiga. Excetuando-se o *Vultur aura*, que preda carcaças, não vi nenhuma outra ave, quadrúpede, réptil ou inseto. Na cadeia de montanhas, a uma altura de seiscentos metros, onde durante essa estação as nuvens geralmente se concentram, pouquíssimos cactos cresciam nas rachaduras das pedras. Além disso, havia uma espécie de líquen que se misturava à areia solta e que cobria as superfícies quase sem se prender a elas. Essa planta pertence ao gênero *Cladonia* e de alguma forma se parece com o líquen rangífer. Em algumas partes, estava presente em quantidade suficiente para colorir a areia, se visto à distância, com uma cor amarela-clara. Mais para o interior, durante toda a cavalgada de 67 quilômetros, vi apenas um produto vegetal, um minúsculo líquen amarelo que crescia nos ossos das mulas mortas. Esse era o primeiro deserto de verdade que via. Seu efeito sobre mim, porém, não foi impressionante. Creio que isso se deva ao fato de eu ter gradualmente me acostumado com tais cenas enquanto cavalgava em direção ao norte de Valparaíso, por Coquimbo, a Copiapó. A aparência da região era notável por ser coberta por uma camada grossa de sal comum e por um aluvião salífero estratificado, que parece ter sido depositado à medida que a terra lentamente se elevava acima do nível do mar. O sal é branco, muito duro e compacto. Ocorre em nódulos desgastados pela água, projetando-se da areia aglutinada, e está associado a muito gesso. A aparência dessa massa superficial lembra muito intimamente aquela de uma região após nevar, antes que os últimos pedaços de gelo sujo se derretam. A existência de uma crosta dessa substância solúvel sobre toda a face da região mostra quão extraordinariamente seco o clima deve ter sido por um longo período.

À noite, dormi na casa do proprietário de uma das minas de salitre. A região aqui é tão improdutiva quanto perto da costa, pode-se encontrar água ao se cavar poços, embora seja um pouco amarga e ligeiramente salgada. O poço nessa casa tinha 36 metros de profundidade. Como quase nenhuma chuva cai, é evidente que a água não tem essa origem. Se fosse essa realmente sua procedência, não poderia deixar de ser salgada como salmoura, pois toda a região circundante está incrustada com várias substâncias salinas. Portanto, conclui-se que ela se infiltra sob o solo da cordilheira, embora esta diste muitas léguas dali. Naquela direção existem poucas e pequenas vilas, onde os habitantes, tendo mais água, são capazes de irrigar um pouco de terra e cultivar feno, do qual as mulas e os asnos, utilizados para carregar o salitre, se alimentam. O nitrato de sódio era então vendido ao lado do navio a catorze xelins por cada 45 quilos. O maior gasto advém do transporte até a costa. A mina consiste de um estrato duro, entre sessenta e noventa centímetros de espessura de nitrato, misturado com um pouco de sulfato de sódio e uma boa porção de sal comum. Ela se estende logo abaixo da superfície e segue por 240 quilômetros pela margem de um grande vale ou planície. Esta deve ter sido notoriamente, algum dia, um lago ou mais provavelmente um braço de mar dentro da terra, como pode ser inferido pela presença de sais iodados no estrato salino. A superfície da planície está um quilômetro acima do Pacífico.

19 de julho – Ancoramos na baía de Callao, o porto marítimo de Lima, a capital do Peru. Ficamos aqui seis semanas, mas pelo estado conturbado em que se encontravam os assuntos públicos, vi muito pouco da região. Durante toda a nossa visita, o clima estava longe de ser tão agradável como é geralmente representado. Uma sombria massa de nuvens pairava sobre a terra, de forma que durante os primeiros dezesseis dias tive apenas uma visão da cordilheira atrás de Lima. Essas montanhas, vistas em estágios, um sobre o outro, por aberturas nas nuvens, pareciam muito grandes. Já se tornou quase uma espécie de provérbio que a chuva nunca cai na parte baixa do Peru. Ainda assim, isso dificilmente pode ser considerado correto, pois durante quase todos os dias de nossa visita havia uma grossa neblina que era suficiente para deixar as ruas enlameadas e as roupas úmidas. Essa gente gosta de chamar isso de orvalho peruano. Que chuva propriamente dita não se precipita por aqui é quase certo, pois as casas são cobertas apenas com telhados planos feitos de lama endurecida, e no porto cargas de trigo são apenas empilhadas e deixadas, sem cobertura, por semanas.

Não posso dizer que gostei do pouco que vi do Peru; no verão, entretanto, dizem que o clima é muito mais agradável. Em todas as estações, tanto os habitantes como os estrangeiros têm graves ataques de febre. Essa doença é comum em toda a costa do Peru, mas é desconhecida em seu interior. As doenças que surgem por causa do miasma não deixam de ser absolutamente misteriosas. É muito difícil julgar, pelo aspecto de uma região, se ela é ou não saudável. Se disséssemos a uma pessoa que escolhesse, nos trópicos, alguma região mais favorável para a saúde, muito provavelmente ela escolheria esta costa. A planície ao redor de Callao é coberta, de modo esparso, por uma grama grossa, e em algumas partes há poças de água, ainda que pequenas. O miasma, com toda probabilidade, surge dessas poças, pois a cidade de Arica estava numa situação similar e a saúde de seus habitantes melhorou muito com a drenagem de algumas dessas pequenas piscinas. Miasmas nem sempre são produzidos por uma vegetação luxuriante com um clima quente, pois muitas regiões do Brasil, mesmo onde existem pântanos e uma vegetação fértil, são muito mais saudáveis que estas costas estéreis do Peru. Mesmo as florestas mais densas em um clima temperado, como em Chiloé, não parecem afetar, mesmo no menor grau, a condição de saúde do ar.

A ilha de Santiago, nas ilhas de Cabo Verde, é outro forte exemplo de uma região que qualquer um poderia considerar extremamente saudável e que é, justamente, o contrário disso. Descrevi anteriormente as planícies nuas e abertas nas quais, durante algumas semanas após a estação chuvosa, cresce uma vegetação rala que logo em seguida encolhe e seca. Nesse período o ar parece se tornar bastante nocivo, pois tanto os locais como os estrangeiros frequentemente são assolados por violentas febres. Por outro lado, o arquipélago de Galápagos, no Pacífico, com um solo similar e periodicamente sujeito ao mesmo processo da vegetação, é muito saudável. Humboldt observou que "sob a zona tórrida, os menores pântanos são muito perigosos, sendo cercados, como em Vera Cruz e Cartagena, com um solo árido e arenoso que eleva a temperatura do ambiente."[42] Na costa do Peru, entretanto, a temperatura não é excessivamente quente e talvez, por isso, as febres não sejam da ordem mais maligna. Em todas as regiões insalubres, o maior risco se corre ao dormir na costa. Isso se deve ao estado do corpo durante o sono ou à grande abundancia de miasma em tais momentos? Parece que aqueles que ficam a bordo do navio, embora ancorados a apenas uma curta distância da costa, geralmente sofrem menos que aqueles que estão na praia. Por outro lado, ouvi falar sobre um caso em que uma febre se espalhou pela tripulação de um navio de guerra a algumas centenas de quilômetros da costa da África e, ao mesmo tempo, um desses temidos períodos[43] de morte se iniciou em Serra Leoa.

Nenhum estado na América do Sul, desde a declaração de independência, sofreu mais com a anarquia do que o Peru. Quando da nossa visita, havia quatro chefes em armas disputando a supremacia do governo. Se algum conseguia se tornar muito poderoso por algum tempo, os outros se uniam contra

---

42. *Ensaio político sobre o Reino da Nova Espanha*, vol. IV, p. 199. (N.A.)

43. Um caso similar e interessante está registrado no *Madras Medical Quart. Journ.*, 1839, p. 340. O dr. Ferguson, em seu admirável artigo (ver o nono volume do *Edinburgh Royal Trans.*), mostra claramente que o veneno é gerado no processo de secagem e por isso regiões secas e quentes são mais frequentemente malsãs. (N.A.)

ele, mas tão logo fossem vitoriosos passavam a se hostilizar novamente. Certo dia, no aniversário da Independência, uma grande missa foi rezada. O presidente tomou parte no sacramento durante o *Te Deum laudamus*, mas em vez de cada regimento exibir uma bandeira peruana, foi desfraldada uma bandeira preta com a cabeça da Morte. Imagine um governo que pudesse ter ordenado tal ato, em uma ocasião dessas, para simbolizar sua disposição de lutar até a morte! Isso aconteceu em um momento muito infeliz para mim, pois fui impedido de fazer excursões muito além dos limites da cidade. A ilha improdutiva de São Lourenço, que forma o porto, era praticamente o único lugar em que eu podia caminhar com segurança. A parte superior da ilha, que ultrapassa trezentos metros de altura, durante essa estação do ano (inverno) fica dentro das nuvens e, por isso, uma abundante vegetação criptogâmica e algumas poucas flores cobriam o cume. Nas montanhas perto de Lima, a uma altura um pouco maior, o solo é carpetado com musgo e leitos de lindos lírios amarelos, chamado Amancaes. Isso indica um grau muito maior de umidade do que a altura correspondente em Iquique. Seguindo para norte de Lima, o clima se torna mais úmido, até que nas margens do Guayaquil, quase abaixo da linha do Equador, encontramos as florestas mais luxuriantes. Dizem, entretanto, que a mudança da costa estéril do Peru para uma zona de terra fértil ocorre de modo muito abrupto na latitude de Cabo Branco, dois graus ao sul de Guayaquil.

Callao é um porto pequeno, imundo e mal construído. Os habitantes, tanto aqui quanto em Lima, têm uma mistura sanguínea inimaginável entre os europeus, a de negros com índios. Eles parecem um grupo de bêbados e depravados. A atmosfera é carregada de odores imundos, e aquele odor peculiar que pode ser sentido em todas as cidades na região dos trópicos aqui é muito acentuado. A fortaleza que resistiu ao longo cerco de Lorde Cochrane tem uma aparência imponente. O presidente, porém, durante nossa estadia, vendeu os canhões de bronze e prosseguiu com o desmanche de algumas partes do forte. A razão dada era que ele não tinha um oficial a quem pudesse confiar uma posição tão importante. Ele mesmo tinha um bom motivo para pensar dessa forma, pois chegara à presidência ao se rebelar quando estava encarregado do mesmo forte. Após deixarmos a América do Sul, ele sofreu a punição de costume: foi derrubado do poder, feito prisioneiro e fuzilado.

Lima fica na planície de um vale formado pelo recuo gradual do mar. Está a onze quilômetros de Callao e 150 metros acima desta cidade, mas, como a inclinação é muito gradual, a estrada parece ser absolutamente plana. Dessa forma, quando se chega a Lima, parece que a subida não representou uma elevação maior do que trinta metros. Humboldt relatou esse caso extremamente singular. Montanhas escarpadas e estéreis se elevam como ilhas da planície, que é dividida em grandes campos verdes por paredes de lama em linha reta. Nesses campos, quase nenhuma árvore cresce, exceto alguns salgueiros, bananeiras e laranjeiras. A cidade de Lima está em um miserável estado de decadência: as ruas estão praticamente sem pavimentação e há enormes quantidades de sujeira empilhadas por toda a parte, onde os *gallinazos* pretos, mansos como aves domésticas, bicam pedaços de carniça. As casas têm geralmente um andar superior, construído por causa dos terremotos, com madeiramento emboçado, mas algumas das mais velhas, que agora são usadas por muitas famílias, são enormes e rivalizariam com os mais magníficos prédios de apartamentos de qualquer lugar. Lima, a Cidade dos Reis, deve ter sido antigamente uma cidade esplêndida. Ainda hoje, o número extraordinário de igrejas dá ao lugar uma característica peculiar e espantosa, especialmente quando essas construções são vistas a uma curta distância.

Certo dia, saí com alguns mercadores para caçar nas cercanias da cidade. Nossa caçada foi muito pobre, mas tive oportunidade de ver as ruínas de uma das antigas vilas indígenas com seu monte de terra ao centro semelhante a uma colina natural. Os restos das casas, os cercados, os canais de irrigação e o cemitério espalhados sobre essa planície dão uma boa ideia da condição e do tamanho dessa população antiga. Quando consideramos as cerâmicas, as roupas de lã, ornamentos de pedras preciosas, construções e trabalhos hidráulicos é impossível não respeitar o considerável avanço feito por este povo nas artes da civilização. As sepulturas, chamadas Huacas, são realmente estupendas, embora em alguns lugares pareçam ser montanhas naturais encaixotadas e modeladas.

Também há um tipo de ruínas completamente diferente que são interessantes, como as da velha Callao, destruídas pelo grande terremoto de 1746 e pela onda que o seguiu. A destruição deve ter sido ainda mais completa do que a de Talcahuano. Lascas de pedra quase esconderam as fundações das paredes, e vastas massas de alvenaria foram sacudidas como seixos pelas ondas que recuavam. Afirma-se que a terra afundou durante esse memorável tremor. Não pude encontrar nenhuma prova disso. Ainda assim, isso parece longe de ser improvável, pois a forma da costa deve certamente ter sofrido alguma mudança desde a fundação da velha cidade, visto que ninguém em seu perfeito juízo teria de bom grado escolhido a estreita península de seixos em que as ruínas estão agora. Depois de nossa viagem M. Tschudi chegou à conclusão de que tanto a costa norte como a sul de Lima, através da comparação de mapas velhos e modernos, haviam baixado.

Na ilha de São Lourenço havia provas muito satisfatórias de elevação no período recente. Isso, claro, não se opõe a crença de que um pequeno afundamento de solo tenha acontecido subsequentemente. A parte lateral da ilha que está de frente para a baía de Callao está desgastada em três terraços obscuros, sendo que o mais baixo está coberto por um leito de um quilômetro e meio quase todo composto de conchas de dezoito espécies que vivem agora no mar próximo. A altura desse leito é de 26 metros. Muitas das conchas estão extremamente desgastadas e tem uma aparência muito mais antiga do que aquelas a uma altura de 150 ou 180 metros na costa do Chile. Nessas conchas estão presentes também um sal muito comum e um pequeno sulfato de cal (ambos deixados provavelmente pela evaporação da espuma marinha, enquanto a terra lentamente se elevava), junto com sulfato de sódio e muriato de cal. Elas estão em fragmentos de uma base de arenito e são cobertas por uma camada de detritos de algumas polegadas. Mais acima nesse terraço, as conchas eram encontradas em um grupo bastante esfarelado, caindo em um pó impalpável. No terraço superior, a uma altura de cinquenta metros, e da mesma forma em alguns pontos consideravelmente mais altos, encontrei uma camada de pó salino com a aparência exatamente igual, localizado na mesma posição. Não tenho dúvida de que essa camada superior era originalmente um leito de conchas, como naquela saliência de 25 metros, mas agora não contém nem mesmo um traço de estrutura orgânica. O pó me foi analisado pelo sr. T. Reeks e consiste de sulfatos e muriatos, tanto de cal como de sódio, com muito pouco carbonato de cal. Sabe-se que o sal comum e o carbonato de cal deixados por algum tempo juntos em uma massa se decompõem parcialmente, embora isso não aconteça em pequenas quantidades em solução. Como as conchas semidecompostas nas partes mais baixas estão na presença de muito sal comum, juntas com algumas das substâncias salinas que compõem a camada superior, e como essas conchas estão muito desgastadas e decadentes, suspeito fortemente que essa dupla decomposição aconteceu aqui. Os sais resultantes, entretanto, devem ser de carbonato de sódio e muriato de cal. O último está presente, mas não o primeiro. Dessa forma, sou levado a crer que de alguma forma inexplicável o carbonato de sódio passa a sulfato. É óbvio que a camada salina teria se preservado em nenhuma região que recebesse uma quantidade significativa de chuvas. Por outro lado, essas mesmas circunstâncias, que a princípio pareciam tão altamente favoráveis para a preservação das conchas expostas, foram provavelmente os meios indiretos que fizeram com que o sal comum não foi lavado, tornando-se assim diretamente responsáveis por sua decomposição e decadência precoce.

Fiquei muito impressionado ao descobrir no terraço, a uma altura de 25 metros, *incrustada* entre conchas e muita imundície trazida pelo mar, alguns fios de algodão, um caniço dobrado e uma cabeça de um talo de milho indígena. Comparei esses artefatos com outros similares recolhidos em Huacas ou em velhas tumbas peruanas e descobri que tinham uma aparência idêntica. No continente, em frente a São Lourenço e próximo a Bellavista, há uma planície, extensa e plana, a uma altura de aproximadamente trinta metros, cuja parte inferior é formada de camadas alternadas de areia e argila impura com um pouco de cascalho. A uma profundidade de um a dois metros é composta de uma marga avermelhada, que contém algumas conchas do mar esparsas, além de pequenos e numerosos fragmentos de cerâmica rústica vermelha, mais abundantes em alguns pontos do que em outros. Primeiramente eu estava inclinado a crer que esse leito superficial, devido à sua larga extensão e maciez, tivesse sido depositado debaixo do mar. Logo, porém, encontrei um ponto em que ele jazia sobre um pavimento artificial de pedras redondas. Portanto, é muito provável que em um período em que a terra ficava a uma altura mais baixa, havia uma planície muito similar a que agora cerca Callao, que, por ser protegida por uma praia de lascas de pedras, ficava muito pouco acima do nível mar. Nessa planície com seus leitos basais de argila vermelha, imagino que os índios manufaturavam seus potes de cerâmica e que, durante algum violento terremoto, o mar invadiu a praia e converteu a planície em um lago temporário, como aconteceu ao redor de Callao em 1713 e 1746. A água deve então ter depositado a lama contendo fragmentos de cerâmica dos fornos – mais abundantes em alguns pontos do que em outros – e conchas do mar. Esse leito, com cerâmica fóssil, fica aproximadamente à mesma altura que as conchas no terraço mais baixo de São Lourenço, o mesmo em que o fio de algodão e outros artefatos estavam incrustados.

Dessa forma, podemos seguramente concluir que, dentro do período indo-humano, houve uma elevação, como aludido anteriormente, de mais de 25 metros. Alguma pequena elevação deve ter sido perdida pelo fato de a costa ter afundado desde que os velhos mapas foram traçados. Em Valparaíso, nos 220 anos que antecederam a nossa visita, a elevação não pode ter excedido seis metros, mas ainda assim, subsequentemente a 1817, houve uma elevação de três ou três metros e meio, parcialmente imperceptível e parcialmente provocada no tremor de 1822. A antiguidade da raça indo-humana aqui, julgando pela elevação de 25 metros de terra desde que os artefatos foram incrustados, é a mais notável, pois na costa da Patagônia, onde a terra permaneceu praticamente inalterada, o *Macrauchenia* ainda era uma fera viva. No entanto, como a costa da Patagônia é um pouco distante da cordilheira, a elevação deve ter sido mais lenta lá do que aqui. Em Baía Blanca, a elevação foi de apenas alguns metros desde que os numerosos quadrúpedes gigantes foram lá sepultados. E, de acordo com a opinião geralmente aceita, quando esses animais extintos estavam vivos, o homem não existia. Mas a elevação de parte da costa da Patagônia talvez não esteja relacionada com a cordilheira, mas sim com uma linha de velhas rochas vulcânicas na Banda Oriental, e por isso pode ter sido infinitamente mais lenta do que nas costas do Peru. Todas essas especulações, todavia, devem ser vagas, pois quem poderia alegar que não tenham ocorrido vários períodos de afundamento, intercalados com os movimentos de elevação, uma vez que sabemos que ao longo de toda a costa da Patagônia houve muitas e longas pausas na ação das forças ascensoras?

Capítulo XVII

Arquipélago de Galápagos

Todo o grupo vulcânico – Número de crateras – Arbustos sem folhas – Colônia na ilha Charles – Ilha James – Lago de sal na cratera – História natural do grupo – Ornitologia, tentilhões curiosos – Répteis – Grandes tartarugas, os hábitos – Lagarto marinho que se alimenta de algas – Lagarto terrestre, hábitos de escavação, herbívoro – Importância dos répteis no arquipélago – Peixes, conchas e insetos – Botânica – Tipo de organização americana – Diferenças nas espécies ou raças nas diferentes ilhas – Docilidade das aves – Medo do homem, um instinto adquirido.

15 de setembro – Esse arquipélago consiste de dez ilhas principais das quais cinco superam as outras em tamanho. Estão localizadas abaixo do Equador e entre 804 quilômetros e 965 quilômetros a oeste da costa da América. São todas formadas de rochas vulcânicas. Alguns fragmentos de granito curiosamente vitrificados e alterados pelo calor não podem ser considerados uma exceção. Algumas das crateras situadas no topo das ilhas maiores são imensas e se têm entre 914 metros e 1.220 metros de altura. Seus flancos têm inumeráveis orifícios menores. Não hesito ao afirmar que deve haver, em todo o arquipélago, pelo menos duas mil crateras. Elas consistem ou de lava e escórias ou de rocha vulcânica finamente estratificada, similar ao arenito. A maior parte do último é perfeitamente simétrica. Devem sua origem à erupção de lama vulcânica sem nenhuma lava. É notável que cada uma das 28 crateras de rocha vulcânica que foram examinadas tivesse suas faces meridionais ou muito mais baixas que as outras faces, ou muito erodidas e removidas. Como todas essas crateras aparentemente se formaram quando ainda estavam no mar, e como o vento e as ondas do grande Pacífico uniram suas forças nas praias meridionais de todas as ilhas, essa singular uniformidade no estado de erosão de todas as crateras compostas de rocha vulcânica macia e flexível é facilmente explicada.

Considerando que essas ilhas estão localizadas exatamente abaixo do Equador, o clima está longe de ser excessivamente quente. Isso parece ser causado principalmente pela temperatura singularmente baixa das águas ao redor, trazidas aqui pela grande corrente Polar meridional. Exceto durante uma curta estação, cai pouca chuva, e mesmo assim de forma irregular, mas as nuvens geralmente pairam baixas. Dessa forma, enquanto as partes baixas das ilhas são estéreis, as partes superiores, trezentos metros para cima, possuem um clima úmido e uma vegetação relativamente luxuriante.

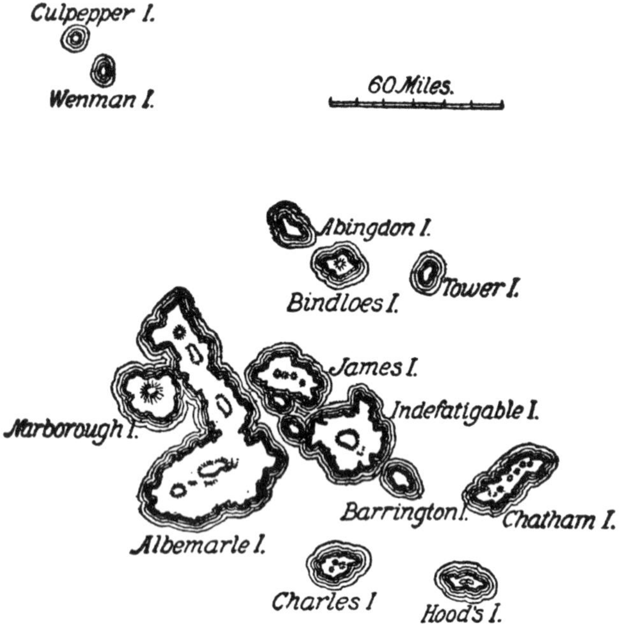

Esse é o caso especialmente nos lados da ilha que ficam na direção do vento e que primeiro recebem e condensam a umidade da atmosfera.

Na manhã (dia 17), desembarcamos na ilha Chatham que, como as outras, é suavemente elevada e tem um horizonte arredondado e não acidentado, interrompido aqui e ali por blocos esparsos, os restos de antigas crateras. Nada poderia ser menos convidativo do que a primeira impressão. Um desolado campo de lava basáltica negra em meio às mais duras rugas é atravessado por grandes fissuras e está coberto por arbustos atrofiados e queimados pelo sol, mostrando poucos sinais de vida. A superfície seca e árida, aquecida pelo sol do meio-dia, provoca uma sensação sufocante como a de um forno. Supúnhamos que nem mesmo os arbustos cheirassem bem. Embora tenha tentado diligentemente coletar o maior número possível de plantas, consegui muito poucas e teria conseguido exemplares melhores em uma flora ártica do que essas pequenas ervas com aparência miserável e equatorial. Os arbustos parecem, a uma curta distância, tão desfolhados como nossas árvores durante o inverno e demorou um pouco até que eu percebi que quase todas as plantas estavam não apenas com a sua folhagem plena, mas muitas estavam em floração. O arbusto mais comum pertence às *Euphorbiacea*. Uma acácia e um cacto grande e com aparência de velho são as únicas árvores capazes de produzir sombra. Após a estação de chuvas pesadas, dizem que as ilhas ficam, por um tempo, parcialmente verdes. A ilha vulcânica de Fernando de Noronha, em muitos aspectos em uma condição muito similar, é o único outro lugar onde vi uma vegetação de alguma forma parecida com essa das ilhas Galápagos.

O *Beagle* velejou ao redor da ilha Chatham e ancorou em várias baías. Certa noite, dormi na praia em uma parte da ilha onde cones pretos e cortados eram extremamente numerosos. De uma pequena elevação, contei sessenta deles, todos em cima de crateras mais ou menos perfeitas. O maior número consistia apenas de um anel de escória vermelha ou de lava cimentados juntos. Sua altura era de quinze a no máximo trinta metros, e nenhum tinha estado muito ativo nos últimos tempos. Toda a superfície dessa parte da ilha parece ter sido perfurada pelos vapores subterrâneos, assemelhando-se a uma peneira. Aqui e ali, a lava, enquanto ainda mole, foi soprada em grandes bolhas e, em outras partes, os topos das cavernas, formados de maneira similar, caíram, deixando buracos circulares com laterais afundadas. As crateras dão à região, por sua forma regular, uma aparência artificial que me lembrava muito alguns lugares de Staffordshire, onde as grandes fundições de ferro são muito numerosas. O dia estava quente e luminoso, e se arrastar sobre a rude superfície e pelos bosques cerrados era muito cansativo, mas fui bem recompensado pela estranha cena ciclópica. Enquanto perambulava pela ilha, encontrei duas grandes tartarugas, cada qual com pelo menos noventa quilos. Uma estava comendo um pedaço de cacto e, quando me aproximei, encarou-me e se afastou lentamente. A outra soltou um silvo profundo e recolheu sua cabeça. Esses enormes répteis, cercados pela lava preta, os arbustos sem folhas e os grandes cactos, pareceram-me como animais antediluvianos. Os pássaros, que eram poucos e de uma coloração fosca, se importavam menos comigo do que com as grandes tartarugas.

23 de setembro – O *Beagle* prosseguiu para a ilha Charles. Esse arquipélago vem sendo frequentado há muito tempo. Primeiro pelos bucaneiros e recentemente pelos baleeiros, mas foi apenas nos últimos seis anos que uma pequena colônia se estabeleceu aqui. Os habitantes são entre duzentos e trezentos. São quase todos pessoas de cor que foram banidas por crimes políticos da República do Equador, cuja capital é Quito. O assentamento está localizado a aproximadamente sete quilômetros da costa e a uma altura de provavelmente trezentos metros. Na primeira parte da estrada, passamos por alguns bosques sem folhas como na ilha Chatham. Mais acima, as árvores gradualmente se tornaram mais folhadas e, tão logo cruzamos o cume da ilha, fomos refrescados por uma bela brisa meridional e nossa vista foi aliviada por uma vegetação verde e próspera. Nessa região alta abundam a grama grossa e as samambaias, mas não há nenhum feto arbóreo. Não vi em parte alguma um membro da família das palmeiras, o que é um fato muito singular, pois 580 quilômetros em direção ao norte, as ilhas Cocos recebem seu nome pelo número expressivo de coqueiros. As casas são irregularmente espalhadas sobre um espaço plano de solo que é cultivado com batatas-doces e bananas. Não será fácil imaginar o quanto foi agradável para nós a visão de lama preta, após tanto tempo acostumados com o solo seco do Peru e do Chile setentrional. Os habitantes, embora reclamassem de pobreza, obtinham seus meios de subsistência sem muita dificuldade. Nas matas, há muitos porcos selvagens e cabras, mas a principal fonte de alimento animal são as tartarugas. Seus números foram obviamente reduzidos nessa ilha, mas o povo ainda consegue, com uns dois dias de caça, comida para o resto da semana. Dizem que antigamente um único navio levou setecentas, e que uma companhia de navios de fragata, alguns anos atrás, matou, em um dia, duzentas tartarugas na praia.

29 de setembro – Dobramos a extremidade sudoeste da ilha Albermarle e passamos o dia seguinte praticamente parados entre esta e a ilha de Narborough. Ambas são cobertas por imensas camadas de lava preta nua que fluiu em aro dos grandes caldeirões, como piche transbordando sobre a borda de um pote no qual foi fervido ou como se tivesse vazado por pequenos orifícios nos flancos. Na descida, essa lava se espalhou por quilômetros sobre a costa. Em ambas as ilhas, sabe-se que erupções acontecem, e em Albermarle vimos um pequeno fio de fumaça subindo do cume de uma das grandes crateras. Durante a tarde, ancoramos na angra de Bank, na ilha Albermarle. Na manhã seguinte, saí para caminhar. Para o sul da cratera de rocha vulcânica em que o *Beagle* estava ancorado, havia outra perfeitamente simétrica com uma forma elíptica. Seu eixo maior tinha um pouco menos de um quilômetro e meio, e sua profundidade era de aproximadamente 150 metros. No fundo dela havia um lago raso no meio do qual uma outra pequena cratera formava uma ilha. O dia estava extremamente quente e o lago límpido e azul. Desci correndo a ladeira cheia de cinzas e me engasguei com o pó. Provei a água avidamente, mas para meu desgosto ela era salgada como salmoura.

Nas rochas da costa abundavam lagartos grandes e negros que mediam entre 90 e 120 centímetros. Nas montanhas, era igualmente comum uma espécie feia com uma cor entre o amarelo e o marrom. Vimos muitos dessa mais tarde; alguns fugiam desajeitadamente de nossos passos e outros se escondiam em suas tocas. Eu deveria, no momento, descrever com mais detalhes os hábitos desses dois répteis. Toda essa parte norte da ilha de Albermarle é miseravelmente estéril.

8 de outubro – Chegamos à ilha James. Essa ilha, como a ilha Charles, foi batizada há muito tempo em homenagem aos nossos reis da linhagem dos Stuart. O sr. Bynoe, eu e nossos serviçais fomos deixados aqui por uma semana com provisões e uma tenda, enquanto o *Beagle* saiu à procura de água. Encontramos aqui um grupo de espanhóis que havia sido enviado da ilha Charles para secar peixe e salgar carne de tartaruga, uma cabana foi construída por eles a aproximadamente dez quilômetros em direção ao interior e a uma altura de aproximadamente seiscentos metros. Ali habitavam dois homens que se ocupavam em capturar tartarugas, enquanto os outros pescavam na costa. Fiz duas visitas a esse grupo e dormi lá uma noite. Como nas outras ilhas, a região mais baixa era coberta por arbustos quase sem folhas, mas as árvores eram aqui e ali mais crescidas do que em qualquer outro lugar, muitas delas chegavam a sessenta e algumas a até oitenta centímetros de diâmetro. A região mais alta se mantinha úmida por causa das nuvens e tinha uma vegetação verde e próspera. O solo era tão úmido que existiam até alguns grandes leitos de grossos ciperáceos em que *Rallus aquaticus* viviam e se reproduziam em quantidade. Enquanto estávamos nessa região alta, alimentamo-nos exclusivamente de carne de tartaruga. A carne assada com a própria placa do peito (como a *carne con cuero* dos gaúchos) é muito gostosa, e com as jovens tartarugas se fazem excelentes sopas, mas, se preparadas de outra forma, a carne fica insossa.

Um dia acompanhamos um grupo de espanhóis em seu baleeiro até uma salina ou lago de onde o sal era extraído. Após desembarcarmos, fizemos uma caminhada muito dura sobre um campo irregular de lava recente que tinha praticamente cercado uma cratera de rocha vulcânica, na base da qual estava o lago de sal. A água do lago tem apenas de sete a nove centímetros de profundidade e jaz sobre uma camada de sal lindamente cristalizado, sal branco. O lago é circular e orlado com plantas vistosas e de um verde vivo. As paredes quase íngremes da cratera são cobertas com madeira, de forma que o cenário todo era um tanto pitoresco e curioso. Alguns anos atrás, os marujos de um foqueiro assassinaram seu capitão nesse ponto retirado, e vimos seu crânio entre os arbustos.

Durante a maior parte de nossa estadia de uma semana, o céu esteve limpo, e se o vento alísio parasse por uma hora, o calor se tornaria muito opressivo. Em dois dias, o termômetro dentro da tenda ficou por algumas horas em 36° C, mas ao ar livre, no vento e no sol, o termômetro marcava apenas 29° C. A areia era extremamente quente. O termômetro colocado em um pouco de areia de uma cor marrom imediatamente subiu para 58°C, e não sei quanto mais ele teria subido, já que esta era a temperatura limite da escala. A areia preta parecia muito mais quente, de forma que mesmo com grossas botas era bem desagradável caminhar sobre ela.

***

A história natural dessas ilhas é eminentemente curiosa e merece atenção. A maioria dos produtos orgânicos são criações aborígines não encontradas em outros lugares. Há até mesmo uma diferença entre os habitantes das diferentes ilhas. Ainda assim tudo indica uma relação entre esses e aqueles da América, embora separados daquele continente por um espaço de oceano aberto entre 800 quilômetros e 960 quilômetros de distância. O arquipélago é um pequeno mundo dentro de si mesmo ou ainda um satélite preso à América, de onde vieram alguns colonos errantes, e tem recebido a característica geral de suas produções locais. Considerando o pequeno tamanho das ilhas, ficamos muito surpresos com o número de seres nativos e como estão confinados a essas ilhas. Vendo cada cume coroado com sua cratera e os limites da maioria dos fluxos de lava ainda nítidos, somos levados a crer que, dentro de um período geologicamente recente, o oceano indomado se espalhava livremente por aqui. Dessa forma, tanto no espaço como no tempo, somos aproximados de alguma forma àquele grande fato – aquele mistério dos mistérios – da primeira aparição de novos seres nesta terra.

De mamíferos terrestres, há apenas um que deve ser considerado como local, um rato (*Mus Galapagoensis*), e ele está confinado, até onde sei, à ilha de Chatham, a mais estéril desse grupo. Pertence, como fui informado pelo sr. Waterhouse, a uma divisão da família dos ratos característicos da América. Na ilha James, há um rato suficientemente diferente do tipo comum para ser nomeado e descrito pelo sr. Waterhouse, mas como pertence à divisão da família do velho mundo e como essa ilha tem sido visitada com frequência por navios nos últimos cento e cinquenta anos, não duvido que esse rato seja apenas uma variedade produzida pelo novo e peculiar clima, pela alimentação e pelo solo a que foi submetido. Embora ninguém tenha o direito de especular sem fatos, no que diz respeito ao rato da ilha Chatham, deve-se ter em mente que ele pode ser uma espécie americana importada para cá, pois vi, na parte menos frequentada dos pampas, um rato nativo vivendo no telhado de uma cabana recém-construída e, portanto, seu transporte no navio não é improvável. Fatos análogos foram observados pelo dr. Richardson na América do Norte.

De aves terrestres, obtive 26 tipos, todas pertencentes ao mesmo grupo e não encontradas em nenhum outro lugar, com exceção de um tentilhão da América do Norte (*Dolichonyx oryzivorus*) similar à cotovia que abrange, naquele continente, uma região que vai até o paralelo 54º ao norte, mas que geralmente frequenta os pântanos. As outras 25 aves consistem, primeiramente, de um falcão curiosamente intermediário na estrutura entre um bútio e o grupo americano de *Polybori* carniceiros. Com essas últimas aves ele parece estar intimamente relacionado, tanto nos hábitos como no tom de voz. Em segundo lugar, há duas corujas representando as corujas de orelhas curtas e as *Gymnoglaux lawrencii* da Europa. Em terceiro lugar, uma cambaxirra, três papa-moscas (dois desses, espécimes de *Pyrocephalus*, sendo que um ou inclusive os dois poderiam ser classificados por alguns ornitologistas como apenas uma variedade) e um pombo – todos análogos a espécies americanas, mas diferentes. Em quarto, uma andorinha que, embora difira da *Progne purpurea* das duas Américas apenas por ter uma coloração mais escura, ser menor e mais delgada, é considerada especificamente distinta pelo sr. Gould. Em quinto, há três espécies de aves imitadoras – uma forma profundamente típica da América. As aves terrestres restantes formam um grupo muito singular de tordos, relacionados uns com os outros na estrutura de seus bicos, caudas curtas, formas do corpo e plumagem. Há treze espécies que o sr. Gould dividiu em quatro subgrupos. Todas essas espécies pertencem a esse arquipélago e todo o grupo, com exceção de uma espécie do subgrupo *Cactornis*, foi recentemente trazido também da ilha Bow, no arquipélago Low. Dos *Cactornis*, as duas espécies podem ser frequentemente vistas subindo pelas flores das grandes árvores-cactos, mas todas as outras espécies desse grupo de tentilhões se misturam em bandos, alimentam-se no solo seco e estéril dos distritos mais baixos. Os machos em geral, pelo menos a maior parte deles, são azeviches e as fêmeas (com talvez uma ou duas exceções) são marrons. O fato mais curioso é a perfeita gradação no tamanho dos bicos nas diferentes espécies de *Geospiza*: desde um que tem um bico tão grande quanto o do bico-grossudo, passando àquele de um pintassilgo (se o sr. Gould está correto em incluir seu subgrupo *Certhidea* no grupo principal) e até mesmo de um trinador. O maior bico no gênero *Geospiza* é mostrado na Fig. 1, e o menor na Fig. 3, mas, ao invés de haver apenas uma espécie intermediária com um bico do tamanho mostrado na Fig. 2, há não menos de seis espécies com bicos imperceptivelmente graduados. O bico do subgrupo *Certhidea* é mostrado na Fig. 4. O bico do *Cactornis* é de alguma forma similar ao de um estorninho e ao do quarto subgrupo, *Camarhynchus*, e tem a forma levemente parecida com a de um papagaio.

Vendo essa gradação e diversidade da estrutura em um grupo pequeno de aves intimamente relacionadas, alguém pode imaginar, de fato, que, devido à exiguidade de espécies neste arquipélago, uma espécie determinada prevaleceu e se modificou para diferentes fins. De uma mesma forma, pode-se imaginar que uma ave, originalmente um bútio, foi induzida aqui a ocupar a função do *Polybory* carniceiro do continente americano.

Das pernaltas e das aquáticas, pude pegar apenas onze tipos e apenas três dessas (incluindo uma da família *Rallidae*, que

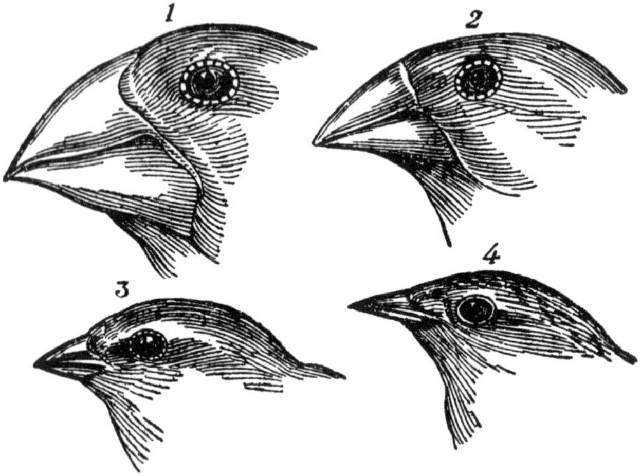

1. Geospiza magnirostris. 2. Geospiza fortis.
3. Geospiza parvula. 4. Certhidea olivasea.

habita apenas os cumes úmidos dessas ilhas) são espécies novas. Considerando os hábitos de migração das gaivotas, fiquei surpreso ao descobrir que as espécies que habitam essas ilhas são singulares, mas relacionadas com uma espécie das partes mais meridionais da América do Sul. A maior peculiaridade das aves terrestres, isto é, o fato de 25 das 26 espécies serem novas, ou pelo menos novas raças, se comparadas com as pernaltas e aves com patas dotadas de membrana, está em conformidade com a maior abrangência que essas últimas ordens têm em todas as partes do mundo. Devemos ver, daqui em diante, essa lei das formas aquáticas, tanto marinha como de água doce, menos características de dados pontos da superfície do planeta do que as formas terrestres das mesmas classes, surpreendentemente esclarecidas pelas conchas e, em um grau menor, pelos insetos deste arquipélago.

Duas das pernaltas são particularmente menores que as mesmas espécies trazidas de outros lugares. A andorinha também é menor, embora haja muita dúvida se ela é ou não diferente de sua análoga. As duas corujas, os dois papa-moscas (*Pyrocephalus*) e o pombo também são menores do que as espécies análogas porém distintas às quais estão mais intimamente relacionadas. Por outro lado, a gaivota é bem maior. As duas corujas, a andorinha, as três espécies de tordos imitadores, o pombo em suas colorações diferenciadas – embora não em toda plumagem, o *Totanus* e a gaivota possuem, da mesma forma, uma coloração mais escura que suas espécies análogas. No caso do tordo e do *Totanus* isso se acentua muito mais do que nas outras espécies dos dois gêneros. Com exceção de uma cambaxirra com um belo peito amarelo e de um papa-mosca com um penacho e peito vermelhos, nenhum dos pássaros possui uma cor forte como seria de se esperar em uma região equatorial. Por conseguinte, é provável que as mesmas causas que fazem com que os imigrantes de algumas espécies sejam menores aqui, também faz com que a maioria das espécies de Galápagos sejam menores, bem como mais escuras. Todas as plantas têm uma aparência miserável e fraca. Não vi uma flor bonita. Os insetos, novamente, são de tamanho pequeno e de uma coloração apagada e, como o sr. Waterhouse me informa, não há nada em sua aparência que o levasse a imaginar que teriam vindo de um ponto abaixo do equador[44]. As aves, as plantas e os insetos têm uma característica desértica e não são mais coloridos do que aqueles do sul da Patagônia. Podemos concluir, portanto, que a coloração espalhafatosa dos seres intertropicais não está relacionada ao calor ou à luz dessas zonas, mas a alguma outra causa, talvez ao fato das condições de existência serem geralmente mais favoráveis à vida.

Vamos agora voltar nossa atenção para a ordem dos répteis que nos dão a mais impressionante característica da zoologia dessas ilhas. As espécies não são numerosas, mas o número

44. O progresso da pesquisa mostrou que algumas dessas aves que se pensava então serem confinadas a essas ilhas existem no continente americano. Um eminente ornitologista, o sr. Sclater, me informa que esse é o caso da *Strix punctatissima* e da *Pyrocephalus nanus* e provavelmente da *Otus Galapagoensis* e da *Zenaida Galapagoensis*: de forma que o número de aves endêmicas está reduzido a 23 ou provavelmente a 22. Sr. Sclater acredita que uma ou duas dessas formas endêmicas devem ser classificadas como variedades do que como espécies, o que sempre me pareceu mais provável. (N.A.)

de indivíduos em cada espécie é extraordinariamente grande. Há um pequeno lagarto pertencente a um gênero sul-americano e duas espécies (provavelmente mais) de *Amblyrhynchus* – um gênero limitado às ilhas Galápagos. Há uma cobra que é numerosa. Ela é idêntica à *Psammophis Temminckii* do Chile[45], como me informa M. Bibron. No que diz respeito a tartarugas marinhas, creio haver mais de uma espécie e, como devemos agora mostrar, existem aqui duas ou três espécies ou raças. Não há sapos ou rãs. Fiquei surpreso com isso, considerando quão bem adaptados eles são às matas altas, úmidas e temperadas. Isso trouxe à minha mente a observação feita por Bory St. Vincent[46], a saber: que nenhuma espécie dessa família foi encontrada em nenhuma ilha vulcânica em grandes oceanos. Até onde posso averiguar por vários trabalhos, a afirmação parece ser verdadeira, pois o fato acontece pelo Pacífico e até mesmo nas grandes ilhas do arquipélago de Sandwich. As ilhas Maurício são, aparentemente, uma exceção, pois lá pude observar a *Rana Mascariensis* em abundância. Essa rã, dizem, habita agora as Seychelles, Madagascar e Bourbon, mas, por outro lado, Du Bois, em sua viagem em 1669, afirma que não havia répteis em Bourbon, com exceção de tartarugas, e o oficial du Roi afirma que, antes de 1768, tentou-se, sem sucesso, introduzir rãs nas ilhas Maurício, por razões gastronômicas, presumo. Por conseguinte, pode-se muito bem duvidar se a rã é natural dessas ilhas. A ausência da família das rãs nas ilhas oceânicas é muito mais notável quando contrastada com o caso dos lagartos que abundam na maioria das menores ilhas. Essa diferença poderia ser causada pela grande facilidade com que os ovos de lagartos, protegidos por suas cascas calcárias, podem ser transportados através da água salgada em comparação com a desova viscosa das rãs?

---

45. Que o dr. Günther afirma (*Zoolog. Soc.*, 24 de janeiro de 1859) ser uma espécie peculiar da qual não se tem notícia que habite em qualquer outra região. (N.A.)

46. *Voyage aux Quatre Iles d'Afrique*. No que diz respeito às ilhas Sandwich, ver *Tyerman and Bennet's Journal*, vol. I, p. 434. Para Maurício, ver *Voyage per um Officier*, etc., parte I, p. 170. Não há rãs nas ilhas Canárias (Webb e Berthelot, *Hist. Nat. des Iles Canaries*). Não vi nenhuma em São Iago, nas ilhas de Cabo Verde. Não há nenhuma em Santa Helena. (N.A.)

Primeiro vou descrever os hábitos da tartaruga (*Testudo nigra*, antigamente chamada de *Indica*), que tem sido tão frequentemente aqui aludida. Esses animais são encontrados, creio, em todas as ilhas do arquipélago, certamente na maior parte delas. Frequentam preferencialmente as partes úmidas, mas vivem da mesma forma nas regiões áridas e baixas. Já mostrei, pelo número de tartarugas que foram pegas em um único dia, quão numerosas elas são. Algumas chegam a um tamanho imenso. O sr. Lawson, um inglês e vice-governador da colônia, contou-nos que viu muitas que eram tão grandes que foi preciso seis ou oito homens para levantá-las do chão, e que algumas renderam até noventa quilos de carne. Os machos velhos são os maiores. As fêmeas raramente chegam a um tamanho tão grande. O macho pode prontamente ser distinguido da fêmea pela grande extensão de sua cauda. As tartarugas que vivem nessas ilhas onde não há água ou nas partes baixas e áridas de outras se alimentam principalmente de cactos carnudos. As que frequentam as regiões altas e úmidas comem as folhas de várias árvores, um tipo de fruto (chamado *guayavita*) que é ácido e forte, e também um líquen (*Usnera plicata*) filamentoso e verde-claro que pende dos galhos das árvores.

A tartaruga gosta muito de água, bebendo-a em grandes quantidades, e de chafurdar na lama. Apenas as ilhas grandes possuem fontes, e essas são sempre situadas mais ao centro e a uma altura considerável. As tartarugas, portanto, que frequentam os distritos baixos, quando estão com sede, são obrigadas a viajar uma longa distância. Por conseguinte, caminhos bem marcados se ramificam em todas as direções dos poços até a costa do mar, e os espanhóis, seguindo por esses caminhos, descobriram os locais onde havia água potável. Quando aportei na ilha Chatham, não podia imaginar que tipo de animal viajava tão metodicamente ao longo de trilhas tão bem escolhidas. Perto das fontes, era um espetáculo curioso contemplar muitas dessas enormes criaturas, uma fila viajando ansiosamente para frente com os pescoços espichados, e outra voltando após terem bebido até se saciarem. Quando a tartaruga chega à nascente, sem se preocupar com qualquer espectador, enfia sua cabeça na água até acima da linha dos olhos e sedentamente sorve grandes goles, a uma frequência de aproximadamente dez por minuto. Os habitantes dizem que cada animal fica por três ou quatro dias nas proximidades da água e então retorna para a região baixa. Estes mesmos habitantes, porém, discordavam sobre a frequência dessas visitas. O animal provavelmente as regula de acordo com o tipo de comida de que se alimenta. É certo, entretanto, que as tartarugas podem viver até mesmo nessas ilhas onde não há água exceto a que cai durante os raríssimos dias de chuva no ano.

Creio ser bem determinado que a bexiga da rã serve como um reservatório para a umidade necessária à sua existência. Esse parece ser também o caso da tartaruga. Por algum tempo após a visita às fontes, suas bexigas urinárias ficam distendidas com líquido, que dizem diminuir gradualmente em volume e se tornar menos puro. Os habitantes, quando caminham pelo distrito baixo e ficam com sede, frequentemente se aproveitam dessa situação e bebem o conteúdo de uma bexiga, se estiver cheia. Em uma que vi morta, o líquido estava bem limpo e tinha apenas um gosto levemente amargo. Os habitantes, entretanto, sempre bebem primeiro a água do pericárdio, que é descrita como sendo melhor.

As tartarugas, quando caminham decididamente para qualquer ponto, viajam durante a noite e o dia e chegam ao fim de sua jornada muito mais cedo do que qualquer um poderia esperar. Os habitantes, ao observarem alguns indivíduos marcados, consideram que elas viajam uma distância de doze quilômetros em dois ou três dias. Uma tartaruga grande que observei caminhou a uma velocidade de sessenta metros em dez minutos, isso resulta em trezentos e sessenta metros por hora ou um pouco mais de seis quilômetros por dia – deixando algum tempo para que ela coma durante a viagem. Durante a época de reprodução, quando o macho e a fêmea estão juntos, o macho emite um rugido áspero ou um mugido que, dizem, pode ser ouvido a uma distância de mais de cem metros. A fêmea nunca usa sua voz, e o macho, apenas nessas ocasiões, de forma que, quando as pessoas escutam esse som, sabem que há duas tartarugas juntas. Elas estavam nessa época (outubro) pondo ovos. A fêmea os deposita juntos onde o solo é arenoso e os cobre com areia, mas onde o solo é rochoso, ela os põe indiscriminadamente em qualquer buraco. O sr. Bynoe encontrou sete em uma rachadura. O ovo é branco e esférico. Um que medi tinha dezenove centímetros de circunferência e, portanto, era muito maior que um ovo de galinha. As tartarugas jovens, assim que saem do ovo, são predadas em grandes números pelo bútio necrófago. As mais velhas parecem morrer geralmente de acidentes, como cair de um precipício. Pelo menos muitos habitantes me contaram que nunca encontraram uma morta sem uma razão evidente.

Os habitantes acreditam que esses animais são completamente surdos. Certamente não escutam uma pessoa se aproximando por trás deles. Fiquei muito entretido, ao passar por uma dessas quando caminhava em silêncio, ao ver quão rapidamente ela encolhia sua cabeça e as patas e, soltando um silvo grave, caía no chão com um som pesado, como se tivesse sido acertada por um golpe na cabeça, no instante em que eu passava. Frequentemente, eu subia em suas costas e então, quando eu dava algumas pancadas no seu casco, elas se erguiam e saiam caminhando, mas descobri que era muito difícil manter meu equilíbrio. A carne do animal é muito usada, tanto fresca como salgada, e um óleo lindamente claro é preparado de sua gordura. Quando uma tartaruga é pega, o captor faz um corte perto de sua cauda para poder olhar dentro do corpo e ver se a gordura embaixo da placa dorsal é grossa. Se não é, o animal é solto, e dizem se recuperar logo dessa estranha operação. Para prender a tartaruga, não basta virá-la, pois elas frequentemente conseguem ficar em pé outra vez.

Há pouca dúvida de que essa tartaruga é uma habitante nativa das Galápagos, pois é encontrada em todas ou em quase todas as ilhas, mesmo em algumas das menores, onde não há água. Se fosse uma espécie importada, esse dificilmente seria o caso em grupo que tem sido tão pouco frequentado. Além disso, os velhos bucaneiros encontraram essa tartaruga em números ainda maiores do que os atuais. Wood e Rogers dizem também, em 1708, que a opinião dos espanhóis é que essa tartaruga não é encontrada fora dessa região da terra. Atualmente ela é amplamente difundida, mas pode ser questionado se ela é nativa de algum outro lugar. Os ossos de uma tartaruga em Maurício, relacionados com os ossos do extinto Dodô, têm geralmente sido considerados pertencentes a essa tartaruga. Se assim for, sem dúvida ela deve ser nativa de lá, mas M. Bibron me informa que acredita que as espécies eram diferentes, como a espécie que vive aqui agora certamente é.

O *Amblyrhynchus*, um gênero notável de lagartos, é restrito a este arquipélago. Há duas espécies que se parecem uma com a outra em sua forma geral. Uma é terrestre e a outra aquática. A última espécie (*A. cristatus*) foi primeiramente descrita pelo sr. Bell, que previu, pela cabeça curta e larga e pelas fortes garras de mesmo comprimento, que seus hábitos de vida eram muito peculiares e diferentes dos mais intimamente relacionados à iguana.

Ele é extremamente comum em todas as ilhas do grupo e vive exclusivamente nas praias rochosas. Nunca é encontrado, pelo menos nunca vi um, a menos de dez metros da praia. É uma criatura de aparência horrível. Tem uma cor preta suja, é estúpido e preguiçoso em seus movimentos. O comprimento normal de um adulto é de aproximadamente um

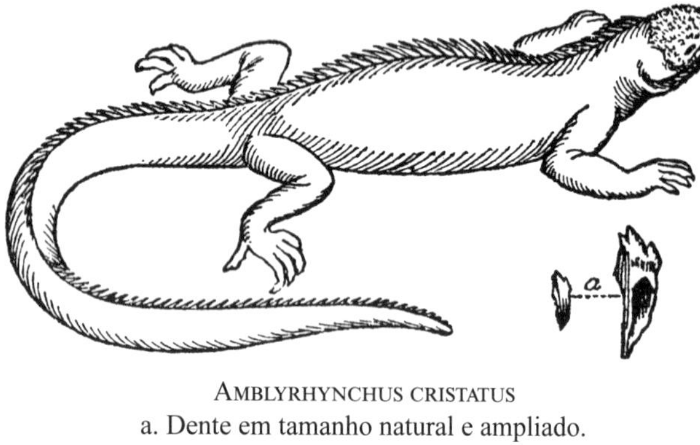

AMBLYRHYNCHUS CRISTATUS
a. Dente em tamanho natural e ampliado.

metro, mas existem alguns que chegam até um metro e vinte de comprimento. Um grande pesava nove quilogramas. Na ilha de Albermarle parecem crescer mais do que em qualquer outra parte. Suas caudas são achatadas no sentido lateral e as quatro patas são parcialmente membranadas. Ocasionalmente são vistos nadando a algumas centenas de metros da praia, e o capitão Collnett em sua *Viagem* diz, "Eles vão para o mar em grupos para pescar e tomam sol nas rochas. Podem ser chamados de aligátores em miniatura." Não se deve, entretanto, supor que eles vivem de peixe. Quando este lagarto está na água, ele nada com muita facilidade e rapidez em um movimento serpentino de seu corpo e da cauda achatada. Suas patas ficam inertes e recolhidas próximas ao seu corpo. Um marujo a bordo afundou um espécime prendendo um peso ao animal, e pensou que dessa forma iria matá-lo imediatamente, mas, quando puxou a linha uma hora mais tarde, o animal estava bem vivo. Seus membros e garras são admiravelmente adaptados para rastejar sobre as massas de lava rachadas e irregulares que se estendem por toda a costa. Nessas situações, um grupo de seis ou sete desses horríveis répteis podem ser vistos com frequência nas rochas negras alguns pés acima da rebentação aquecendo-se ao sol com as patas espichadas.

Abri os estômagos de vários desses animais e encontrei-os muito distendidos com uma alga moída (*Ulvae*) que cresce em finos alongamentos foliáceos de uma cor verde vibrante ou vermelha-escura. Não lembro de ter encontrado essa alga nas pedras expostas a maré. Tenho razões para crer que ela cresce no fundo do mar a uma pequena distância da costa. Se isso é verdade, esse é o motivo desses animais irem ocasionalmente ao mar. O estômago não continha nada além de algas. O sr. Baynoe, entretanto, encontrou um pedaço de um caranguejo em um deles, mas deve ter ido parar ali por acidente. Da mesma forma, encontrei uma lagarta em meio a um pouco de líquen na barriga de uma tartaruga. Os intestinos eram grandes como em qualquer outro animal herbívoro. A natureza da comida desse lagarto, bem como a estrutura de suas patas e cauda, acrescentando o fato dele ter sido visto nadando voluntariamente no mar, prova seus hábitos aquáticos. Ainda assim há uma grande anomalia a respeito disso, isto é, quando está assustado, ele não foge para a água. Por conseguinte é fácil conduzir esses lagartos para qualquer ponto acima do nível do mar, inclusive rochas, onde eles preferirão que uma pessoa os pegue por suas caudas do que pular na água. Não parecem ter nenhuma noção de morder, mas, quando muito assustados, lançam uma gota de líquido de cada narina. Atirei um muitas vezes o mais longe que pude em uma piscina formada pela maré baixa, mas ele invariavelmente retornou em linha reta para o ponto onde eu estava. Os animais nadam perto do fundo com um movimento muito rápido e gracioso e ocasionalmente ajudam-se com patas no solo. Tão logo chegavam à margem, mas ainda dentro da água, tentavam se esconder nos tufos de algas ou entravam em alguma fenda. Assim que pensassem que o perigo havia passado, rastejavam para as rochas secas e escapavam o mais rápido possível. Muitas vezes peguei esse mesmo tipo de lagarto enxotando-o para um ponto em que, embora plenamente capaz de mergulhar e nadar, nada o faria entrar na água, e sempre que eu o atirava para a água, ele voltava como descrito acima. Talvez esse exemplo de aparente estupidez se deva ao fato desse réptil não ter nenhum inimigo na costa, enquanto que no mar ele deve ser frequentemente predado pelos numerosos tubarões. Assim é provável que, encorajado por um instinto predeterminado e hereditário de que a praia é um lugar seguro, seja qual for a emergência, ele se dirige para a costa em busca de refúgio.

Durante a nossa visita (em outubro), vi pouquíssimos indivíduos pequenos dessa espécie e nenhum, creio, com menos de um ano de idade. Por isso é provável que a época de reprodução ainda não tivesse começado. Perguntei a vários habitantes se eles sabiam onde o lagarto punha seus ovos, e eles disseram que não sabiam nada sobre sua propagação, embora estivessem bem familiarizados com os ovos do tipo terrestre, um fato nada extraordinário considerando quão comum esse lagarto é.

Voltaremos nossa atenção agora para a espécie terrestre (*A. Demarlii*) com uma cauda redonda e dedos sem membranas. Esse lagarto, ao invés de ser encontrado em todas as ilhas como o outro, é restrito à parte central do arquipélago, a saber, às ilhas Aldemarle, James, Barrington e Indefatigable. Ao sul, nas ilhas Charles, Hood e Chatham, e ao norte, em Towers, Bindloes e Abingdon, não vi ou ouvi falar de nenhum. Parece que ele foi criado no centro do arquipélago e daquele lugar se espalhou apenas por uma certa distância. Alguns desses lagartos habitam as partes altas e úmidas das ilhas, mas são muito mais numerosos nos distritos baixos e estéreis próximos à costa. Não posso dar nenhuma prova mais eficaz da quantidade deles do que afirmar que, quando fomos deixados na ilha James, não encontramos um espaço livre de suas tocas em que pudéssemos armar uma única tenda. Como seus irmãos do mar, esses também são animais feios que possuem uma cor amarelo-alaranjada embaixo e um vermelho-escuro em cima. Eles têm uma aparência especialmente estúpida por causa do seu ângulo facial inferior. São talvez de um tamanho um tanto menor do que a espécie marinha, mas muitos deles pesavam entre quatro quilos e meio e sete quilos. Seus movimentos são lentos e semientorpecidos. Quando não estão assustados, rastejam lentamente arrastando a barriga e a cauda no solo. Frequentemente param e dormitam por um minuto ou dois com os olhos fechados e com as patas traseiras espichadas no solo ressecado.

Habitam em tocas que fazem algumas vezes entre fragmentos de lava, mas mais frequentemente em pontos planos da rocha vulcânica macia e similar ao arenito. Os buracos não parecem ser muito profundos e entram no solo em um ângulo pequeno de forma que, quando se está caminhando por cima dessas regiões cheias de lagartos, o solo constantemente cede, perturbando muito o transeunte que já está cansado. Esse animal, ao fazer sua toca, trabalha alternadamente os lados opostos de seu corpo. Uma pata dianteira arranha o solo por um curto tempo e o atira para as patas traseiras que estão bem posicionadas como para se levantar sobre a entrada da toca. Quando esse lado do corpo cansa, o outro assume a tarefa e assim segue trabalhando alternadamente. Observei um por um longo tempo até que metade de seu corpo estivesse enterrado e então caminhei até ele e o puxei pela cauda. Ele ficou muito surpreso com isso e logo se contorceu para ver qual era o problema. Olhou para o meu rosto como se dissesse: "O que lhe fez puxar meu rabo?"

Alimentam-se durante o dia e não se arriscam muito longe de suas tocas. Se assustados, se apressam para suas tocas com uma caminhada muito desajeitada. Aparentemente não conseguem correr muito rápido por causa da posição lateral de suas patas, exceto quando estão lomba abaixo. Não são nem um pouco medrosos. Quando estão observando atentamente alguém, enrolam a cauda e erguendo-se em suas patas dianteiras, abanam a cabeça verticalmente com um movimento rápido e tentam parecer muito ferozes, mas na realidade não o são nem um pouco. Se alguém simplesmente bate com o pé no chão, desenrolam a cauda e fogem o mais rápido que podem. Tenho observado pequenos lagartos comedores de moscas que, ao ver qualquer coisa, abanam a cabeça da mesma forma, mas não faço ideia do motivo. Se esse *Amblyrhynchus* é capturado e importunado com uma varinha, ele a morde com muita força, mas peguei muitos pelo rabo e eles nunca tentaram me morder. Se dois são colocados no chão e mantidos próximos, brigam e mordem um ao outro até que escorra sangue.

Os indivíduos, e são em grande número, que habitam a região baixa mal podem provar uma gota de água durante o ano, mas consomem muitos cactos carnosos – os galhos que são ocasionalmente quebrados pelo vento. Muitas vezes atirei um pedaço para dois ou três deles que estavam juntos e era divertido observá-los tentando pegar o pedaço e carregá-lo para longe na boca, como muitos cães famintos com um osso. Eles comem muito cuidadosamente, mas não mastigam a comida. Os pequenos pássaros sabem o quão inofensivas essas criaturas são. Vi um dos tentilhões de bico grosso bicando uma ponta de um pedaço de cacto (que é muito apreciado por todos os animais da região baixa) enquanto um lagarto comia a outra ponta. E depois um pequeno pássaro com a maior indiferença pulou nas costas do réptil.

Abri o estômago de vários e encontrei-os cheios de fibras vegetais e folhas de diferentes árvores especialmente de uma acácia. Na região superior, vivem principalmente de bagas ácidas e adstringentes de *guayavita*. Sob essas árvores, tenho visto esses lagartos e as enormes tartarugas se alimentando juntos. Para pegar as folhas de acácia, escalam as árvores atrofiadas, e não é raro ver um par pastando tranquilamente sentados em um galho muitos metros acima do solo. A carne, branca, desses lagartos, quando cozidos, é bem apreciada por aqueles cujos estômagos pairam acima de quaisquer preconceitos.

Humboldt observou que na parte intertropical da América do Sul, todos os lagartos que habitam em regiões secas são iguarias muito estimadas para a mesa. Os habitantes afirmam que aqueles que moram nas regiões úmidas e altas bebem água, mas que os outros não, e, como as tartarugas, viajam em busca do líquido da região inferior e estéril. Na época de nossa visita, as fêmeas tinham em seus corpos numerosos ovos grandes e alongados que põem em suas tocas. Os habitantes os usam na alimentação.

Essas duas espécies de *Amblyrhynchus* são correspondentes, como já tinha afirmado, em sua estrutura geral e em muitos de seus hábitos. Não têm aquele movimento rápido tão característico do gênero *Lacerta* e *Iguana*. São herbívoras, embora o tipo de vegetação de que se alimentam seja muito diferente. Sr. Bell deu o nome ao gênero devido ao quão curto é o focinho. De fato, a forma da boca pode quase ser comparada àquela da tartaruga. Somos levados a supor que essa seja uma adaptação a seus apetites herbívoros. É muito interessante descobrir dessa forma um gênero bem caracterizado, com uma espécie terrestre e outra marinha, pertencente a uma porção tão diminuta do mundo. A espécie aquática é de longe a mais notável, porque é o único lagarto vivo que subsiste de produtos vegetais marinhos. Como primeiro observei, essas ilhas não são tão notáveis pelo número de espécies de répteis quanto pela quantidade de indivíduos. Quando lembramos dos caminhos bem batidos feitos pelas milhares de tartarugas gigantes, as várias tartarugas terrestres, as grandes superpovoações de *Amblyrhynchus* terrestres e os grupos de espécies marinhas aquecendo-se ao sol nas pedras da praia de cada ilha, temos que admitir que não há outra parte do mundo onde essa ordem substitua os mamíferos herbívoros de maneira tão extraordinária. Um geólogo, ao ouvir isso, provavelmente irá lembrar das épocas Secundárias, quando lagartos, alguns herbívoros e outros carnívoros e de dimensões comparáveis apenas com as baleias existentes em nossa época, habitavam em grandes números na terra e no mar. Portanto, é, digna a observação de que esse arquipélago, apesar de possuir um clima úmido e uma vegetação fértil, não pode ser considerado senão extremamente árido e, para uma região equatorial, notavelmente temperado.

Para encerrar a zoologia: os quinze tipos de peixes marinhos que peguei aqui são espécies novas. Pertencem a doze gêneros todos amplamente difundidos com exceção do *Prionotus*, cujas quatro espécies conhecidas vivem no lado leste da América. Coletei dezesseis tipos de conchas terrestres (e duas variedades bem perceptíveis) das quais, com exceção de uma *Helix* encontrada no Taiti, todas são peculiares a esse arquipélago. Uma única concha de água fresca (Paludina) é comum ao Taiti e à Terra de Van Diemen. O sr. Cuming, antes de nossa viagem, obteve aqui dezenove espécies de conchas do mar e isso não inclui várias espécies de *Trochus*, *Turbo*, *Monodonta* e *Nassa* que ainda não foram especificamente examinadas. Ele foi muito gentil ao me dar os interessantes resultados que seguem: de 90 conchas, não menos de 47 são desconhecidas em outras partes – um fato maravilhoso, considerando quão amplamente difundidas as conchas marítimas geralmente são. Das 43 conchas encontradas em outras partes do mundo, 25 habitam a costa oeste da América e dessas, oito são distinguíveis como variedades. As dezoito restantes (incluindo uma variedade) foram encontradas pelo sr. Cuming na parte baixa do arquipélago, e algumas delas nas Filipinas. O fato de conchas das ilhas das partes centrais do Pacífico aparecerem aqui merece atenção, pois nem uma única concha marinha, pelo que se sabe, é comum às ilhas daquele oceano e à costa oeste da América. O espaço de mar aberto do norte ao sul da costa oeste separa duas províncias cronologicamente distintas, mas, no arquipélago de Galápagos, temos um local em suspensão onde muitas formas novas foram criadas e para onde essas duas províncias conquiliológicas mandaram muitos colonizadores. A província americana também mandou para cá espécies típicas, pois há, em Galápagos, uma espécie de *Monóceros*, um gênero encontrado apenas na costa oeste da América, e aqui há também espécies de *Fissurella* e *Cancellaria*, gêneros comuns na costa oeste, mas não encontrados (como fui informado pelo sr. Cuming) nas ilhas centrais do Pacífico. Por outro lado, há espécies galapagianas de *Oniscia* e *Stylifer*, gêneros comuns às Índias Ocidentais e aos mares chinês e indiano, mas não são encontradas nem na costa oeste da América nem no Pacífico central. Posso aqui acrescentar que após a comparação feita pelo sr. Cuming e Hinds de aproximadamente duas mil conchas das costas ocidental e oriental da América, apenas uma única concha foi encontrada em comum, a saber, a *Purpura patula* que habita as Índias Ocidentais, a costa do Panamá e Galápagos. Temos, portanto, nessa região do mundo, três grandes províncias cronológicas e marítimas bem distintas, embora surpreendentemente próximas uma da outra, sendo separadas por longos espaços norte e sul tanto de terra quanto de mar aberto.

Tive muito trabalho para coletar os insetos, mas exceto a Terra do Fogo, nunca vi uma região tão pobre nesse aspecto. Mesmo na parte mais alta e úmida, obtive muito poucos, apenas algumas minúsculas *Diptera* e *Hymenoptera*, a maior parte de formas terrestres comuns. Como salientado anteriormente, os insetos, para uma região tropical, são de um tamanho muito pequeno e de cores apagadas. De escaravelhos, coletei 25 espécies (excluindo um *Dermestes* e *Corynetes* importados onde quer que um navio encoste) dois pertencentes ao *Harpalidae*, dois ao *Hydrophilidae*, nove a três famílias de *Heteromera* e os doze restantes a muitas famílias diferentes. Essa circunstância dos insetos (e posso acrescentar das plantas) pertencerem a muitas famílias diferentes embora sendo poucos em número, é muito generalizada. O sr. Waterhouse, que publicou[47] um relato sobre os insetos desse arquipélago e a quem estou em dívida pelos detalhes acima, me informa que existem vários novos gêneros e que, dos gêneros antigos, um ou dois são americanos e o resto de diversos outros lugares. Com exceção de um apate que se alimenta de madeira e um ou provavelmente dois besouros aquáticos do continente americano, todas as espécies parecem ser novas.

47. *Ann. and Mag. of Nat. Hist.*, vol. XVI, p. 19. (N.A.)

A botânica desse grupo é tão interessante quanto a zoologia. O dr. J. Hooker logo publicará no Relatório Lineano os dados completos sobre a flora, e lhe devo muito pelos detalhes seguintes. Tratando-se de plantas fanerógamas, há aqui, até onde se sabe atualmente, 185 espécies e de criptógamas, quarenta espécies, que somam juntas 225. Desse número, tive a sorte de trazer para casa 193. Das fanerógamas, cem são espécies novas e provavelmente limitadas a esse arquipélago. Dr. Hooker entende que pelo menos dez espécies das plantas não tão confinadas encontradas perto das áreas cultivadas na ilha Charles foram importadas. É surpreendente, creio, que mais espécies americanas não foram introduzidas naturalmente, considerando que a distância é algo entre apenas oitocentos e novecentos quilômetros do continente e que (segundo Collnet, p. 58) madeiras, bambus, canas e frutos de palmeira são frequentemente levadas para as costas do sudeste. A proporção de 100 para cada 185 plantas novas (ou 165 se excluirmos as ervas importadas) é suficiente, imagino, para fazer do arquipélago de Galápagos uma província botânica distinta. Sua flora, entretanto, não é tão peculiar quando aquela de Santa Helena nem, como sou informado pelo dr. Hooker, de Juan Fernandez. A peculiaridade da flora galapaguiana é melhor mostrada em algumas famílias. Dessa forma existem 21 espécies de *Compositae*, vinte das quais são peculiares a esse arquipélago. Essas vinte pertencem a doze gêneros, e desses gêneros não menos do que dez delas são restritas a esse arquipélago! O dr. Hooker me informa que a flora tem indubitavelmente uma característica da América Ocidental e também não pôde detectar qualquer afinidade com a do Pacífico. Se excetuarmos, portanto, as dezoito espécies marinhas, uma de água fresca e uma de concha terrestre que vieram para cá aparentemente como colonizadores das ilhas centrais do Pacífico e também uma única espécie do grupo de tentilhões presentes aqui, que é distinto das espécies do Pacífico, vemos que esse arquipélago, embora no meio do oceano Pacífico, é zoologicamente parte da América.

Se essa característica fosse devida apenas aos imigrantes da América, haveria pouco de extraordinário nisso, mas vemos que a vasta maioria dos animais terrestres e mais da metade das plantas fanerógamas são produtos naturais. Era muito impressionante estar cercado por novas aves, novos répteis, novas conchas, novos insetos, novas plantas e ainda por uma série inumerável de detalhes estruturais e até mesmo pelos tons de voz e plumagem das aves, e também ter as planícies da Patagônia ou ainda os desertos quentes e secos do Chile boreal vividamente trazidos diante de meus olhos. Por que (nesses pequenos pontos de terra, que devem ter sido cobertos pelo oceano em um período geológico recente, que tem um clima peculiar, que são formados de lava basáltica e, portanto, diferem da natureza geológica do continente americano) os habitantes nativos (que se relacionam em diferentes proporções, tanto de tipos quanto de números, daqueles que habitam no continente e, portanto, agem de forma diferente uns sobre os outros) estabeleceram vínculos dentro dos tipos americanos de organização? É provável que o grupo das ilhas de Cabo Verde se pareça, em suas condições físicas, muito mais com as ilhas Galápagos do que essas últimas se parecem com a costa da América. Ainda assim, os habitantes nativos dos dois grupos são completamente diferentes. Os das ilhas de Cabo Verde se assemelham à natureza da África, enquanto os habitantes do arquipélago de Galápagos se parecem com os da América.

***

Ainda não contei a característica mais notável na história natural deste arquipélago, ou seja, que as diferentes ilhas, em considerável extensão, são habitadas por um conjunto diferente de seres. Minha atenção foi primeiramente atraída para esse fato pelo vice-governador, sr. Lawson, quando declarou que as tartarugas eram diferentes em cada ilha e que podia dizer com certeza de que ilha uma tartaruga havia sido trazida. Por algum tempo, não prestei a devida atenção a essa afirmação e misturei parcialmente os espécimes coletados em duas ilhas. Nunca sonhei que ilhas separadas por oitenta ou noventa quilômetros, que estão, em sua maioria, dentro do campo de visão uma da outra, ilhas formadas pelas mesmas rochas, num clima similar, com alturas quase iguais, poderiam ser habitadas por seres diferentes. Logo, devemos ver que é esse o caso. O destino da maioria dos viajantes é descobrir o que é mais interessante em qualquer localidade assim que partem. Mas devo talvez ser grato por ter obtido material suficiente para esclarecer esse fato assaz notável na distribuição dos seres orgânicos.

Os habitantes, como eu disse, afirmam que podem distinguir as tartarugas das diferentes ilhas e que elas diferem não apenas em tamanho, mas em outras características. O capitão Porter descreveu[48] as tartarugas da ilha Charles e da ilha mais próxima a essa, a ilha Hood, como tartarugas que têm a parte dianteira de seus cascos grossa e virada para cima como uma sela espanhola, enquanto as tartarugas da ilha James são mais redondas, escuras e, quando cozidas, têm um gosto melhor. M. Biron, além disso, me informa que tem visto o que considera ser duas espécies diferentes de tartarugas de Galápagos, mas não sabe de quais ilhas. Os espécimes que trouxe das três ilhas eram jovens e, provavelmente por isso, nem o sr. Gray nem eu pudemos descobrir nelas quaisquer diferenças específicas. Notei que a *Amblyrhynchus* marinha era maior na ilha de Albemarle do que em qualquer outro lugar, e o M. Bibron informa que viu duas espécies aquáticas distintas desse gênero, de forma que as diferentes ilhas provavelmente têm suas espécies típicas de *Amblyrhynchus* e de tartarugas. Minha atenção foi despertada a fundo durante a comparação das numerosas espécies de tordos abatidos por mim e por vários outros destacamentos a bordo. Foi então que descobri, para minha grande surpresa, que todas as aves da ilha Charles pertenciam a uma única espécie (*Mimus trifasciatus*), que todas as aves da ilha Albemarle pertenciam a *M. parvulus* e que todas as aves das ilhas James e Chatham (entre as quais há duas outras ilhas como pontos de ligação) pertenciam ao *M. me-*

48. *Viagem no USS Essex*, vol. I, p. 215. (N.A.)

lanotis. Essas duas últimas espécies são intimamente ligadas e poderiam ser consideradas por alguns ornitologistas como uma raça bem notada ou duas variedades, mas a *Mimus trifasciatus* é muito distinta. Infelizmente a maioria dos espécimes do grupo de tentilhões foi misturada, mas tenho fortes razões para suspeitar que algumas das espécies do subgrupo *Geopiza* são restritas a ilhas separadas. Se as diferentes ilhas têm seus *Geospizas* típicos, isso pode ajudar a explicar o expressivo número de espécies desse subgrupo nesse pequeno arquipélago e, como uma provável consequência desse número a série perfeitamente graduada do tamanho de seus bicos. Duas espécies do subgrupo *Cactornis* e duas do *Camarhynchus* foram obtidas no arquipélago e, dos numerosos espécimes desses dois subgrupos abatidos por quatro coletores na ilha James, descobrimos que todos pertencem a uma espécie de cada, enquanto que os numerosos espécimes abatidos na ilha Chatham ou Charles (pois os dois conjuntos estavam misturados) pertenciam todos a duas outras espécies. Dessa forma, é quase certo que essas ilhas possuem suas espécies respectivas desses dois subgrupos. Essa lei de distribuição parece não se manter ao tratar-se de conchas terrestres. Na minha pequena coleção de insetos, o sr. Waterhouse ressalta que aqueles que foram etiquetados com sua localidade, nenhum era comum a duas das ilhas.

Se agora voltarmos nossa atenção para a flora, descobriremos que as plantas nativas das diferentes ilhas são maravilhosamente diferentes. Dou todos os resultados seguintes sob a alta autoridade do meu amigo dr. J. Hooker. Presumo que indiscriminadamente coletei tudo em flores em ilhas diferentes e por sorte mantive minhas coleções separadas. Entretanto, não se deve ter muita certeza dos resultados proporcionais, pois as pequenas coleções trazidas por alguns outros naturalistas, embora em alguns aspectos confirmem os resultados, mostram claramente que ainda resta muito a ser feito na botânica desse grupo: a *Leguminosae*, além disso, foi apenas aproximadamente trabalhada:

Nome da ilha	Número total de espécies	Número de espécies encontradas em outras partes do mundo	Número de espécies confinadas ao arquipélago de Galápagos	Número confinado a apenas uma ilha	Número de espécies confinadas ao arquipélago de Galapagos, mas encontradas em mais de uma ilha
Ilha James	71	33	38	30	8
Ilha Albemarle	4	18	26	22	4
Ilha Chatham	32	16	16	12	4
Ilha Charles	68 (ou 29, se as plantas provavelmente importadas forem subtraídas)	39	29	21	8

Temos, assim, um fato verdadeiramente maravilhoso: na ilha James, das 38 plantas galapagianas ou daquelas encontradas em outras partes do mundo, 30 são confinadas exclusivamente a essa ilha e, na ilha Albemarle, das 26 plantas nativas galapagianas, 22 são confinadas a essa ilha, isto é, sabe-se atualmente de apenas quatro que também vivem em outras ilhas do arquipélago, e assim segue, como demonstrado na tabela acima com as plantas das ilhas Chatham e Charles. Esse fato talvez pareça muito mais surpreendente se dermos alguns exemplos. Assim, *Scalesia*, um notável gênero arborescente da *Compositae*, é restrito a este arquipélago. Esse gênero tem seis espécies: uma de *Chatham*, uma de *Albemarle*, uma da ilha Charles, duas da ilha James e a sexta das três últimas ilhas, mas não se sabe de qual. Nenhuma dessas seis espécies cresce em quaisquer outras duas ilhas. Novamente,

Euphorbia, um gênero largamente disperso ou vasto, tem aqui oito espécies, das quais sete são confinadas a este arquipélago e nenhuma é encontrada em quaisquer duas ilhas. *Acalypha* e *Borreria*, ambas gêneros terrestres, têm respectivamente seis e sete espécies, nenhuma das quais têm a mesma espécie em duas ilhas, com exceção de uma *Borreria* que ocorre em duas ilhas. As espécies de *Compositae* são peculiarmente locais, e o dr. Hooker me forneceu muitos outros exemplos surpreendentes da diferença das espécies nas diferentes ilhas. Ele ressalta que essa lei de distribuição é válida para aqueles dois gêneros restritos ao arquipélago e para aqueles distribuídos por outras partes do mundo. Da mesma maneira temos visto que diferentes ilhas têm suas espécies características do gênero terrestre de tartarugas e um gênero americano do tordo, como também dois dos subgrupos galapagianos de tentilhões e quase certamente do gênero galapagiano *Amblyrhynchus*.

A distribuição dos habitantes deste arquipélago não seria tão maravilhosa se, por exemplo, uma ilha tivesse um tordo e uma segunda ilha tivesse alguns gêneros bem diferentes, ou nenhum, ou se diferentes ilhas fossem habitadas não pelas espécies representantes dos mesmos gêneros, mas por gêneros totalmente diferentes, como acontece em uma certa extensão. Por exemplo, uma grande árvore frutífera na ilha James não tem espécies representantes na ilha Charles. Mas o caso é que muitas ilhas possuem suas próprias espécies de tartarugas, tordos, tentilhões e numerosas plantas. Essas espécies, tendo os mesmos hábitos gerais, ocupando situações análogas e obviamente ocupando a mesma posição na economia natural desse arquipélago, me provocam curiosidade. Pode-se suspeitar que algumas dessas espécies típicas, pelo menos no caso da tartaruga e de algumas aves, a partir de agora, provem ser a apenas raças bem sinalizadas, mas isso seria de um interesse igualmente grande para o naturalista filosófico. Eu disse que a maioria das ilhas estão à vista uma das outras. Devo especificar que a ilha Charles está a oitenta quilômetros do ponto mais próximo da ilha Chatham e a 53 quilômetros do ponto mais próximo da ilha Albemarle. A ilha Chatham está a 96 quilômetros do ponto mais próximo da ilha James, mas há duas ilhas intermediárias entre elas que não visitei. A ilha

James está a apenas dezesseis quilômetros do ponto mais próximo da ilha Albemarle, mas os dois pontos em que as coletas foram feitas estão separados por 51 quilômetros. Devo repetir que nem a natureza do solo, nem a altura do terreno, nem o clima, nem a característica geral dos seres relacionados e, portanto, seus efeitos uns sobre os outros diferem muito em cada ilha. Se existe alguma diferença perceptível entre seus climas, deve ser entre os grupos de barlavento (a saber, ilhas Charles e Chatham) e os de sotavento, mas não parece haver nenhuma diferença correspondente nos produtos dessas duas metades do arquipélago.

A única luz que posso dar sobre essa notável diferença entre os habitantes das diferentes ilhas é que correntes marítimas muito fortes em direção oeste e oeste-noroeste devem separar as ilhas meridionais das setentrionais, no que diz respeito ao transporte marítimo. Entre essas ilhas setentrionais, uma forte corrente noroeste foi observada, o que deve efetivamente separar a ilha James da Albemarle. Como o arquipélago é surpreendentemente livre de tempestades de vento, nem as aves, nem os insetos ou as sementes mais leves poderiam ser sopradas de uma ilha para outra. E finalmente a grande profundidade do mar entre as ilhas e sua origem vulcânica recente (no sentido geológico) mostram que é muito improvável que elas tenham estado unidas e isso é provavelmente uma consideração mais importante que qualquer outra no que diz respeito à distribuição geográfica de seus habitantes. Revendo os fatos aqui dados, fica-se impressionado com a quantidade de força criativa, se tal expressão pode ser usada, nessas ilhas pequenas, estéreis e rochosas. E ainda mais com sua ação diferente mas análoga em pontos tão próximos uns dos outros. Eu disse que o arquipélago de Galápagos pode ser chamado de um satélite preso a América, mas ele deve ser chamado de grupo de satélites fisicamente similares, organicamente distintos e, ainda assim, intimamente relacionados uns aos outros e todos nitidamente relacionados, embora num grau muito menor, ao grande continente americano.

Concluirei minha descrição da história natural destas ilhas dando um relato da extrema mansidão dos pássaros.

Essa característica é comum a todas as espécies terrestres, a saber: os tordos, os tentilhões, a cambaxirra, o papa-mosca, o pombo e o falcão carniceiro. Frequentemente consigo me aproximar tanto dessas espécies que é possível matá-las com uma varada e, algumas vezes, como eu mesmo tentei, com um boné ou chapéu. Uma arma aqui é assaz desnecessária, pois consegui puxar um falcão de um galho usando apenas o freio de meu cavalo. Um dia, quando eu estava deitado, um tordo pousou sobre um jarro cheio de água, feito do casco de uma tartaruga, que eu segurava na mão, e começou a beber serenamente. Ele permitiu que eu levantasse o jarro enquanto estava pousado nele. Várias vezes tentei e quase consegui pegá-los pelas patas. Parece que antigamente essas aves eram ainda mais mansas do que agora. Cowley (no ano de 1684) afirmou que as "pombas-rola eram tão mansas que frequentemente pousavam em nossos chapéus e braços, de forma que podíamos levá-las vivas. Elas não temiam o homem até que alguns de nossa companhia atiraram nelas, desde então elas ficaram mais desconfiadas." Dampier também, no mesmo ano, afirmou que um homem em uma caminhada matinal podia matar seis ou sete dúzias dessas pombas. Hoje em dia, embora certamente muito mansas, elas não pousam nos braços das pessoas nem se deixam matar tão facilmente. É surpreendente que não tenham se tornado mais selvagens, pois essas ilhas durante os últimos 150 anos vêm sendo visitadas com frequência por bucaneiros e baleeiros, e os marujos, vagando pela mata em busca de tartarugas, sempre se deliciam cruelmente em abater pequenos pássaros.

Esses pássaros, embora agora ainda mais perseguidos, não se tornam selvagens imediatamente. Na ilha Charles, que tinha sido colonizada a aproximadamente cinco anos, vi um garoto sentado em uma fonte com uma vara na mão com a qual ele matava os pombos e tentilhões que vinham beber água. Ele já tinha conseguido uma pequena pilha deles para sua janta e disse que tinha o hábito de esperar nessa fonte com esse propósito. Parece que as aves desse arquipélago, como ainda não aprenderam que o homem é um animal mais perigoso que a tartaruga ou que o *Amblyrhynchus*, lhe são indiferentes da mesma maneira que, na Inglaterra, aves tímidas como pegas são indiferentes às vacas e cavalos que pastam em nossos campos.

As ilhas Falkland oferecem um segundo caso de aves com uma disposição muito similar. A mansidão extraordinária do pequeno *Opetiorhynchus* foi relatada por Pernety, Lesson e outros viajantes. Não é, entretanto, uma característica peculiar àquela ave: o *Polyborus*, a narceja, o ganso das regiões altas e baixas, o tordo, os pássaros do gênero Emberiza e até mesmo alguns falcões verdadeiros são todos mais ou menos mansos. Como as aves são tão mansas aqui, onde há raposas, falcões e corujas, podemos inferir que a ausência de quaisquer animais predadores em Galápagos não é a causa de sua mansidão. O ganso das regiões superiores das ilhas Falkland mostra, com a precaução que toma ao construir seus ninhos nas ilhotas, que estão cientes do perigo das raposas, mas não se tornam selvagens ao homem. Essa mansidão das aves, especialmente das aquáticas, contrasta muito com os hábitos das mesmas espécies na Terra do Fogo onde há eras vêm sendo perseguidas pelos habitantes selvagens. Nas ilhas Falkland, o caçador pode algumas vezes matar mais gansos de terra alta em um dia do que pode carregar para casa, enquanto que na Terra do Fogo é quase tão difícil matar um como é, na Inglaterra, matar um ganso selvagem comum.

Na época de Pernety (1763), as aves lá pareciam ser muito mais mansas do que atualmente. Ele afirma que o *Opetiorhynchus* quase se empolaria em seu dedo e que, com uma varinha, matou dez em meia hora. Naquela época, as aves deviam ser quase tão mansas como são hoje no arquipélago de Galápagos. Elas parecem ter aprendido mais lentamente a ter cautela nessas últimas ilhas do que nas Falkland, onde lhes foram proporcionados meios de experiência, pois além das frequentes visitas dos navios, aquelas ilhas foram colonizadas, com intervalos, durante todo o período. Mesmo antigamente, quando as aves eram tão mansas, era impossível, pelo relato de Pernety, matar o cisne de pescoço negro – uma ave migratória que provavelmente trouxe consigo a sabedoria aprendida em países estrangeiros.

Devo acrescentar que, de acordo com Du Bois, todas as aves em Bourbon de 1571-71, com exceção dos flamingos e gansos, eram tão extremamente mansas que podiam ser pegas com a mão ou mortas com um pau. Novamente em *Tristão d'Acunha no Atlântico*, Carmichael[49] afirma que as duas únicas aves terrestres, um tordo e uma cotovia, eram "tão mansas que se deixavam capturar com uma rede de mão". Por essa série de fatos, podemos, penso, concluir, primeiro: que a selvageria das aves em relação aos homens é um instinto particular direcionado a eles e não depende em nenhum grau de cuidado adquirido em relação a outras fontes de perigo; segundo: que ela não é adquirida individualmente em um curto espaço de tempo, mesmo quando essas aves são muito perseguidas, mas que se torna um hábito hereditário depois de sucessivas gerações. Estamos acostumados a ver, em animais domesticados, novos hábitos mentais e instintos adquiridos ou passados hereditariamente, mas com animais em estado natural, é sempre muito difícil descobrir casos de conhecimento adquirido hereditariamente. Com respeito à selvageria das aves em relação ao homem, só podemos considerá-la como hábito herdado. Comparativamente poucas aves jovens em qualquer ano foram feridas pelo homem na Inglaterra, ainda assim, quase todas, mesmo as de ninho, têm medo de nós. Muitas aves, entretanto, tanto de Galápagos como das ilhas Falkland, têm sido perseguidas e feridas pelo homem e ainda assim não aprenderam o saudável temor a este. Podemos inferir desses fatos a devastação que a introdução de qualquer nova besta predadora deve causar em uma região antes que os instintos dos habitantes nativos se adaptem às habilidades ou poderes do estranho.

---

49. *Linn. Trans.*, vol. XII, p. 496. O fato mais anômalo com o qual me deparei sobre esse assunto é a selvageria dos pequenos pássaros nas partes árticas da América do Norte (como descrito por Richardson, *Fauna Boreal*, vol. II, p. 332), onde dizem que nunca são molestados. Esse caso é o mais estranho, porque é declarado que algumas das mesmas espécies nas regiões frias dos Estados Unidos são mansas. Há muitas coisas, como o dr. Richardson bem lembra, totalmente inexplicáveis no que diz respeito aos diferentes graus de cautela e cuidado com que os pássaros escondem seus ninhos. E é muito estranho que o pombo do bosque inglês, geralmente uma ave tão selvagem, frequentemente crie seus filhotes em arbustos perto de casas! (N.A.)

Capítulo XVIII

Taiti e Nova Zelândia

Passagem pelo arquipélago de Low – Taiti – Aspecto – Vegetação nas montanhas – Vista de Eimeo – Excursão para o interior – Ravinas profundas – Sucessão de cachoeiras – Número de plantas selvagens úteis – Temperança dos habitantes – Seu estado moral – Reunião do parlamento – Nova Zelândia – Baía das Ilhas – Hippahs – Excursão para Waimate – Colônia missionária – Plantas inglesas agora se tornam selvagens – Waiomio – Funeral de uma mulher neozelandesa – Partida para a Austrália.

20 de outubro – Estando concluída a pesquisa no arquipélago de Galápagos, manobramos em direção ao Taiti e começamos nossa longa passagem de 5.150 quilômetros. Durante alguns dias, navegamos para fora do distrito oceânico que, durante o inverno, se mantém sombrio e nebuloso até muito longe da costa da América do Sul. Aproveitamos, então, um tempo limpo e claro, enquanto percorríamos agradavelmente 240 a 260 quilômetros por dia com o alísio soprando constantemente. A temperatura nesta parte mais central do Pacífico é mais alta do que próximo à costa da América. O termômetro na cabine de popa, à noite e durante o dia, variava entre 27° C e 28° C, o que é muito agradável, mas, com um ou dois graus a mais, o calor se torna opressivo. Passamos pelo arquipélago de Low ou Dangerous (Perigoso) e vimos vários daqueles curiosos anéis de terras corais que foram chamados de ilhas lagunas, elevando-se acima do nível da água. Uma praia longa e brilhante é coberta por uma borda de vegetação verde, e a faixa, para qualquer lado que se olhe, rapidamente fica estreita na distância e afunda no horizonte. Do topo do mastro, pode-se ver uma larga extensão de água calma dentro do anel. Essas ilhas corais baixas e ocas não oferecem nenhuma resistência ao vasto oceano do qual se elevam abruptamente, e é maravilhoso que invasores tão fracos não sejam sobrepujados pelas todo-poderosas e infatigáveis ondas do grande mar erroneamente chamado de Pacífico.

15 de novembro – À luz do dia, o Taiti, uma ilha que deve permanecer para sempre clássica para o viajante do Mar do Sul, estava visível. À distância, sua aparência não é atraente. A luxuriante vegetação da parte mais baixa ainda não podia ser vista e, à medida que as nuvens passavam, os mais espantosos e íngremes picos surgiram no centro da ilha. Tão logo ancoramos na baía Matavai, fomos cercados por canoas. Era domingo para nós, mas segunda-feira no Taiti. Se fosse o contrário, não teríamos recebido uma única visita, pois a ordem de não lançar nenhuma canoa no *sabbath* é rigidamente obedecida. Depois do jantar, desembarcamos para aproveitar os deleites produzidos pelas primeiras impressões de um novo país. E que país encantador é o Taiti. Uma multidão de homens, mulheres e crianças se reuniu, pronta para nos receber com rostos sorridentes e alegres, na importante Ponta de Vênus. Fomos levados para a casa do sr. Wilson, o missionário do distrito, que nos encontrou na estrada e nos fez uma recepção muito amistosa. Depois de sentarmos por um tempo bem curto em sua casa, nos separamos para explorar o local, retornando para lá ao entardecer.

A terra passível de ser cultivada dificilmente é, em qualquer parte, mais do que uma franja de solo baixo e de aluvião acumulado ao redor da base das montanhas, protegida das ondas do mar por um recife de corais que circula toda a costa. Dentro do recife, há um espaço de água calma, como a de um lago, onde as canoas dos nativos podem navegar em segurança e onde os navios ancoram. A terra que desce da praia de areia de coral é coberta com os mais belos produtos das regiões intertropicais. Em meio a bananas, laranjas, cocos e árvores de fruta-pão, existem alguns pontos onde inhame, batata-doce, cana-de-açúcar e abacaxi são cultivados. Até a goiabeira é uma árvore frutífera importada e, por sua abundância, tornou-se tão nociva quanto as ervas-daninhas. No Brasil, muitas vezes admirei o contraste da bela variedade de bananas, palmeiras e laranjeiras, e aqui também temos a fruta-pão evidenciada por suas folhas grandes, brilhosas e profundamente denticuladas. É admirável contemplar os bosques formados por uma árvore cujos galhos têm o vigor de um carvalho inglês, carregados com frutas grandes e nutritivas. Raramente, entretanto, a utilidade de um objeto está relacionada ao prazer de contemplá-lo. No caso destes belos bosques, porém, o conhecimento de sua alta produtividade interfere, sem dúvida, no sentimento de admiração. As pequenas e tortuosas trilhas, refrescadas pela sombra circundante, levavam a casas dispersas. Seus donos, em qualquer parte, nos davam uma recepção alegre e muito hospitaleira.

Nada me agradou mais do que os habitantes. Há uma delicadeza em seus semblantes que imediatamente varre a ideia de que sejam selvagens, e a inteligência que demonstram prova que são uma civilização em avanço. As pessoas comuns, quando estão trabalhando, mantêm a parte superior de seus corpos desnuda, e é possível então lhes admirar o porte. São muito altos, com ombros largos, atléticos e bem proporcionados. Alguém observou que é preciso pouco tempo para um europeu se habituar à pele negra e considerá-la mais agradável e natural ao olhar do que sua própria cor. Um homem branco se banhando ao lado de um taitiano era como uma planta descolorida pelas mãos de um jardineiro comparada com uma bela planta de uma cor verde-escura crescendo vigorosamente nos campos abertos. A maioria dos homens é tatuada, e os ornamentos seguem tão graciosamente a curvatura do corpo que têm um efeito muito elegante. Um padrão comum, variando apenas em seus detalhes, lembra uma coroa de palmeira. O desenho floresce da linha central das costas e graciosamente se curva para ambos os lados. A semelhança pode ser imaginária, mas pensei que o corpo do homem assim ornamentado é como o tronco de uma árvore nobre envolto por uma trepadeira delicada.

Muitos dos idosos tinham seus pés tatuados com pequenas figuras, que se assemelhavam a uma meia. Essa moda, entretanto, foi parcialmente perdida e sucedida por outras. Aqui, embora a moda esteja longe de ser imutável, todos são obrigados a seguir o que estava em voga em sua juventude. Assim, um homem velho tem sua idade estampada no corpo e não pode assumir os ares de um jovem dândi. As mulheres são tatuadas da mesma forma que os homens e muito comumente em seus dedos. Uma moda inconveniente é agora quase universal: raspar o cabelo da parte superior da cabeça de forma circular para que reste apenas o anel exterior. Os missionários tentaram persuadir as pessoas a mudar esse hábito, mas elas dizem que é a moda, uma resposta satisfatória tanto no Taiti como em Paris. Fiquei muito desapontado com a aparência das mulheres, elas são muito inferiores aos homens em todos os aspectos. O costume de usar uma flor branca ou vermelha na parte de trás da cabeça ou em um pequeno furo em cada orelha é bonito. Uma coroa de folhas de coco trançadas também é usada para fazer sombra para os olhos. As mulheres parecem possuir um desejo muito maior do que o dos homens por novidades em matéria de vestuário.

Quase todos os nativos entendem um pouco de inglês, isto é, sabem os nomes das coisas comuns, e, com a ajuda de sinais, uma conversa precária pode ser mantida com eles. Ao retornar, à tarde, para o barco, paramos para testemunhar uma cena muito bonita. Muitas crianças estavam brincando na praia e tinham acendido fogueiras que iluminavam o mar plácido e as árvores circundantes; outras, em círculos, cantavam versos taitianos. Sentamos na areia e nos juntamos ao grupo. As músicas eram improvisadas, e creio que estavam relacionadas com a nossa chegada. Uma garotinha cantou um verso que os outros reforçavam em determinadas partes, formando um coro muito bonito. Toda a cena nos fez inequivocamente cientes de que estávamos sentados nas praias de uma ilha no distante e famoso Mar do Sul.

17 de novembro – Este dia está no diário de bordo como terça-feira dia 17 em vez de segunda-feira dia 16, devido à nossa até agora bem-sucedida orientação. Antes do desjejum, o navio foi cercado por uma pequena frota de canoas e, quando permitimos aos nativos subirem a bordo, suponho que não foram menos de duzentos. Era a opinião geral que seria muito difícil escolher um grupo de qualquer outra nação que nos causasse tão poucos problemas. Todos trouxeram algo para vender: conchas eram os principais artigos. Os taitianos agora entendem perfeitamente o valor do dinheiro e o preferem a roupas velhas ou outros artigos. As várias moedas do tipo inglês e espanhol, entretanto, os confundem, e pareciam não estar seguros do valor de uma pequena prata até que a tivessem transformado em dólares. Alguns dos chefes ganharam consideráveis somas de dinheiro. Um chefe, não muito tempo atrás, havia oferecido oitocentos dólares (aproximadamente 160 libras esterlinas) por um pequeno navio, e frequentemente eles compravam baleeiros e cavalos por cinquenta a cem dólares.

Depois do desjejum, fui à praia e subi o aclive mais próximo até uma altura entre seiscentos e novecentos metros. As montanhas externas são lisas e cônicas, mas escarpadas, e as antigas rochas vulcânicas das quais se originam são cortadas por muitas ravinas profundas que se afastam das partes acidentadas do centro da ilha em direção à costa. Após cruzar uma faixa estreita e baixa de terra fértil e habitada, segui uma cadeia escarpada e suave entre duas das ravinas profundas. A vegetação era singular, coomposta quase que exclusivamente de pequenas samambaias misturadas, mais acima, com uma grama áspera. Não era muito diferente daquela de algumas das montanhas galesas, e o fato de isso ocorrer em um local tão próximo acima do pomar de plantas tropicais da costa era muito surpreendente. No ponto mais alto que alcancei novamente aparecem árvores. Das três zonas com vegetação abundante, a mais baixa deve sua umidade e portanto sua fertilidade à sua planura. Por ser um pouco mais elevada que o nível do mar, a água das terras mais altas é drenada lentamente. A zona intermediária não chega, como a superior, a uma atmosfera úmida e nublada e, portanto, permanece estéril. As matas da zona superior são muito bonitas, os fetos arbóreos substituem os coqueiros da costa. E, entretanto, não se deve supor que essas matas de alguma forma se igualam em esplendor às florestas brasileiras. Não se pode esperar que ocorra numa ilha o vasto número de produtos que caracterizam um continente.

Do ponto mais alto que alcancei, tinha-se uma boa vista da distante ilha de Eimeo, súdita do mesmo soberano do Taiti. Nos altos e escarpados cumes, grandes massas brancas de nuvens se acumulavam formando uma ilha no azul do céu como a própria Eimeo no azul do mar. A ilha, exceto por uma pequena passagem, é completamente circundada por um recife. A essa distância, apenas uma linha estreita (mas bem definida), brilhante e branca, era visível no ponto onde as ondas encontravam a barreira de coral. As montanhas se elevavam abruptamente da extensão cristalina da laguna em meio a uma estreita linha branca, fora da qual se erguiam as ondas escuras do mar. A paisagem era impressionante. Ela pode ser comparada com uma gravura emoldurada, em que a moldura representa as barreiras, a margem do papel, a laguna e a gravura, a própria ilha. Quando, à tarde, desci da montanha, um homem a quem eu tinha agradado com um presente insignificante me encontrou. Trazia bananas assadas e ainda quentes, um abacaxi e cocos. Não há nada mais agradável do que a água de um coco fresco após uma caminhada sob o sol escaldante. Abacaxis são tão abundantes aqui que as pessoas os comem com a mesma prodigalidade com que comemos nabos. Têm um sabor excelente, talvez até mesmo melhor do que aqueles cultivados na Inglaterra, e creio que esse é o melhor elogio que possa ser feito a uma fruta. Antes de embarcar, o sr. Wilson disse, a meu pedido, para o taitiano que me dera tão dedicada atenção, que eu queria que ele e outros homens me acompanhassem em uma excursão nas montanhas.

18 de novembro – Pela manhã desembarquei cedo trazendo algumas provisões numa sacola e dois cobertores para mim e para o criado. Esses estavam amarrados às duas extremidades de uma longa trave que era alternadamente carregada pelos meus companheiros taitianos em seus ombros. Esses homens estão habituados a carregar as coisas dessa forma por dias inteiros, até 20 quilos em cada ponta da trave. Disse aos meus guias que arranjassem para si comida e roupa, mas eles disseram que havia abundância de comida nas montanhas e que a pele de seus corpos era suficiente para protegê-los. Nossa linha de caminhada passava pelo vale de Tiaauru, onde um rio corria para o mar pela Ponta de Vênus. Esse é um dos principais rios da ilha, e sua fonte se localiza na base dos cumes mais altos e centrais, que tem uma altura de aproximadamente 2.100 metros. Toda a ilha é tão montanhosa que a única maneira de penetrar em seu interior é seguir os vales. Nossa estrada, a princípio, passava pelas matas que cercavam o rio e, como se estivéssemos numa avenida, víamos os coqueiros e tínhamos relances dos picos centrais nos lados. Tudo era extremamente pitoresco. O vale logo começou a se estreitar e as laterais se elevaram e se tornaram íngremes. Depois de caminhar por três a quatro horas, descobrimos que em algumas partes a largura da ravina mal excedia a largura do rio. Em ambos os lados, as paredes eram quase verticais e ainda assim, por causa da suavidade do estrato vulcânico, as árvores e a fértil vegetação cresciam em todas as bases possíveis. Os precipícios devem ter algo perto de trezentos metros, e o conjunto formava um desfiladeiro muito mais magnífico do que qualquer coisa que eu já tivesse contemplado. Até que o sol do meio-dia incidisse verticalmente sobre a ravina, o ar estava frio e úmido, mas agora era muito sufocante. Fizemos nossa refeição à sombra de uma rocha, diante de uma coluna de lava. Meus guias já tinham arranjado um prato de peixe pequeno e de camarões de água doce. Eles carregavam consigo uma pequena rede presa em um aro e, onde a água não era funda e turbulenta, eles mergulhavam e como lontras seguiam com os olhos abertos os peixes até buracos ou cantos e assim os capturavam.

Os taitianos têm a destreza dos animais anfíbios na água. Uma anedota mencionada por Ellis mostra quão bem eles se sentem nesse elemento. Quando um cavalo estava sendo desembarcado por Pomarre em 1817, os cabos se romperam e o animal caiu na água. Imediatamente os nativos pularam do navio e com seus gritos e vãos esforços quase o afogaram. Tão logo, entretanto, o animal chegou à praia, toda a população fugiu e tentou se esconder do "porco carregador de homem", como batizaram o cavalo.

Um pouco mais acima, o rio se dividia em três pequenos córregos. Os dois ao norte não podiam ser navegados por causa de uma sucessão de quedas d'água que desciam do cume irregular da montanha mais alta. O outro, ao que tudo indicava, era igualmente inacessível, mas conseguimos subir por ele por um caminho extraordinário. Os flancos do vale eram muito íngremes aqui, mas, como frequentemente acontece com rochas estratificadas, pequenas bases se projetavam de suas paredes e eram cobertas, de maneira exuberante, por bananeiras selvagens, plantas pertencentes à família dos lírios e outros luxuriantes produtos tropicais. Os taitianos descobriram por acidente, quando subiam por essas bases em busca de frutas, uma trilha pela qual o precipício todo poderia ser escalado. A primeira subida do vale foi muito perigosa, pois era necessário passar por uma face de rocha nua e muito inclinada que conseguimos vencer somente com a ajuda de cordas que havíamos trazido. Como foi que alguém descobriu que esse formidável local era o único ponto onde a lateral da montanha era transponível, não posso imaginar. Então caminhamos cuidadosamente pelas bases que se projetavam das paredes da montanha até chegarmos a um dos três córregos. Sobre a base em forma de parapeito havia um ponto plano sobre o qual uma bela cascata de algumas centenas de metros de altura derramava suas águas. Abaixo, outra alta cascata caía na corrente principal do vale mais abaixo. A partir desse ponto sombreado e com uma temperatura amena, fizemos um circuito para evitar a queda d'água. Como antes, seguimos por pequenas projeções das paredes, sendo o perigo parcialmente escondido pela espessura da vegetação. Ao passar de uma dessas bases para outra, havia uma parede de rocha vertical. Um dos taitianos, um homem admirável e ativo, colocou um tronco de árvore contra a parede e escalou-a e então, com a ajuda das fendas, chegou ao cume. Fixou cordas em uma saliência, a fim de transportar o nosso cão e bagagem, e então nós mesmos escalamos. Embaixo da protuberância em que a árvore estava colocada, o precipício devia ter 150 ou 180 metros de profundidade e, se o abismo não estivesse parcialmente escondido pelas samambaias e lírios que pendiam, eu teria sentido vertigens e nada me faria atravessar aquele trecho. Continuamos a subir, às vezes por longas bases e algumas vezes por arestas afiadas, tendo em ambos os lados profundas ravinas. Na cordilheira, vi montanhas muito maiores, mas nada se comparava a verticalidade destas. Ao entardecer, chegamos a um ponto pequeno e plano nas margens do mesmo córrego que tínhamos continuado a seguir e que descia em uma sucessão de cascatas. Bivacamos aqui para a noite. Em cada lado da ravina, havia grandes leitos de bananeiras da montanha cobertas com frutos maduros. Muitas dessas plantas tinham entre seis e sete metros de altura e de três a quatro em circunferência. Utilizando cascas de árvores como cordas, caules de bambu como estrutura e grandes folhas de bananeira como cobertura, os taitianos, em poucos minutos, construíram para nós um excelente abrigo e com folhas secas fizeram uma cama macia.

A seguir, fizeram fogo e cozinharam nossa refeição da noite. Uma chama foi obtida ao esfregarem a ponta de um galho em um sulco feito em outro, como se tivessem a intenção de aprofundá-lo, até que com a fricção a serragem entrou em ignição. Apenas uma madeira muito leve e particularmente branca (a *Hibiscus tiliaceus*) é usada com esse propósito. É a mesma que serve de trave para que se carregue qualquer carga e para a flutuação de suas canoas. O fogo foi feito em alguns segundos, mas para uma pessoa que não sabe, isso requer, como descobri, o maior empenho. Mas finalmente, para meu orgulho, consegui incendiar o pó. O gaúcho nos pampas usa um método diferente. Pega um graveto flexível de aproximadamente 45 centímetros, apoia-o em seu peito, coloca a outra ponta em um buraco feito em um pedaço de madeira e então rapidamente gira a parte curva, como a furadeira de um carpinteiro. Os taitianos, depois de fazerem uma pequena fogueira de gravetos, colocaram no fogo vinte pedras com tamanhos aproximados a bolas de críquete. Em aproximadamente dez minutos os gravetos estavam queimados e as pedras, quentes. Antes disso, eles tinham embrulhado pedaços de carne, peixe, bananas maduras e verdes e a parte superior de um arum selvagem. Esses pacotes verdes foram então colocados como uma camada entre duas outras de pedras quentes, e tudo foi coberto com terra de forma que a fumaça ou o vapor não pudessem escapar. Em aproximadamente um quarto de hora, a comida estava deliciosamente pronta. As iguarias dos invólucros verdes foram em seguida colocadas sobre folhas de bananeira que formavam como que uma toalha para a comida. Com a casca de um coco, bebemos a água fresca que corria pelo córrego e assim aproveitamos nossa rústica refeição.

Não conseguia olhar sem admiração para as plantas que me cercavam. De cada lado havia florestas de bananeiras, fruta que, apesar de servida de várias formas, apodrecia em camadas no chão. À nossa frente havia um extenso canavial selvagem, e o córrego era sombreado pelos caules verde-escuros da ava, tão famosa antigamente por seus poderosos efeitos inebriantes. Masquei um pedaço e descobri que tem um gosto tão desagradável e acre que convenceria qualquer um considerá-la uma planta venenosa. Graças aos missionários, essa planta agora cresce inofensivamente apenas nessas ravinas profundas. Vi, nas proximidades, um arum selvagem cujas raízes, quando bem cozidas, são boas de comer, e as folhas jovens, melhores que espinafre. Havia uma batata-doce selvagem, e uma lilácea chamada *ti* que cresce abundantemente e tem uma raiz marrom e macia com tamanho e forma de uma acha de lenha. Esta foi a nossa sobremesa, pois é doce como melado e tem um gosto agradável. Além dessas, havia várias outras frutas selvagens e vegetais úteis. O pequeno córrego fornecia, além de água fresca, enguias e camarões de água doce. Eu realmente admirei essa paisagem, quando a comparei com uma não cultivada nas zonas temperadas. Senti aí toda força presente no comentário de que o homem, pelo menos o homem selvagem, com seus poderes de raciocínio apenas parcialmente desenvolvidos, é o filho dos trópicos.

Quando o dia começava a cair, passei pela sombria floresta de bananeiras às margens do rio. Minha caminhada foi logo encerrada, pois cheguei a uma cascata com uma altura entre sessenta e noventa metros; acima dessa, havia outra. Menciono todas as quedas de água nesse rio para dar uma ideia da inclinação do terreno. No pequeno recesso em que a água caía, não parecia ter passado alguma vez um sopro de vento. As finas bordas das grandes folhas das bananeiras, umedecidas com gotículas de água, estavam íntegras, ao invés de estarem, como normalmente é o caso, partidas em mil pedaços. De onde estávamos, quase suspensos ao lado da montanha, podíamos vislumbrar as profundidades dos vales vizinhos e os cumes das montanhas centrais elevando-se a sessenta graus do zênite, escondendo metade do céu crepuscular. Desse ponto, as sombras da noite gradualmente escurecendo os últimos e mais altos pontos ofereciam um espetáculo sublime ao observador.

Antes de nos deitarmos, o taitiano mais velho pôs-se de joelhos e repetiu uma longa prece em sua língua nativa. Rezava como um cristão deve rezar, com reverência e sem medo do ridículo ou qualquer ostentação de piedade. Durante nossas refeições, nenhum homem comia sem antes dar graças. Os viajantes que pensam que os taitianos rezam apenas quando os missionários os estão observando, deviam ter dormido conosco naquela noite na montanha. Antes do amanhecer, choveu muito, mas o bom teto de folhas de bananeira nos protegeu muito bem.

19 de novembro – À luz do dia, meus amigos, após as rezas matinais, prepararam um excelente desjejum da mesma forma que ao anoitecer. Eles mesmos certamente tomaram grande parte na refeição. Nunca vi, de fato, nenhum homem comer tanto. Suponho que estômagos com uma capacidade tão grande devem resultar do fato de grande parte da dieta deles consistir de frutas e vegetais que contêm, em uma dada porção, uma quantidade comparativamente pequena de nutrientes. Inadvertidamente, fiz com que meus companheiros quebrassem, como descobri mais tarde, uma de suas próprias leis e determinações, pois levei comigo um frasco de bebida alcoólica que eles não recusavam, mas sempre que bebiam um pouco, punham o dedo diante da boca e murmuravam a palavra "missionário". Há aproximadamente dois anos, embora o uso de ava estivesse proibido, tornara-se comum a embriaguez por causa da introdução de bebidas alcoólicas. Os missionários convenceram alguns bons homens, que viram que o país rapidamente se arruinaria, a se juntarem em uma Sociedade de Temperança. Por bom senso ou vergonha, todos os chefes e a rainha foram finalmente convencidos a se juntar à sociedade. Imediatamente se aprovou uma lei que proibia a entrada de qualquer bebida alcoólica na ilha e punia com multa aquele que vendesse e aquele que comprasse artigos proibidos. Com notável justiça, permitiu-se por certo período, antes que a lei fosse efetivada, que o estoque fosse vendido. Mas, quando a lei entrou em vigor, foi feita uma busca em que nem mesmo as casas dos missionários foram deixadas de lado, e toda a ava (como os nativos chamam as bebidas ardentes) foi derramada no chão. Quando se pensa sobre os efeitos da intemperança nos aborígines das duas Américas, penso se tem que admitir que qualquer homem que deseje o bem do Taiti tem uma grande dívida com os missionários. Enquanto a pequena ilha de Santa Helena permaneceu sob o governo da Companhia das Índias Orientais, não se permitia a importação de bebidas alcoólicas por causa do grande dano que tinham causado. Entretanto, vinho era fornecido pelo Cabo da Boa Esperança. É um fato surpreendente e não muito gratificante que no mesmo ano em que se permitiu a venda de bebidas alcoólicas em Helena, seu uso foi banido do Taiti pela livre vontade do povo.

Após o desjejum, seguimos em nossa jornada. Como meu objetivo era apenas ver um pouco da paisagem do interior, voltamos por outra trilha que descia para o principal vale abaixo. Durante algum tempo, caminhamos sempre mudando de direção por um caminho muito intricado ao longo da lateral da montanha que formava o vale. Nas partes menos íngremes, passamos por extensas matas de bananeiras selvagens. Os taitianos, com seus corpos nus e tatuados, com suas cabeças ornamentadas com flores, vistos na escuridão dessas matas, comporiam uma bela imagem de habitantes de alguma terra primitiva. Em nossa descida, seguimos a linha das cordilheiras, que era extremamente estreita e, durante trechos consideravelmente longos, escarpada como uma escada, mas sempre coberta com vegetação. O extremo cuidado necessário a cada passo tornou a caminhada muito cansativa. Não cessei de me admirar com essas ravinas e precipícios. Quando se observa a região a partir de uma dessas cadeias montanhosas escarpadas, o ponto de apoio é tão pequeno que o efeito é quase o mesmo de observar uma região de dentro de um balão. Nessa descida, tivemos que usar cordas apenas uma vez no ponto em que entramos no vale principal. Dormimos sob a mesma base rochosa em que havíamos jantado na noite anterior. A noite estava bonita, mas profundamente escura por causa da profundidade e estreiteza do desfiladeiro.

Antes de realmente ver essa região, achei difícil entender dois fatos mencionados por Ellis, a saber: que após as batalhas sanguinárias de tempos remotos, os sobreviventes do lado conquistado se escondiam nas montanhas, onde um punhado de homens podiam resistir a uma multidão. Certamente, no ponto em que o taitiano suspendeu a velha árvore, meia dúzia de homens poderiam facilmente ter enfrentado milhares. Em segundo lugar, após a introdução do cristianismo, houve selvagens que viveram nas montanhas, cujos esconderijos eram desconhecidos dos habitantes mais civilizados.

20 de novembro – Partimos cedo pela manhã e chegamos a Matavai ao meio-dia. Encontramos, na estrada, um grande grupo de homens nobres e atléticos indo para as matas selvagens de bananeiras. Descobri que o navio, por causa de dificuldades no abastecimento de água, tinha ido para o porto de Papawa, para onde parti de imediato. Esse é um ponto muito bonito. A enseada é cercada por recifes e a água é calma como em um lago. O solo cultivado, com seus belos frutos, entremeado com cabanas, vem até o limite da água.

Por causa dos variados relatos que li antes de chegar a essas ilhas, eu estava muito ansioso para formar, com base nas minhas próprias observações, um juízo sobre seu estado moral, embora tal juízo fosse necessariamente bastante imperfeito. Primeiras impressões sempre dependem muito das ideias previamente adquiridas. Minhas ideias foram tiradas das *Pesquisas Polinésias* de Ellis, um trabalho admirável e muito interessante, mas naturalmente partindo sempre de um ponto de vista favorável, e também da viagem de Beechey e do trabalho de Kotzebue, que se opõe fortemente a todo o sistema missionário. Creio que aquele que comparar esses três relatos terá uma noção razoavelmente precisa do atual estado do Taiti. Uma das minhas impressões, que advêm das duas últimas autoridades citadas, estava definitivamente incorreta, a saber: que os taitianos tinham se tornado uma raça tristonha e que viviam com medo dos missionários. Do medo, não vi nenhum indício, a menos, é claro, que medo e respeito sejam confundidos em uma mesma coisa. Em vez de o descontentamento ser um sentimento comum, seria difícil reunir na Europa uma multidão com rostos que tivessem metade da alegria e da felicidade que exibem os taitianos. A proibição da flauta e da dança é tida como errada e tola, assim como a preservação do *sabbath*. Sobre esses pontos, não tenho a pretensão de dar a minha opinião a homens que viveram tantos anos quantos foram os dias que passei na ilha.

De forma geral, me parece que a moralidade e religião dos habitantes são altamente louváveis. Há muitos que atacam, ainda mais acrimoniosamente do que Kotzebue, tanto os missionários quanto seu sistema e os resultados deste. Essas pessoas nunca comparam o atual estado da ilha com o de vinte anos atrás, nem com o atual estado da Europa, mas comparam com o alto padrão de perfeição do Evangelho. Esperam que os missionários façam o que os próprios apóstolos não conseguiram fazer. Considerando que a condição do povo não chega a esse alto padrão, culpam os missionários, em vez de lhes dar crédito pelo que foi feito. Esquecem, ou não querem lembrar, dos sacrifícios humanos e do poder de um sacerdócio idólatra – de um sistema de desregramentos sem paralelos em outras partes do mundo – sendo o infanticídio uma das consequências desse sistema – guerras sangrentas em que os conquistadores não poupavam mulheres ou crianças – que tudo isso foi abolido e que a desonestidade, a intemperança e a libertinagem foram muito reduzidas com a introdução do cristianismo. Que um viajante esqueça tais coisas é uma ingratidão, pois, caso acontecesse de naufragar em alguma costa desconhecida, certamente rezaria devotamente para que a lição dos missionários tivesse chegado àquela região.

No que diz respeito à moralidade, a virtude das mulheres, muitas vezes foi dito, costuma ser a exceção. Mas antes que sejam muito severamente criticadas, será preciso relembrar as cenas descritas pelo capitão Cook e pelo sr. Banks, em que as avós e mães da geração atual desempenharam um importante papel. Os que são mais severos deveriam considerar quanto da moralidade das mulheres na Europa se deve ao sistema que é cedo imposto pelas mães às suas filhas e quanto da moralidade de cada indivíduo se deve aos preceitos religiosos. É inútil, entretanto, dialogar com esses críticos. Creio que frustrados por não encontrar libertinagem às claras como antigamente, não dão crédito a uma moralidade que não desejam praticar ou a uma religião que subestimam, quando não desprezam.

Domingo, 22 – O porto de Papiéte, onde reside a rainha, pode ser considerado como a capital da ilha. Também é a sede do governo e o principal porto. Hoje o capitão Fitz Roy levou um grupo para lá para que assistissem a uma missa, primeiro na língua taitiana e depois na nossa. O sr. Pritchard, o líder missionário na ilha, rezou a missa. A capela consistia de uma grande e delicada estrutura de madeira, e estava excessivamente cheia de pessoas asseadas, limpas, de todas as idades e de ambos os sexos. Fiquei um tanto desapontado com o aparente grau de atenção, mas creio que minhas expectativas eram muito altas. Em todos os eventos, a aparência era muito parecida com a de uma igreja no interior da Inglaterra. O canto dos hinos foi com certeza muito agradável, mas a linguagem do púlpito, embora fluentemente pronunciada, não soava bem. Uma constante repetição de palavras como "tata ta, mata mai", a tornava monótona. Após a missa em inglês, um grupo retornou a pé para Matavai. Foi uma caminhada agradável, alguns trechos pela praia, outros sob a sombra de muitas e belas árvores.

Aproximadamente dois anos atrás, um pequeno navio de bandeira inglesa foi saqueado por alguns dos habitantes das ilhas Low, que estavam então sob domínio da rainha do Taiti. Acreditava-se que os criminosos tinham sido levados a este ato por algumas leis irresponsáveis emitidas por Sua Majestade. O governo britânico exigiu indenização que foi consentida, e as partes concordaram com o pagamento de quase três mil dólares no primeiro dia de setembro passado. O comodoro em Lima ordenou que o capitão Fitz Roy indagasse sobre essa dívida e exigisse satisfações se não fosse paga. O capitão Fitz Roy consequentemente solicitou um encontro com a rainha Pomarre, desde então famosa pelo mau tratamento que tinha recebido dos franceses, e um parlamento com todos os principais chefes da ilha, incluindo a rainha, foi convocado para considerar a questão. Não tentarei descrever o que aconteceu após o interessante relato dado pelo capitão Fitz Roy. O pagamento, parece, não havia sido feito, talvez as razões alegadas fossem muito equivocadas, mas não posso expressar suficientemente a nossa surpresa geral com o extremo bom senso, capacidade de raciocínio, moderação, sinceridade e presteza na resolução que foram mostradas em ambas as partes. Creio que saímos da reunião com uma opinião sobre os taitianos diferente daquela com que entramos. Os chefes e o povo resolveram levantar a quantia necessária para completar o que faltava. O capitão Fitz Roy argumentou que achava muito cruel que propriedades privadas fossem sacrificadas pelos crimes de ilhéus distantes. Eles responderam que a Pomarre era a rainha deles e que fariam o que fosse preciso para ajudá-la nesse momento de dificuldade. Essa decisão e sua rápida execução, pois um livro foi aberto cedo na manhã seguinte, foi uma perfeita conclusão a essa notável cena de lealdade e bons sentimentos.

Após a discussão do tema principal, muitos dos chefes aproveitaram a oportunidade para perguntar ao capitão Fitz Roy muitas e questões, todas inteligentes, sobre os costumes e as leis internacionais relacionadas ao tratamento de navios e estrangeiros. Em alguns pontos, tão logo a decisão foi tomada, a lei foi aplicada verbalmente no lugar. Essa ação no parlamento taitiano durou várias horas e, quando estava terminada, o capitão Fitz Roy convidou a rainha Pomarre para uma visita ao *Beagle*.

25 de novembro – À noite, quatro barcos foram enviados a Sua Majestade. O navio estava enfeitado com bandeiras e as vergas cheias de marinheiros para a sua vinda. Ela estava acompanhada da maioria dos chefes. O comportamento de todos foi muito adequado. Não pediram nada e pareceram muito felizes com os presentes do capitão Fitz Roy. A rainha é uma mulher grande e desajeitada sem nenhuma beleza, graça ou majestade. Possui apenas um atributo real: uma perfeita imobilidade de expressão sob qualquer circunstância, e de um modo bastante sombrio. Os foguetes foram muito admirados e um profundo

"Oh!" pôde ser ouvido partindo da costa por toda a baía, que ficava escura após cada explosão. As músicas dos marujos também foram muito admiradas, e a rainha disse que pensava que uma das mais tumultuadas certamente não podia ser um hino! O grupo real não voltou a terra antes da meia noite.

Dia 26 – Ao entardecer, com uma delicada brisa que soprava da terra, a rota para a Nova Zelândia foi iniciada e, à medida que o sol se punha, tivemos uma última visão das montanhas do Taiti, a ilha a que todo viajante oferece seu tributo de admiração.

19 de dezembro – À tarde, vimos, a uma grande distância, a Nova Zelândia. Podemos agora considerar que praticamente cruzamos o Pacífico. É necessário navegar por esse descomunal oceano para entender sua imensidão. Movendo-nos rapidamente por semanas seguidas, vimos nada além do mesmo oceano azul e profundo. Mesmo dentro dos arquipélagos, as ilhas são meros pontos de terra muito distantes uns dos outros. Acostumados a olhar mapas desenhados em uma escala pequena em que pontos, detalhes e nomes estão amontoados, não somos capazes de julgar quão infinitamente pequena é a proporção de terra para essa vasta extensão de água. O meridiano das Antípodas também foi ultrapassado, e agora nos alegrava o pensamento de que cada légua nos aproximava mais da Inglaterra. Essas Antípodas nos trazem velhas lembranças de dúvidas e de surpresas infantis. Ainda outro dia, esperava encontrar nessa barreira de ar um marco de nossa viagem para casa, mas agora descubro que todos esses locais de repouso da imaginação são como sombras, que um homem que segue sempre em frente jamais alcançará. Um vendaval que durou vários dias nos deu tempo para medir os futuros estágios de nossa longa viagem para casa e também para sentir o mais exasperado desejo pelo término da viagem.

21 de dezembro – Cedo pela manhã, entramos na Baía das Ilhas e, como nos mantivemos por algumas horas perto da foz, não chegamos ao ancoradouro até perto do meio-dia. A região é montanhosa com um contorno delicado e profundamente cortada por braços de mar que se estendem da baía. A superfície, à distância, parece estar coberta por um pasto grosso, que, em verdade, são apenas samambaias.

Durante a tarde desembarcamos e seguimos para um dos maiores aglomerados de residências, que, ainda assim, quase não merece o título de aldeia. Chama-se Pahia e é onde vivem os missionários. Não há nativos morando aqui, exceto os criados e os trabalhadores. Nos arredores da Baía das Ilhas, o número de ingleses, incluindo suas famílias, atinge algo entre duzentos e trezentos. Todas as cabanas, muitas das quais são caiadas e têm uma aparência muito boa, são de propriedade dos ingleses. As choupanas dos nativos são tão minúsculas e insignificantes que mal podem ser vistas à distância. Em Pahia era muito agradável contemplar as flores inglesas nos jardins diante das casas. Havia rosas de muitos tipos, madressilvas, jasmim, goivos e um canteiro inteiro de roseira brava.

22 de dezembro – Pela manhã, fui caminhar, mas logo descobri que a região era impraticável. Os morros são densamente cobertos com samambaias altas e com um arbusto baixo que cresce como cipreste. Muito pouco do solo pode ser limpo e cultivado. Tentei, então, a praia, mas em ambas as direções minha caminhada era logo interrompida por enseadas de água salgada e córregos profundos. A comunicação entre as diferentes partes da baía é quase completamente, como em Chiloé, feita por barcos. Fiquei surpreso ao saber que a maioria dos morros em que subi tinham sido em algum tempo anterior mais ou menos fortificados. Os cumes eram escavados em degraus ou terraços sucessivos e protegidos muitas vezes por profundas trincheiras. Notei, mais tarde, que as principais elevações do interior também tinham um contorno artificial. Trata-se dos *Pas*, tão frequentemente mencionados pelo capitão Cook com o nome de "*hippah*". A diferença sonora se deve ao artigo prefixado na palavra.

Era evidente que os *Pas* tinham sido muito usados antigamente, principalmente ao se observar as pilhas de conchas e poços em que batatas-doces eram mantidas como reserva.

Como não há água nesses morros, os defensores não suportavam um longo cerco, mas apenas ataques rápidos de pilhagem contra os quais os sucessivos terraços ofereciam uma boa proteção. A introdução de armas de fogo mudou todo o sistema de guerra e uma posição no topo do morro era mais do que inútil. Os *Pas* são atualmente, portanto, construídos no plano. Consistem de uma paliçada dupla e grossa de altas colunas colocadas em ziguezague, de forma que cada parte possa ser flanqueada. Dentro da paliçada há um banco de terra, atrás do qual os defensores podem descansar em segurança ou usar suas armas de fogo enquanto se mantêm protegidos. No nível do solo havia passagens em forma de arco pelas quais os defensores podiam rastejar para fora a fim de fazer reconhecimento. O reverendo W. Williams, que me deu esse relato, acrescentou que notou ferros de escalada ou botaréis se projetando para o lado interno e protegido do banco de terra em um dos *Pas*. Ao perguntar ao chefe sobre a utilidade de tais engenhos, ele respondeu que, se alguns de seus homens fossem alvejados, seus companheiros próximos não veriam os corpos e não perderiam a coragem.

Esses *Pas* são considerados pelos neozelandeses um perfeito meio de defesa, pois a força de ataque nunca é suficientemente disciplinada para avançar em bloco à paliçada, rompê-la e efetivar a invasão. Quando uma tribo vai à guerra, o chefe não tem como ordenar que um grupo vá para cá e outro para lá, então cada homem combate, da maneira que achar melhor, e se aproximar de uma paliçada defendida por armas de fogo pode ser morte certa para indivíduos separados. Não imagino que haja, em qualquer outra parte do mundo, uma raça mais guerreira que essa. Sua primeira conduta ao avistar um navio, como foi descrita pelo capitão Cook, claramente ilustra isso. O ato de atirar saraivadas de pedras em um objeto tão grande e tão exótico e seu desafio de "Venham à costa que nós os mataremos e os comeremos todos" demonstram sua incomum ousadia. Esse espírito belicoso é evidente em muitos de seus costumes e mesmo em suas menores ações. Se um neozelandês leva uma pancada, mesmo que de brincadeira, o golpe deve ser devolvido. Tive uma evidência disso em um caso com um de nossos oficiais.

Atualmente, devido ao progresso da civilização, acontecem menos guerras, exceto entre algumas das tribos do Sul. Ouvi uma anedota característica do que aconteceu algum tempo atrás naquela região. Um missionário encontrou um chefe e sua tribo se preparando para a guerra. Seus mosquetes estavam limpos e brilhando e sua munição estava pronta. Ele argumentou longamente sobre a inutilidade de tal guerra e sobre os poucos motivos para que se chegasse às vias de fato. O chefe ficou bastante indeciso, realmente corroído pela dúvida, mas logo lhe ocorreu que um de seus barris de pólvora estava em más condições e que não poderia ser guardado por muito mais tempo. Os missionários me contaram que durante a vida de Shongi, o chefe que visitou a Inglaterra, o amor pela guerra era o primeiro e único estopim de cada ação. A tribo de que ele era chefe em certa época, tinha sido oprimida por outra tribo do rio Tâmisa. Os homens fizeram um juramento solene de que, quando seus filhos crescessem e fossem fortes o suficiente, jamais esqueceriam ou perdoariam essas injúrias. Cumprir com a promessa parece ter sido o único motivo da ida do chefe Shongi à Inglaterra e, enquanto esteve lá, esse foi seu único objetivo. Os presentes eram apreciados apenas se pudessem ser convertidos em armas, e somente lhe interessavam os ofícios que produzissem armas. Quando em Sidney, Shongi, por uma estranha coincidência, encontrou, na casa do sr. Marsden, o chefe hostil da tribo do rio Tâmisa. Conduziram o encontro de forma civilizada, mas Shongi lhe disse que, assim que estivessem de volta à Nova Zelândia, não cessaria por um instante de provocar a guerra contra a tribo adversária. A provocação foi aceita e Shongi, em seu retorno, cumpriu a ameaça até o fim. A tribo no rio Tâmisa foi derrotada e o chefe, a quem a ameaça havia sido feita, foi morto. Shongi, embora nutrisse sentimentos tão profundos de ódio e vingança, era descrito como uma pessoa de boa natureza.

À noite, fui, com o capitão Fitz Roy e sr. Baker, um dos missionários, fazer uma visita a Kororadika. Vagamos pelo povoado, vimos e conversamos com muitos habitantes, tanto homens quanto mulheres e crianças. Ao olhar para um neozelandês, naturalmente nos vem a comparação com o taitiano. Ambos pertencem à mesma família de humanos. A comparação, entretanto, depõe gravemente contra o neozelandês. Este pode ser talvez superior em disposição, mas em todos os outros aspectos seu caráter é de uma ordem mais baixa. Um breve olhar em suas respectivas expressões traz à mente a certeza de que um é selvagem, enquanto o outro é civilizado. Seria inútil procurar em toda a Nova Zelândia uma pessoa com uma aparência e atitude como a do chefe taitiano Utamme. Sem dúvida, a extraordinária maneira com que eles se tatuam dá uma expressão desagradável a seus rostos. As figuras complicadas, porém simétricas, que cobrem todo o rosto confundem e enganam o olho não acostumado. É provável que as profundas incisões, ao destruírem o movimento dos músculos mais superficiais, deem a eles um ar de rígida inflexibilidade. Mas, além disso, há um piscar no olho que não pode indicar nada além de astúcia e ferocidade. As pessoas são todas altas e corpulentas, mas não se comparam em elegância com as das classes trabalhadoras do Taiti.

São, tanto pessoalmente, quanto no que diz respeito às suas habitações, muito sujos e fedorentos. A ideia de lavar o corpo ou as roupas parece nunca ter passado pela cabeça. Vi um chefe usando uma camisa preta que estava escurecida pela sujeira deles e, quando lhe foi perguntado como a camisa tinha ficado tão suja, ele respondeu com surpresa: "Você não vê que é velha?" Alguns dos homens têm camisas, mas o traje comum consiste de um ou dois grandes cobertores geralmente pretos de sujeira que são jogados sobre seus ombros de uma forma muito inconveniente e estranha. Alguns dos principais chefes têm roupas inglesas, decentes, mas essas são usadas apenas em ocasiões importantes.

23 de dezembro – Em um lugar chamado Waimate, a aproximadamente 24 quilômetros da Baía das Ilhas e no meio do caminho entre as costas leste e oeste, os missionários compraram, para fins agrícolas, um pouco de terra. Fui apresentado ao reverendo W. Williams, que me convidou para lhe fazer uma visita por lá, logo que declarei ser essa minha intenção. O sr. Bushby, o residente britânico, se ofereceu para me levar em seu barco por uma enseada onde eu pudesse ver uma bela cachoeira, e assim minha caminhada seria menor. De qualquer modo, ele me arranjou um guia.

Ao pedir a um chefe vizinho que recomendasse alguém, o chefe em pessoa se ofereceu para ir, mas sua ignorância do valor do dinheiro era tão completa que primeiro perguntou quantas libras eu lhe daria, mas depois ficou bem contente com dois dólares. Quando mostrei a ele um pequeno embrulho que desejava levar, tornou-se absolutamente necessário que ele levasse um escravo. Esse tipo de orgulho estáo começando a desvanecer, mas antigamente um líder morreria antes de passar pela indignidade de carregar o menor pacote que fosse. Meu companheiro era um homem magro e ativo, vestido com um cobertor sujo, a face completamente tatuada. Tinha sido antigamente um grande guerreiro. Parecia ter uma boa relação com o sr. Bushby, mas várias vezes tiveram discussões violentas. O sr. Bushby salientou que uma discreta ironia muitas vezes silencia qualquer um desses nativos nos seus momentos de maior violência. Esse chefe o tinha procurado para se fanfarronar que "um grande chefe, um grande homem, um amigo meu, veio me fazer uma visita – deves dar-lhe algo bom para comer, alguns belos presentes, etc." O sr. Bushby permitiu que ele terminasse seu discurso e então lhe perguntou tranquilamente: "O que mais teu escravo deverá fazer por ti?" O homem, então, instantaneamente, com uma expressão muito cômica, interrompeu sua fanfarrice.

Algum tempo atrás, o sr. Bushby sofreu um ataque mais sério. Um chefe e um grupo de homens tentaram invadir sua casa no meio da noite e, como não estavam conseguindo tal façanha facilmente, começaram uma carga de mosquetes. O sr. Bushby ficou levemente ferido, mas o grupo, depois de algum tempo, se afastou. Mais tarde, descobriram quem fora o agressor e foi convocada uma reunião geral dos chefes para tratarem do caso. O ataque foi considerado atroz pelos neozelandeses, pois foi à noite e a sra. Bushby estava doente. Essa última circunstância era considerada, por questões de honra, como uma proteção. Os chefes concordaram em confiscar a terra do agressor para o rei da Inglaterra. Entretanto, o procedimento, de confiscar a terra e punir um chefe era inteiramente sem precedentes. O agressor, além disso, perdeu sua posição social, e isso foi considerado, pelos britânicos, mais eficiente do que o confisco das terras.

No instante em que o bote se afastava, um segundo chefe pulou para bordo, queria apenas a diversão do passeio pela enseada. Nunca vi uma expressão mais horrenda e feroz do que a desse homem. Imediatamente me ocorreu que já a tinha a visto em outro lugar: no perfil de Retzch para a balada de Fridolin, de Schiller, em que dois homens estão empurrando Robert para dentro de uma fornalha de aço acesa. Trata-se do homem que está com o braço no peito de Robert. A fisionomia, nesse caso, dizia a verdade. Esse chefe tinha sido um famoso assassino e era um notório covarde. Após aterrar o bote, o sr. Bushby me acompanhou por algumas centenas de metros da estrada. Não pude deixar de admirar o frio descaramento do velho patife que deixamos no bote, quando ele gritou para o sr. Bushby: "Não demore muito, não quero cansar de ficar aqui".

Então começamos nossa caminhada. A estrada se estende por um caminho de chão batido que tem em cada lado altos fetos, que cobrem toda a região. Após andar alguns quilômetros, chegamos a uma pequena vila onde havia algumas cabanas reunidas e alguns pedaços de solo eram cultivados com batatas. A introdução da batata foi um benefício essencial para a ilha. Ela é muito mais usada agora do que qualquer vegetal nativo. A Nova Zelândia é favorecida por uma grande vantagem natural: que os habitantes nunca passaram fome. Toda a região é rica em fetos, e as raízes dessa planta, mesmo que não sejam muito gostosas, contêm muitos nutrientes. Um nativo sempre pode viver dessas raízes, e também dos mariscos, que são abundantes em todas as partes da costa. As vilas são proeminentes por causa das plataformas, que são erguidas sobre quatro postes de três ou quatro metros de altura do solo e nas quais a produção dos campos é resguardada de todos os acidentes possíveis.

Ao chegar perto de uma das cabanas me diverti muito ao ver a cerimônia de esfregar, ou, como deve ser chamada, de pressionar narizes. As mulheres, quando nos aproximamos, começaram a proferir algo em uma voz muito dolorosa. Elas se acocoravam e volviam suas faces para cima. Meu companheiro, em pé diante de cada uma delas, colocou seu nariz em ângulo reto com os delas e começou a pressionar. Isso durou muito mais tempo que um cordial aperto de mãos e, da mesma forma como variamos a força na mão, eles fazem com o nariz. Durante o processo, elas soltavam pequenos grunhidos de satisfação que se pareciam muito com o som dos porcos ao se esfregarem uns nos outros. Notei que o escravo pressionava seu nariz contra qualquer um que encontrasse sem importar se fosse antes ou depois de seu mestre e chefe. Embora, entre selvagens, o chefe tenha poder de vida e morte sobre seu escravo, ainda assim há uma completa ausência de cerimônia entre eles. O sr. Burchell relatou o mesmo fato na África do Sul com os bárbaros Bachapins. Onde a civilização atinge certo grau, logo surgem complexas formalidades entre as diferentes classes sociais. Assim é no Taiti, onde todos são obrigados a se descobrirem até a cintura na presença do rei.

Ao término da cerimônia de pressionar os narizes com todos os presentes, sentamo-nos em um círculo em frente a uma das cabanas e descansamos lá por meia hora. Todas as cabanas têm aproximadamente a mesma forma e as mesmas dimensões e são igualmente imundas. Parecem com um estábulo com um lado aberto, mas têm uma divisão um pouco para dentro com um buraco quadrado que forma um quarto, pequeno e sombrio. Nesse quarto, os habitantes guardam todas as suas posses e, quando o tempo está frio, dormem ali. Entretanto, comem e passam o tempo na parte aberta na frente. Quando os meus guias terminaram seus cachimbos, seguimos nossa caminhada. O caminho seguia pelo mesmo terreno ondulante e coberto, de maneira uniforme, por fetos, como antes. À nossa direita, havia um rio tortuoso, cujas margens possuíam muitas árvores, e aqui e lá nas laterais dos morros havia um grupo de árvores. Toda a paisagem, apesar de sua coloração verde, tinha um aspecto muito desolado. A visão de tantos fetos dá uma ideia de esterilidade; essa ideia, entretanto, não é correta, pois, onde quer que o feto cresça à altura do peito de um homem, a terra é muito produtiva. Alguns dos moradores acham que toda essa extensa região era originalmente coberta com florestas e que o terreno foi limpo com fogo. Dizem que cavando nos pontos mais desmatados frequentemente se encontra uma resina similar a do pinheiro *kauri*. Os nativos tinham um motivo evidente para limpar a região, pois o feto, antigamente um importante artigo alimentício, cresce apenas em terrenos abertos. A quase completa ausência de grama junto aos fetos, que dá uma notável característica à vegetação dessa ilha, pode talvez ser atribuída ao fato de a terra ter sido originalmente coberta com florestas.

O solo é vulcânico. Em muitas partes passamos por crostas de lava, e crateras podiam ser vistas claramente em vários dos morros vizinhos. Embora a paisagem não seja bela em parte alguma e apenas ocasionalmente tem um certo encanto, gostei da caminhada. Teria gostado mais, se o meu companheiro, o chefe, não possuísse uma capacidade tão extraordinária de conversação. Eu sabia apenas três palavras: "bom", "ruim" e "sim", e com elas respondi a todos os seus comentários sem, é claro, ter entendido uma palavra do que ele havia dito. Isso, entretanto, foi mais que suficiente. Eu era um bom ouvinte, uma pessoa sempre de acordo, e ele nunca se cansava de falar comigo.

Finalmente chegamos a Waimate. Após ter passado por tantos quilômetros de regiões desabitadas e improdutivas, a súbita aparição de uma fazenda inglesa e seus campos bem cuidados, como se houvessem sido colocados ali pelo encantamento de uma varinha mágica, era extremamente agradável. Como o sr. Williams não estava em casa, fui recebido muito cordialmente na casa do sr. Davies. Após beber chá com sua família, demos um passeio pela fazenda. Em Waimate existem três casas grandes onde moram os cavalheiros missionários Williams, Davies e Clarke, e, perto deles, existem as cabanas dos trabalhadores nativos. Em um declive próximo, belas plantações de cevada e trigo estavam prontas para serem colhidas e, em outra parte, havia campos de batatas e trifólio. Mas eu não posso tentar descrever tudo que vi. Havia grandes pomares com todas as frutas e vegetais que a Inglaterra produzia e muitos outros de climas mais quentes. Posso citar o aspargo, o feijão, o pepino, o ruibarbo, as maçãs, peras, figos, pêssegos, damascos, uvas, olivas, groselhas, lúpulos, arbustos para cercas e carvalhos ingleses, além de muitos tipos de flores. Ao redor do pátio, havia estábulos, um celeiro de debulha com sua joeira, uma forja de ferreiro e, no chão, relhas e outras ferramentas. No meio estava a alegre mistura de porcos com galinhas, vivendo junto e confortavelmente como em qualquer fazenda inglesa. À distância de algumas centenas de metros, onde a água de um pequeno córrego tinha sido represada em um regato, havia um moinho.

Tudo isso é muito surpreendente quando se considera que cinco anos atrás apenas fetos cresciam aqui. Além disso, o trabalho dos nativos com a orientação dos missionários fez uma grande diferença. A lição do missionário é a varinha mágica. Um neozelandês construiu a casa, colocou as janelas, arou os campos e até mesmo enxertou as árvores. No moinho, um neozelandês podia ser visto polvilhado de farinha branca, como seu irmão moedor na Inglaterra. Quando olhei para toda essa cena, pensei em como era admirável. Não apenas porque a Inglaterra fosse trazida, de modo vívido, à minha mente, nem porque à medida que o entardecer se aproximava, os sons domésticos, os campos de milho, a ondulação do terreno distante com suas árvores podiam ser facilmente confundidos com os de nossa terra natal, e nem sequer o orgulho de ver o que ingleses haviam feito, mas sim as esperanças que inspiravam no progresso futuro dessa bela ilha.

Muitos jovens salvos da escravidão pelos missionários eram empregados na fazenda. Eles vestiam camisa, jaqueta e calças e tinham uma aparência respeitável. A julgar por um pequeno incidente, acredito que são muito honestos. Quando o sr. Davies estava caminhando pelos campos, um jovem trabalhador veio e lhe deu uma faca e uma verruma que disse ter encontrado na estrada e não saber a quem pertencia! Esses jovens e esses meninos pareciam muito felizes e bem-humorados. À tarde, vi um grupo deles jogando críquete. Quando pensei na austeridade de que foram acusados os missionários, diverti-me observando um de seus próprios filhos tomando parte no jogo. Uma mudança ainda mais definitiva ocorreu numa jovem mulher que trabalhava com os criados dentro das casas. Sua aparência limpa, arrumada e saudável, como aquela das leiteiras inglesas, formava um maravilhoso contraste com as mulheres das imundas choupanas em Kororadika. As esposas dos missionários tentaram persuadi-las a não se tatuarem, mas com a chegada de um famoso tatuador do Sul, elas disseram: "Nós realmente precisamos de pelo menos algumas linhas em nossos lábios, se não, quando envelhecermos, nossos lábios enrugarão e ficaremos muito feias". Não há nem de perto tantas tatuagens quanto antes, mas, como a tatuagem é um sinal distintivo entre o chefe e o escravo, é possível que seja praticada por um bom tempo ainda. Um conjunto de ideias tão rapidamente se torna habitual, que os missionários me revelaram que, mesmo aos seus olhos, um rosto limpo parecia sem graça, e não como os dos cavalheiros neozelandeses.

Já bem tarde da noite, fui à casa do sr. Williams, onde passei a noite. Um grande grupo de crianças tinha se reunido para o Natal e estavam sentadas em uma mesa redonda para o chá. Nunca vi um grupo mais alegre ou mais encantador, e pensar que isso acontecia no coração da terra da antropofagia, do assassínio e de todos os mais atrozes tipos de crime! A cordialidade e a alegria eram tão claramente percebidas nos rostos do pequeno círculo que pareciam ser igualmente sentidas pelas pessoas mais velhas da missão.

24 de dezembro – Pela manhã, foram lidas orações na língua nativa para toda a família. Após o desjejum, perambulei pelos jardins e pela fazenda. Era dia de feira. Os nativos das vilas vizinhas traziam suas batatas, seu milho indiano ou seus porcos para trocar por cobertores, tabaco e, algumas vezes, persuadidos pelos missionários, por sabão. O filho mais velho do sr. Davies, que gerenciava sua própria fazenda, era um homem de negócios na feira. As crianças dos missionários que vieram ainda jovens para a ilha entendem a língua melhor que seus pais e conseguem qualquer coisa feita pelos nativos mais rapidamente do que conseguiriam seus progenitores.

Um pouco antes do meio-dia, os senhores Williams e Davies caminharam comigo para uma parte de uma floresta vizinha para me mostrar o famoso pinheiro *kauri*. Medi uma das nobres árvores e descobri que tinha nove metros e meio de circunferência logo acima das raízes. Havia outra por perto, que não cheguei a ver, que tinha dez metros, e ouvi falar de uma com não menos de doze metros. Essas árvores são notáveis por seus troncos lisos e cilíndricos que chegam a 20 e até mesmo 30 metros de altura, com um diâmetro quase igual e sem um único galho. A copa é completamente desproporcional, o tronco e as folhas são também pequenas se comparadas com os galhos. A floresta aqui era quase totalmente composta de *kauris*, e as árvores maiores, graças ao paralelismo de seus lados, pareciam gigantescas colunas de madeira. A madeira do kauri é o produto mais valioso da ilha; além disso, uma grande quantidade de resina brota da casca da árvore e é vendida a um pence por libra aos americanos, mas seu uso era então desconhecido. Algumas das florestas neozelandesas devem ser impenetráveis. O sr. Matthews me disse que uma floresta de apenas 54 quilômetros de largura, entre dois distritos habitados, tinha sido atravessada pela primeira vez apenas recentemente. Ele e outro missionário, cada um com um grupo de aproximadamente cinquenta homens, abriram uma estrada, mas isso custou mais do que quinze dias de trabalho! Nas matas, vi poucos pássaros. No que diz respeito aos animais, é um fato notável que em uma ilha tão grande, com mais de 1.100 quilômetros de amplitude, e que tem, em algumas partes, quase 150 quilômetros de largura, com variados *habitats*, um bom clima, terra com alturas variadas e de no máximo 4.267 metros, não se encontre nenhum outro animal nativo que não seja um pequeno rato. As várias espécies daquele gênero gigante de pássaros, o *Deinornis*, parecem ter aqui substituído os mamíferos quadrúpedes da mesma forma que os répteis estão fazendo no arquipélago de Galápagos. Dizem que o rato comum norueguês, no curto tempo de dois anos, aniquilou nessa ponta norte da ilha as espécies neozelandesas. Em muitos locais, notei vários tipos de ervas que, como no caso dos ratos, fui forçado a considerar como nativas. Um tipo de alho silvestre tomou conta de regiões inteiras, e creio que logo se transformará em um grande problema. Sua introdução se deve a um navio francês, que o ofereceu como presente. A labaça comum também está disseminada e permanecerá, infelizmente, como uma prova da patifaria de um inglês que vendeu as sementes como se fossem de tabaco.

Ao retornar de nossa agradável caminhada, jantei na casa do sr. Williams e então, com um cavalo emprestado, retornei para a Baía das Ilhas. Despedi-me dos missionários muito grato por sua gentil acolhida e com sentimentos de grande respeito por sua gentileza, competência e caráter. Penso que seria difícil encontrar um grupo de homens mais bem adaptados ao alto ofício que desempenham.

Dia de Natal – Dentro de alguns dias se completará o quarto ano de nossa ausência da Inglaterra. Passamos nosso primeiro natal em Plymouth, o segundo na angra de São Martim, perto do cabo Horn, o terceiro no Porto Desire, na Patagônia, o quarto, ancorados em um porto selvagem na península de Três Montes, o quinto aqui. O próximo, com a ajuda da Providência, passaremos na Inglaterra. Assistimos à missa na capela de Pahia, uma parte lida em inglês e outra na língua nativa. Enquanto estávamos na Nova Zelândia, não soubemos de nenhum ato recente de canibalismo, mas o sr. Stokes encontrou ossos humanos queimados, espalhados ao redor dos restos de uma fogueira perto do ancoradouro. Aquelas sobras de um banquete, porém, poderiam estar ali há vários anos. É provável que o estado moral do povo melhore rapidamente. O sr. Bushby mencionou um agradável caso sobre a sinceridade de pelo menos alguns habitantes que se professavam cristãos. Um de seus criados, um jovem que estava acostumado a ler as orações para seus outros serviçais, o deixou. Algumas semanas mais tarde, ao passar tarde da noite por uma casa afastada, viu e ouviu um de seus homens, à luz de uma fogueira, lendo com dificuldade a Bíblia para os outros. Em seguida, o grupo se ajoelhou e orou. Em suas orações, mencionavam o sr. Bushby e sua família, bem como cada um dos missionários, separados de acordo com seus respectivos distritos.

26 de dezembro – O sr. Bushby se ofereceu para levar em seu bote a mim e ao sr. Sulivan alguns quilômetros rio acima até Cawa-Cawa. Em seguida, sugeriu que caminhássemos até a vila de Waiomio, onde se encontram algumas rochas peculiares. Seguindo um dos braços da baía, aproveitando uma agradável remada, passamos por uma bela paisagem até chegarmos à vila, ponto em que o bote não podia mais seguir em frente. Um chefe do lugar e um grupo de homens se ofereceram para nos acompanhar até Waiomio, uma distância de seis quilômetros e quatrocentos metros. O chefe tinha recentemente ganho muita notoriedade por ter enforcado uma de suas esposas e também um escravo por adultério. Quando um dos missionários criticou-lhe a atitude, ele pareceu surpreso e disse pensar que esse fosse justamente o método inglês. O velho Shongi, que na ocasião do julgamento da rainha estava na Inglaterra, expressou grande desaprovação a todo o procedimento. Disse que tinha cinco esposas e que preferiria cortar-lhes as cabeças do que se deixar perturbar dessa maneira apenas por uma só. Deixando essa vila, cruzamos o rio até outra que se localizava no flanco de um morro a uma pequena distância. A filha de um chefe que ainda era pagão havia morrido cinco dias atrás. A choça em que ela havia morrido foi completamente queimada. O corpo, entre duas canoas, foi posto em pé no chão e protegido por um cercado com imagens em madeira de seus deuses. Todo o conjunto foi pintado em um vermelho forte, de forma que pudesse ser visto de grande distância. Sua roupa estava presa ao caixão e seus cabelos cortados jaziam junto a seus pés. Os parentes da morta haviam feito incisões em seus próprios braços, corpos e rostos, de modo que estavam cobertos de sangue coagulado. As velhas da tribo pareciam imundas, formando um quadro dos mais hediondos. No dia seguinte, alguns oficiais visitaram esse lugar e encontraram as mulheres ainda grunhindo e se cortando.

Continuamos nossa caminhada e logo chegamos a Waiomio. Aqui há algumas massas regulares de calcário que se parecem com castelos arruinados. Essas rochas serviram de túmulos durante muito tempo e, por isso, são tidas como objetos sagrados, dos quais não se deve se aproximar muito. Um dos jovens, entretanto, gritou "Sejamos todos valentes" e correram em frente, mas quando estavam a cem metros, pensaram melhor e pararam. Com completa indiferença, entretanto, permitiram-nos examinar todo o local. Descansamos algumas horas nessa vila, ocasião na qual houve uma longa discussão com o sr. Bushby sobre o direito de venda de certas ilhas. Um velho, que parecia um perfeito genealogista, ilustrou os sucessivos donos das terras com gravetos enfiados no chão. Antes de deixarmos as casas, uma pequena cesta cheia de batatas-doces assadas nos foi dada e cada um de nós, como de costume, levou-as para comer na estrada. Notei que entre as mulheres da cozinha, havia um escravo homem. Deve ser muito humilhante para um homem se empregar no que é considerado o mais baixo trabalho feminino neste país belicoso. Escravos não podem ir à guerra, mas isso talvez não possa ser considerado uma espécie dolorosa de privação. Ouvi o caso de um pobre miserável que durante as hostilidades fugiu para a linha inimiga. Logo foi capturado por dois homens, mas como estes não concordavam quanto a quem deveria pertencer o preso, lançaram-se sobre ele com machados de pedra cada um, determinados a não permitir que o outro o levasse com vida. O pobre homem, quase morto de medo, só foi salvo pela intervenção de uma das esposas do chefe. A seguir, aproveitamos uma agradável viagem de retorno no barco, mas não chegamos ao navio antes que fosse tarde da noite.

30 de dezembro – À tarde, saímos da Baía das Ilhas com destino a Sidney. Creio que ficamos todos aliviados de deixar a Nova Zelândia. Não é um lugar agradável. Entre os nativos, falta aquela charmosa simplicidade que é encontrada no Taiti, e a maior parte dos ingleses são a escória da sociedade. Nem a região em si é atrativa. Olhei para trás para um ponto brilhante e era Waimate, com seus habitantes cristãos.

Capítulo XIX

Austrália

Sidney – Excursão para Bathrust – Aspecto das matas – Grupo de nativos – Gradual extinção dos aborígines – Infecção gerada pela reunião de homens sadios – Montanhas Azuis – Paisagem dos grandes vales em forma de golfo – Sua origem e formação – Bathrust, civilidade geral das camadas inferiores – Situação da sociedade – Terra de Van Diemen – Hobart Town – Expulsão dos aborígines – Monte Wellington – Canal Rei George – Melancólico aspecto da região – Bald Head, galhos de árvores com manifestações calcárias – Grupo de nativos – Partida da Austrália

12 de janeiro, 1836 – Cedo pela manhã, um ar leve nos levou em direção à entrada do Porto Jackson. Em vez de contemplar uma região verdejante entremeada com belas casas, uma linha reta de um penhasco amarelado nos fazia lembrar da costa da Patagônia. Apenas um farol solitário, feito de pedras brancas, indicava-nos a proximidade de uma cidade grande e populosa. Tendo entrado no porto, esse logo parece belo e espaçoso, com penhascos de arenito estratificado horizontalmente. A região, que é quase toda plana, é coberta de árvores raquíticas, como que indicando a maldição da esterilidade. Seguindo para o interior, a região melhora: belas vilas e boas cabanas se espalham ao longo da praia. À distância, casas de pedra de dois e três andares e moinhos nos limites das margens da encosta nos indicavam a proximidade da capital da Austrália.

Finalmente ancoramos dentro da angra de Sidney. Descobrimos uma pequena bacia ocupada por muitos navios grandes e cercada de armazéns. Durante a tarde, caminhei pela cidade e retornei repleto de admiração por todo o cenário. A cidade é um magnífico testemunho do poder da nação britânica. Aqui, em uma regiao menos promissora, fez-se em alguns anos o que não se fez em séculos na América do Sul. Meu primeiro impulso foi parabenizar a mim mesmo por ter nascido inglês. Depois, ao ver mais da cidade, minha admiração, talvez tenha diminuído um pouco. Ainda assim, é uma bela cidade.

As ruas são regulares, largas, limpas e mantidas em excelente condição. As casas são de um bom tamanho, e as lojas, bem supridas. A cidade pode ser fielmente comparada aos grandes subúrbios fora de Londres e a algumas outras grandes cidades na Inglaterra. No entanto, nem mesmo em Londres ou Birmingham há uma aparência de crescimento tão rápido. O número de casas grandes e outras construções recém-terminadas era realmente surpreendente; entretanto, todos reclamavam dos altos preços dos aluguéis e da dificuldade de arranjar uma moradia. Vindo da América do Sul, onde cada homem de propriedade é conhecido na cidade, nada me surpreendeu mais do que não ser capaz de afirmar imediatamente a quem pertencia essa ou aquela carruagem.

Contratei um homem e dois cavalos para me levarem a Bathurst, uma vila a aproximadamente 190 quilômetros para o interior, centro de um grande distrito pastoral. Dessa forma, eu esperava ter uma ideia geral da aparência da região. Na manhã do dia 16 de janeiro, parti em minha excursão. O primeiro estágio nos levou a Paramatta, uma pequena cidade do interior, segunda em importância depois de Sidney. As estradas eram excelentes e feitas segundo o princípio de MacAdam. Para isso, foi trazido basalto de uma distância de muitos quilômetros. Em todos os aspectos havia uma grande semelhança com a Inglaterra. Talvez os bares aqui fossem mais numerosos. O que menos se parecia com a Inglaterra eram os prisioneiros postos a ferros ou grupos de criminosos que cometeram aqui algum crime: trabalhavam acorrentados sob encargo de guardas armados.

O poder que o governo possui de abrir estradas pelo país por meio de trabalho forçado tem sido, creio, uma das principais causas da acelerada prosperidade desta colônia. Dormi, à noite, em uma hospedaria muito confortável junto à passagem de Emu, a 56 quilômetros de Sidney e próxima à subida das Montanhas Azuis. Essa estrada é a mais frequentada, e suas cercanias são habitadas há mais tempo que quaisquer outras na colônia. Toda a terra é cercada com cercas altas, pois os fazendeiros não conseguiram cultivar cercas vivas. Há um bom número de excelentes casas e boas cabanas espalhadas pela região. Ainda que consideráveis extensões de terra sejam cultivadas, a maior parte permanece como na época em que foi descoberta.

A extrema uniformidade da vegetação é a característica mais notável da paisagem da maior parte da Nova Gales do Sul. Em toda parte, temos um terreno florestal aberto. O solo é parcialmente coberto por um pasto muito ralo e com pouco viço. Quase todas as árvores pertencem à mesma família e a maioria possui folhas em posição vertical, ao contrário da Europa, em que elas crescem de modo quase totalmente horizontal. A folhagem é escassa e de uma coloração verde-clara, sem nenhum brilho. Por esse motivo as matas são claras e sem sombra. Isso diminui o conforto do viajante, que fica sob os ardentes raios estivais. Contudo, para o fazendeiro, isto é de grande importância, pois permite o crescimento de grama onde de outra forma seria impossível. As folhas não caem periodicamente. Essa característica parece comum a todo o hemisfério meridional, a saber: América do Sul, Austrália e o Cabo da Boa Esperança. Os habitantes deste hemisfério e das regiões intertropicais perdem dessa forma um dos mais gloriosos – embora comuns aos nossos olhos – espetáculos do mundo: a explosão dos brotos trazendo novas folhas para as árvores nuas. Eles podem dizer, entretanto, que pagamos caro por isso, pois temos a terra coberta de meros esqueletos de árvores durante vários meses. Isso é verdade, mas nossos sentidos adquirem, dessa forma, um forte prazer com o raro verde da primavera que nunca podem experimentar aqueles que moram nos trópicos e se fartam, ao longo do ano, com as deslumbrantes criações desses climas iluminados. A maior parte das árvores, com exceção de alguns *blue-gums*[50], não são muito robustos, mas crescem altas, relativamente retas e distantes umas das outras. A casca de alguns dos eucaliptos cai anualmente ou pende em longas tiras que balançam com o vento e dão às matas uma aparência desolada e confusa. Não posso imaginar um contraste maior, em todos os aspectos, do

50. *Eucalyptus globulus*. Um tipo de eucalipto australiano cujas folhas, quando novas, têm um tom azulado. (N.T.)

que o que existe entre as florestas de Valdívia ou Chiloé e as matas da Austrália.

Ao pôr do sol, um grupo de cerca de vinte aborígines negros passou por nós. Cada um carregava, à sua maneira habitual, um feixe de lanças e outras armas. O jovem que os liderava, ao receber um xelim, fez, com facilidade, que todos parassem e atirassem suas lanças para meu divertimento. Estavam todos parcialmente vestidos e muitos sabiam falar inglês. Seus semblantes eram agradáveis e bem-humorados e pareciam longe de ser aqueles seres terrivelmente degradados com que são normalmente representados. São admiráveis em seus ofícios. Um chapéu foi posto a uma distância de trinta metros e eles o trespassaram com uma lança arremessada com a rapidez de uma flecha de um excelente arqueiro. Demonstram maravilhosa sagacidade ao rastrear animais ou homens, e muitos de seus comentários denotavam considerável precisão. Entretanto, não cultivariam o solo ou construiriam casas e abandonariam o nomadismo, nem mesmo levariam consigo um rebanho de ovelhas, se tal lhes fosse dado. No geral, me parecem estar alguns degraus acima dos fueguinos na escala de civilização.

É curioso ver em meio a pessoas civilizadas um grupo de inofensivos selvagens vagando sem saber onde irão dormir à noite, sustentando-se da caça nas matas. O homem branco, à medida que foi avançando, acabou se espalhando sobre a região pertencente a várias tribos. Essas, embora cercadas pelos costumes de uma civilização, mantêm suas antigas características e, algumas vezes, guerreiam com as tribos inimigas tradicionais. Em um combate que ocorreu recentemente, dois grupos muito singulares escolherem o centro da vila de Bathurst como campo de batalha. Isso foi útil ao lado derrotado, pois os guerreiros em fuga se refugiaram nos celeiros.

O número de aborígines está diminuindo rapidamente. Durante todo o meu passeio, com exceção de alguns garotos criados por ingleses, vi apenas um outro grupo. Essa diminuição, sem dúvida, deve-se em parte à introdução de bebidas alcoólicas, às doenças europeias (mesmo as moderadas, tais como o sarampo[51], são muito destrutivas) e à gradual extinção dos animais selvagens. Dizem que muitas de suas crianças morrem muito cedo dos efeitos de sua vida nômade e, como a dificuldade de encontrar comida aumenta, aumentam, proporcionalmente, seus hábitos errantes. Dessa forma, a população, sem nenhuma morte aparente por fome, está diminuindo de maneira extremamente súbita, se comparamos com o que acontece em regiões civilizadas, onde o pai, mesmo que tenha que assumir uma carga de trabalho excessiva e prejudicial à sua saúde, não destrói sua descendência.

Além das muitas causas evidentes de destruição, parece haver alguns agentes mais misteriosos em funcionamento. Onde quer que os europeus tenham pisado, a morte parece perseguir os nativos. Podemos voltar nossa atenção para a enorme extensão das Américas, da Polinésia, do Cabo da Boa Esperança e da Austrália e encontraremos os mesmos resultados. Não é apenas o homem branco que incorpora o papel de agente destruidor. Os polinésios de origem malaia eliminaram, em algumas partes do arquipélago das Índias Orientais, os nativos de coloração escura. As variedades de homem parecem agir umas sobre as outras da mesma forma que as diferentes espécies de animais: os mais fortes sempre extirpando os mais fracos. Foi melancólico ouvir, na Nova Zelândia, os belos e enérgicos nativos dizendo que sabiam que a terra estava condenada a ser tirada de seus filhos. Todos já tinham ouvido falar da inexplicável redução da população na bela e saudável ilha do Taiti desde a época das viagens do capitão Cook. Nesse caso, porém, poderia-se esperar que se acontecesse justamente o contrário, uma vez que o infanticídio que antes havia em altíssimo grau cessara, a devassidão diminuíra imensamente e as guerras assassinas eram menos frequentes.

51. É notável como a mesma doença se modifica em diferentes climas. Na pequena ilha de Santa Helena, a introdução da febre escarlatina foi temida como uma praga. Em algumas regiões, nativos e estrangeiros são afetados tão diferentemente por certas doenças contagiosas, como se fossem diferentes animais. Exemplos disso ocorreram no Chile e, de acordo com Humboldt, no México. (*Polit. Essay*, New Spain, vol. IV.). (N.A.)

O reverendo J. Williams em seu interessante trabalho[52] diz que o primeiro contato entre nativos e europeus "é invariavelmente acompanhado pela introdução de febre, disenteria ou alguma outra doença que diminui o número de pessoas". Novamente afirma: "É fato indubitável que a maioria das doenças que assolaram as ilhas, durante minha estada aqui, foi introduzida com a chegada dos navios[53]. O que torna esse fato notável é que não é necessário haver casos de doença entre a tripulação do navio do qual foi importada a destrutiva doença". Essa afirmação não é tão extraordinária como parece de início, pois há diversos casos registrados de surtos de febres malignas que ocorreram sem que seus portadores originais tivessem adoecido. No princípio do reinado de George III, um prisioneiro que havia sido confinado na masmorra foi levado em um coche, junto com quatro guardas, até a presença de um magistrado. Embora o homem não estivesse doente, os quatro guardas morreram de uma febre rápida e pútrida. Todavia, não houve contágio entre as outras pessoas. A partir desses fatos, é quase certo inferir que as emanações provenientes de um

---

52. *Narrativa da Empresa Missionária*, p. 282. (N.A.)

53. Capitão Beechey (cap. IV, vol. I.) afirma que os habitantes da ilha Pitcairn estão firmemente convencidos de que, após a chegada de cada navio, sofrem de doenças cutâneas e de outros tipos de enfermidade. O capitão Beechey atribui isso à mudança da alimentação durante o tempo da visita. O dr. Macculloch (*Ilhas Ocidentais*, vol. II, p. 32) diz: "Afirma-se que, quando da chegada de um estrangeiro em Santa Kilda, todos os habitantes, *no linguajar usual*, pegam uma gripe". O dr. Macculloch considera todo o caso, embora isso tenha sido anterior e frequentemente confirmado, ridículo. Acrescenta, entretanto, que "colocamos a questão para os habitantes, que unanimemente concordaram com a história". Na *Viagem de Vancouver*, há uma afirmação de certa forma parecida com respeito a Otajeite. O dr. Dieffenbach, em uma nota na tradução de seu diário, afirma que os habitantes das ilhas Chatham e de partes da Nova Zelândia acreditam universalmente nisso. É impossível que tal crença pudesse se tornar universal no hemisfério norte, nas Antípodas e no Pacífico, sem bons fundamentos. Humboldt (*Ensaio político sobre o Reino da Nova Espanha*, vol. IV) diz que as grandes epidemias do Panamá e de Callao são "marcadas" pela chegada de navios do Chile, porque o povo daquela região temperada primeiro experimenta os efeitos fatais das zonas tórridas. Posso acrescentar que ouvi ser afirmado em Shropshire que ovelhas que foram importadas em navios, embora estivessem em perfeitas condições de saúde, se colocadas junto com outras, frequentemente causavam doenças para o rebanho. (N.A.)

grupo de homens fechados em um ambiente por algum tempo tornem-se venenosas quando inaladas por outros. Tal circunstância possivelmente se agrave ainda mais entre homens de diferentes raças. Por mais misterioso que pareça isso, não é mais surpreendente que o corpo um sujeito, imediatamente após a morte, e antes que a putrefação tenha sequer começado, já possua uma característica tão frequentemente deletéria, pois uma simples punctura de um instrumento usado em sua dissecação pode se tornar fatal para aquele que a sofre.

17 de janeiro – Cedo pela manhã, passamos o Nepean em uma barca. O rio, embora seja fundo e largo nesse ponto, tem um corpo de água corrente muito pequeno. Após termos cruzado uma região de terra baixa no lado oposto, chegamos ao pé das Montanhas Azuis. A subida é íngreme. A estrada foi aberta com muito cuidado na lateral do penhasco de arenito. No cume, estende-se uma planície quase lisa. Ela sobe imperceptivelmente para oeste e finalmente chega a uma altura de mais de novecentos metros. Em função de um nome tão pomposo como Montanhas Azuis e também de sua altitude absoluta, eu esperava ver uma pronunciada cadeia de montanhas cruzando a região. Em vez disso, contudo, deparei-me apenas com uma planície inclinada que representava uma fronteira desprezível para a terra baixa próxima à costa. De cima desse primeiro aclive, a visão das extensas matas ao leste era surpreendente, e as árvores ao redor cresciam altas. Mas, quando se está na plataforma de arenito, o cenário se torna muito monótono, cada lado da estrada é margeado por árvores da ubíqua família dos eucaliptos, sempre com seu aspecto pouco vistoso. Com exceção de duas ou três pequenas pousadas, não há casas ou terra cultivada. A estrada, além do mais, é solitária. O objeto mais frequente são carros de bois carregados de fardos de lã.

Por volta do meio-dia, demos ração aos nossos cavalos em uma pequena pousada chamada Weatherboard. A região aqui está a 853 metros acima do nível do mar. A aproximadamente dois quilômetros e meio deste lugar, há uma paisagem que vale muito ser visitada. Descendo um pequeno vale e seu minúsculo córrego, abre-se por entre as árvores que margeiam o caminho, de modo inesperado, um imenso golfo, cuja profundidade tenha talvez uns 450 metros. Caminhando um pouco chega-se à beira de um vasto precipício e abaixo se vê uma grande baía, ou golfo, pois não sei que outro nome dar a isso, coberta por uma densa floresta. O ponto de vista era como se fosse na cabeça de uma baía, as linhas do penhasco divergindo e se abrindo em cada lado, revelando, promontório após promontório, uma nítida praia imaginária. Esses penhascos são compostos de estratos horizontais do mais branco arenito e são tão absolutamente verticais que, em muitas partes, se uma pessoa em pé na borda largar uma pedra pode vê-la caindo em meio às árvores abismo abaixo. A linha do penhasco é tão ininterrupta que para chegar ao pé da cascata formada por esse pequeno córrego dizem que é necessário fazer um contorno de 25 quilômetros. Oito quilômetros adiante, outro linha do penhasco se estende e parece circular completamente o vale, o que justifica o nome baía, visto que é aplicado a essa grande depressão semelhante a um anfiteatro. Se imaginássemos um porto turbulento com suas águas profundas, cercadas por praias constituídas de aguçados precipícios, que tivesse sua água removida e uma floresta posta em seu fundo arenoso, teríamos então uma ideia da aparência e da estrutura que tento descrever. Esse tipo de visão era para mim uma novidade, uma novidade magnífica.

À tarde chegamos a Blackheath. O platô de arenito atinge aqui a altura de 1.036 metros e é, como antes, coberto com as mesmas matas raquíticas. Da estrada, tínhamos ocasionalmente vislumbres do vale profundo com as mesmas características do vale já descrito, mas, por sua condição íngreme e pela profundidade de suas laterais, mal podíamos ver o fundo. Blackheath é uma pousada muito confortável, mantida por um velho soldado, e me lembrava das pequenas pousadas em Norte de Gales.

18 de janeiro – Muito cedo pela manhã, caminhei aproximadamente cinco quilômetros para ver Govett's Leap. Uma paisagem semelhante àquela de Weatherboard, mas talvez ainda mais estupenda. Como era muito cedo, o golfo estava coberto por uma fina névoa azul que, embora obliterasse o efeito geral da paisagem, acrescentava uma aparente profundidade à floresta que se estendia aos meus pés. Esses vales, que por tanto tempo foram uma barreira intransponível aos colonizadores mais empreendedores em suas tentativas de alcançar o interior, são notáveis. Grandes baías em forma de braços se expandem em seus limites superiores, frequentemente se ramificam dos vales principais e penetram na plataforma de arenito. Por outro lado, a plataforma com frequência envia promontórios para dentro dos vales e até mesmo deixa dentro deles grandes massas insulares. Para descer em alguns desses vales é preciso fazer um desvio de 32 quilômetros. Em outros, os pesquisadores penetraram apenas recentemente, e os colonos ainda não foram capazes de levar seu gado até lá. No entanto, a mais notável característica em sua estrutura é que, embora tenham muitos quilômetros de largura em suas cabeceiras, geralmente se contraem em direção a suas bocas, a tal grau que se tornam intransponíveis. O agrimensor-chefe, *Sir* T. Mitchell[54], esforçou-se em vão para subir pela garganta através da qual o rio Grose se une ao Nepean, primeiro caminhando e depois rastejando entre os enormes fragmentos de arenito que haviam caído. Ainda assim, o vale do Grose em sua parte superior, como vi, forma uma depressão magnificamente plana com alguns quilômetros de largura e é cercado, por todos os lados, por penhascos, cujos cumes não devem estar a menos de novecentos metros acima do nível do mar. Quando o gado é levado para dentro do vale de Wolgan – por um caminho (que desci) parcialmente natural e parcialmente feito pelo proprietário –, não pode fugir, pois esse vale é cercado por penhascos perpendiculares e, doze quilômetros abaixo, reduz-se de uma largura média de oitocentos metros para uma simples fenda pela qual nem homem nem animal podem passar. *Sir* T. Mitchell afirma que o grande vale do rio Cox, com todas as suas ramificações, encerra-se, ao se unir com o Nepean, em uma garganta de 2.200 metros de largura e

54. *Viagens na Austrália*, vol. I, p. 154. Devo expressar minha gratidão a Sir T. Mitchell por diversos e interessantíssimos relatos pessoais sobre os grandes vales em Nova Gales do Sul. (N.A.)

aproximadamente 300 metros de profundidade. Outros casos similares podem ser acrescentados.

Ao ver a correspondência dos estratos horizontais em cada lado desses vales e grandes depressões em forma de anfiteatro, a primeira impressão é de que eles foram escavados, como outros vales, pela água; mas, quando pensamos na enorme quantidade de pedra que teria que ser removida por meras gargantas e brechas, somos levados a questionar se não houve um afundamento dessas massas rochosas. Quando consideramos, entretanto, a irregularidade dos vales ramificados e dos estreitos promontórios que se projetam das plataformas, somos levados a abandonar essa ideia. Atribuir a esses vales a atual ação aluvial seria absurdo. A drenagem dos níveis mais altos nem sempre cai, como relatei perto de Weatherboard, para dentro da cabeceira desses vales, mas sim para um dos lados dos recessos em forma de baía. Alguns dos habitantes me disseram que nunca tinha visto um desses recessos em forma de baía com seus promontórios recuando em ambos os lados sem pensarem na semelhança com uma costa escarpada. Esse certamente é o caso. Além do mais, na presente costa de Nova Gales do Sul, os portos belos, numerosos e largos estão geralmente ligados ao mar por uma estreita passagem aberta pelo desgaste dos despenhadeiros de arenito, variando de um quilômetro e meio até quatrocentos metros, e semelhantes, em escala miniaturizada, com os grandes vales do interior. Surge, então, de imediato, uma dificuldade surpreendente: por que o mar desgastou essas depressões, grandes e cercadas, transformando-as em uma grande plataforma, e deixou meras gargantas nas aberturas, pelas quais a vasta quantidade de matéria triturada deve ter passado? A única luz que posso lançar sobre esse enigma é salientar que bancos, das formas mais irregulares, parecem estar se formando atualmente em alguns mares, como em partes das Índias Ocidentais e no Mar Vermelho, e que suas laterais são extremamente íngremes. Fui levado a supor que tais bancos se formaram por sedimentos empilhados por fortes correntes em um fundo irregular. Entretanto, que em alguns casos o mar, em vez de espalhar os sedimentos uniformemente, empilha-os ao redor de rochas submarinas e ilhas é algo de que dificilmente se pode duvidar, ainda mais depois de examinar os mapas das Índias Ocidentais e das observações que fiz em muitas partes da América do Sul, onde as ondas têm poder para formar penhascos altos e escarpados mesmo em enseadas sem acesso ao mar. Ao aplicar essas ideias às plataformas de arenito de Nova Gales do Sul, imagino que os estratos foram acumulados pela ação de fortes correntes e de ondulações de um mar aberto em um fundo irregular e que os espaços em forma de vales, deixados assim sem preenchimento, tiveram seus flancos agudamente íngremes desgastados até se tornarem penhascos durante uma lenta elevação da terra. O arenito desgastado foi removido ou durante o tempo em que as estreitas gargantas foram cortadas pelo mar que recuava, ou subsequentemente por ação aluvial.

***

Logo após deixar Blackheath, descemos da plataforma de arenito pela passagem de Monte Vitória. Para criar essa passagem, uma enorme quantidade de pedra foi cortada. O projeto e sua execução são dignos de qualquer estrada na Inglaterra. Entramos agora em uma região aproximadamente trezentos metros mais baixa e constituída de granito. Com a mudança do tipo de rocha, a vegetação melhorou. As árvores ficaram mais belas e mais distantes umas das outras. O pasto entre elas era um pouco mais verde e mais abundante. Nas Muralhas de Hassan, deixei a estrada e fiz um curto desvio para uma fazenda chamada Walerwang, para cujo intendente eu tinha uma carta de apresentação escrita pelo proprietário, em Sidney. O sr. Browne teve a gentileza de me convidar para passar ali o dia seguinte, o que tive muito prazer em aceitar. Esse lugar oferece um bom exemplo do que é uma grande fazenda, ou, melhor dizendo, do que é o pastoreio de ovelhas na colônia. Nesse caso, entretanto, bois e cavalos são muito mais numerosos do que o usual, e isso se deve ao fato de que alguns vales são mais úmidos e produzem um pasto mais grosso. Duas ou três porções de terra plana perto da casa haviam sido limpas e cultivadas com milho que os seifadores estavam agora colhendo, mas não se planta mais trigo do que o necessário para o sustento anual dos trabalhadores aqui empregados. O número usual de condenados empregados aqui é de quarenta, mas atualmente há bem mais. Embora a fazenda fosse bem provida com tudo que era necessário, havia uma clara ausência de conforto e nem uma única mulher morava aqui. O pôr do sol de um belo dia geralmente dá a qualquer paisagem um ar de contentamento, mas aqui, nessa fazenda afastada, as mais brilhantes cores das matas circundantes não me faziam esquecer que quarenta homens embrutecidos e dissolutos estavam descansando de seus trabalhos diários, como escravos africanos, mas sem seus direitos sagrados de apelar por compaixão.

Cedo na manhã seguinte, o sr. Archer, o superintendente do estabelecimento, teve a gentileza de me levar para caçar cangurus. Cavalgamos a maior parte do dia, mas a caçada foi muito ruim, não vimos nem um canguru ou cão selvagem. Os galgos perseguiram um rato-canguru até uma árvore oca e tiramos o animal dali à força. É um animal grande como um coelho, mas com o aspecto de um canguru. Poucos anos atrás essa região estava cheia de animais selvagens, mas agora o casuar foi banido a uma longa distância e o canguru se tornou escasso. O galgo inglês tem sido altamente predador para ambos. Pode demorar muito até que esses animais sejam completamente extintos, mas seu destino está selado. Os aborígines estão sempre ansiosos para tomar emprestado os cães das fazendas: o uso dos cachorros, os restos de um animal morto e um pouco de leite das vacas são as oferendas de paz dos colonizadores que avançam mais e mais em direção ao interior. O aborígine irracional, cego por essas vantagens ilusórias, delicia-se com a aproximação do homem branco, que parece mesmo predestinado a herdar o país de suas crianças.

Embora o resultado de nossa caçada tenha sido insignificante, aproveitamos o agradável passeio. As matas geralmente são tão abertas que uma pessoa a cavalo pode galopar tranquilamente em seu interior. As matas são atravessadas por alguns vales de fundo chato verdes e sem árvores. Em tais pontos, o cenário era bonito como o de um parque. Em toda a região, vi poucos lugares em que não houvesse marcas de fogo. Essas marcas sobre os troncos, mais ou menos recentes, eram, em verdade, a única grande mudança à uniformidade tão cansativa ao olhar do viajante que representava esta paisagem. Nessas matas, não há muitos pássaros. Vi, entretanto, grandes bandos de cacatuas brancas se alimentando em um campo de milho e uns poucos e belos papagaios. Corvos, similares às nossas gralhas, eram comuns, além de outro pássaro parecido com a pega. Ao entardecer, dei uma caminhada por uma cadeia de açudes que nessa região seca representavam o curso de um rio e tive a sorte de ver vários dos famosos *Ornithorhynchus paradoxus*. Estavam mergulhando e brincando na superfície da água, mas mostravam muito pouco de seus corpos, de forma que podiam ser facilmente confundidos com ratos de água. O sr. Browne abateu um. Com certeza é um animal dos mais extraordinários. Um espécime empalhado está longe de oferecer uma boa ideia da aparência de sua cabeça e do bico fresco, pois este último se torna duro e encolhido[55].

20 de janeiro – Uma longa cavalgada de um dia para Bathurst. Antes de voltarmos à estrada, seguimos um caminho simples pela floresta, e a região, com exceção de algumas cabanas de colonizadores, era muito solitária. Nesse dia experimentamos o vento semelhante ao siroco da Austrália, que vem dos desertos secos do interior. Nuvens de poeira viajam em todas as direções e o vento parece ter sido aquecido pelo fogo. Ouvi dizer depois que os termômetros colocados do lado de fora das casas chegam a marcar 48° C e, em uma sala fechada, a temperatura fica ao redor dos 36° C. Durante a tarde, avistamos as dunas de Bathurst. Essas planícies onduladas, mas quase lisas,

---

55. Eu estava interessado em descobrir aqui o buraco cônico da formiga-leão ou de algum outro inseto. Primeiro uma mosca caiu na armadilha e imediatamente desapareceu, então veio uma formiga grande, mas imprudente, e seus esforços para escapar foram muito violentos. Esses curiosos pequenos espirros de areia, descritos por Kirby e Spence (*Entomol*, vol. I, p. 425) como sendo emitidos pela cauda do inseto, eram imediatamente direcionados contra a vítima esperada. Mas a formiga teve um destino melhor do que a mosca e escapou das mandíbulas fatais que estão escondidas na base do buraco cônico. A armadilha australiana tinha apenas metade do tamanho daquela feita pela formiga-leão na Europa. (N.A.)

são notáveis nessa região, pois não possuem nem um tipo de árvore. Tem apenas uma pastagem rala e marrom. Cavalgamos alguns quilômetros nessa região e então chegamos ao distrito de Bathurst, localizado em meio ao que pode ser chamado de um vale muito grande ou de uma planície estreita. Em Sidney, disseram-me para não formar uma opinião muito ruim da Austrália ao julgar a região da estrada e para não formar uma opinião muito boa baseado em Bathurst. Com relação a esse último assunto, não senti o menor risco de ser preconceituoso. A estação, devo admitir, tinha sido de grande seca e a região não estava com um aspecto favorável, embora entenda que estivesse incomparavelmente pior dois ou três meses atrás. O segredo do rápido crescimento e prosperidade de Bathurst é que o pasto marrom que parece ao olho do estrangeiro tão miserável é, na verdade, excelente para a criação de ovelhas. A cidade fica a 670 metros acima do nível do mar, nas margens do Macquarie. Esse é um dos rios que flui para o vasto e mal conhecido interior. A linha das águas que divide as correntes do interior das da costa tem uma altura de novecentos metros e corre em direção norte-sul, a uma distância entre 130 e 160 quilômetros da costa. O Macquarie aparece no mapa como um rio respeitável e é um dos maiores que drenam essa bacia hidrográfica. Ainda assim, para minha surpresa, descobri ser uma mera cadeia de piscinas separadas umas das outras por espaços praticamente secos. Geralmente um pequeno córrego mantém seu fluxo, e algumas vezes ocorrem violentas enchentes. O suprimento de água nesse distrito é escasso, mas se torna ainda mais escasso em direção ao interior.

22 de janeiro – Comecei meu retorno e segui a nova estrada chamada Linha de Lockyer ao longo da qual a região é ainda mais montanhosa e pitoresca. Foi um longo dia de cavalgada e a casa onde desejava dormir, que foi encontrada com dificuldade, era um tanto afastada da estrada. Fui tratado, nessa ocasião, e de fato em todas as outras, com cortesia geral e imediata pelas camadas populares, o que, quando se considera o que eles são e o que tinham sido, era algo totalmente inesperado. A fazenda em que passei a noite era de dois jovens que tinham chegado recentemente e estavam iniciando uma vida de colonos. A ausência de qualquer tipo de conforto era desanimadora, mas já se podia, como em uma antevisão, prever que a prosperidade futura em breve estaria garantida.

Passamos, no dia seguinte, por grandes extensões de terra em chamas, e nuvens de fumaça abarcavam a estrada. Antes do meio-dia, voltamos à nossa estrada antiga e subimos o monte Vitória. Dormi em Weatherboard e, antes de escurecer, dei outra caminhada até o anfiteatro. Na estrada para Sidney, passei uma tarde muito agradável com o capitão King em Dunheved e assim terminei minha pequena excursão pela colônia de Nova Gales do Sul.

Antes de chegar aqui, as três coisas que mais me interessavam eram: a situação da sociedade entre as classes mais altas, a condição dos condenados e os fatores que poderiam ser suficientemente atrativos para favorecer a imigração. É claro que após uma visita tão curta, a opinião de alguém não vale muita coisa, mas é tão difícil não ter qualquer tipo de opinião como formar um julgamento correto. No geral, pelo que ouvi, mais do que por aquilo que vi especificamente, fiquei desapontado com a situação da sociedade. A comunidade se divide em quase todos os assuntos, de modo rancoroso, em partidos. Entre aqueles que, por suas posições na vida, deveriam ser os melhores, muitos vivem em uma devassidão tão aberta que pessoas respeitáveis não podem sequer se relacionar com eles. Há muita inveja entre as crianças dos ricos emancipadores e dos colonos livres, os primeiros se agradam ao considerar homens honestos como trapaceiros. Toda a população, ricos e pobres, está inclinada a adquirir bens: entre as camadas mais altas, lã e pastoreio de ovelhas são tópicos constantes de conversa. Há muitos obstáculos para o conforto de uma família, sendo o principal, possivelmente, estarem cercados de criminosos sentenciados. Quão profundamente fere a sensibilidade ser servido por um homem que na véspera talvez tenha sido açoitado por seu representante por ter cometido algum crime de pouca monta. As criadas do sexo feminino são, é claro, muito piores: assim as crianças aprendem as mais vis expressões e pode se considerar afortunada a que não aprende igualmente ideias vis.

Por outro lado, o capital de uma pessoa, sem nenhum esforço de sua parte, rende três vezes mais do que na Inglaterra, e com algum cuidado certamente se pode enriquecer. Os artigos de luxo são abundantes e apenas um pouco mais caros do que na Inglaterra, mas a maioria dos artigos alimentícios é mais barata. O clima é esplêndido e totalmente saudável, mas, do meu ponto de vista, seu charme se perde pela aparência não cativante da região. Os colonos podem ter uma grande vantagem se empregam seus filhos nas lidas do campo quando são ainda muito jovens. A uma idade de dezesseis a vinte anos, eles frequentemente assumem o encargo de fazendas distantes. Isso ocorre, contudo, ao custo de seus filhos se associarem completamente a ex-condenados. Não estou ciente de que a sociedade tenha adquirido qualquer caráter peculiar, mas com tais hábitos e sem atividades intelectuais, dificilmente não se deteriorará. Minha opinião é de que apenas a mais dura necessidade me forçaria a emigrar para cá.

A rápida prosperidade e as perspectivas futuras dessa colônia são para mim enigmas, visto que não entendo desses assuntos. Os dois principais produtos de exportação são lã e óleo de baleia, e há um limite na produção de ambos. A região é totalmente imprópria para canais, portanto, há um ponto, não muito distante, além do qual o custo da tosquia e do pastoreio das ovelhas não compensará o custo do transporte. O pasto em toda a parte é tão escasso que os colonos já tiveram que avançar muito para o interior: além do mais, a região fica cada vez mais pobre nessa direção. A agricultura, em função das secas, nunca poderá se desenvolver em grande escala; assim, até onde posso ver, a Austrália dependerá, no final das contas, de ser o centro de comércio para o hemisfério sul e talvez de suas futuras fábricas. Possuindo carvão, sempre disporá de fonte de energia. Pela região habitável que se estende ao longo da costa e por sua origem inglesa, certamente será uma nação marítima. Anteriormente imaginei que a Austrália se ergueria como uma grande e poderosa nação, como a América do Norte, mas agora me parece que a perspectiva de um futuro assim grandioso é um tanto problemática.

Com respeito à situação dos condenados, tive ainda menos oportunidades de estabelecer um julgamento preciso. A primeira questão é: se a condição deles é de fato uma punição, ninguém poderá afirmar que seja das mais severas. Isso, contudo, suponho que não seja importante enquanto durar o temor de ser degredado nos criminosos na Inglaterra. Os desejos corpóreos dos condenados são toleravelmente bem supridos. Suas perspectivas de liberdade e conforto não estão distantes e são garantidas mediante boa conduta. Uma "liberdade condicional" é concedida, enquanto se mantenha livre de suspeitas de crimes, por exemplo, e torna livre um homem dentro de certo distrito, sob bom comportamento, depois de cumpridos os anos proporcionais à duração da sentença. Apesar de tudo isso, e examinando a prévia detenção e a miserável expatriação, creio que os anos de punição passam com muito descontentamento e infelicidade. Como um homem inteligente salientou-me, os condenados não têm nenhum prazer além da sensualidade, e nisso não são gratificados. A enorme força persuasiva que o governo possui ao oferecer perdão, somada ao profundo horror às longínquas colônias penais, destrói a confiança dos condenados, prevenindo dessa forma o crime. No que diz respeito ao sentimento do ridículo, parece ser um ilustre desconhecido de todos. Fui testemunha de algumas provas muito singulares disso. Embora seja um fato curioso, contaram-me em toda parte que o caráter da população de condenados é de completa covardia. Frequentemente alguns se desesperam e se desapegam à própria vida, mas quaisquer planos que requeiram frieza ou coragem são raramente postos em prática. A pior característica de tudo é que, embora exista o que possa ser chamado de reforma legal e comparativamente pouco do que acontece possa ser alcançado pela lei, ainda assim qualquer reforma de ordem moral parece estar fora de questão. Pessoas bem-informadas me garantiram que, se um homem tentasse melhorar, não conseguiria enquanto vivesse em companhia de outros servos designados, pois sua vida seria de uma miséria e opressão intoleráveis. Não devemos esquecer a contaminação que o ocorre nos navios de condenados e nas prisões, tanto aqui como na Inglaterra. No geral, não se pode dizer que o objetivo de punir alguém ao mandá-lo para cá tenha sido alcançado. Como um verdadeiro sistema de reforma, o fracasso é total. Bem, em verdade, qualquer outro plano talvez tivesse o mesmo destino. Agora, se pensarmos nesse sistema como uma forma de criar homens aparentemente honestos, de converter vagabundos, completamente inúteis em um hemisfério, em cidadãos ativos em outro, dando nascimento assim a um novo e esplêndido país – um grande centro de civilização –, talvez ele seja um sucesso sem paralelo na história.

30 de janeiro – O *Beagle* partiu para a cidade de Hobart, na Terra de Van Diemen. No quinto dia de fevereiro, depois de seis dias de viagem, cuja primeira parte foi boa e a última muito fria e tempestuosa, entramos na foz da Baía Tempestade, e o tempo realmente justifica esse nome terrível. A baía deveria ser chamada de estuário, pois recebe em seu final as águas do Derwent. Perto da foz, existem algumas plataformas basálticas extensas, mas mais acima o terreno se torna montanhoso e coberto com uma mata suave. As partes baixas das montanhas que margeiam a baía são limpas, e os campos de milho, brilhantes e amarelos, e as plantações de batata, verdes e escuras, parecem luxuriantes. No final da tarde, ancoramos numa angra calma, nas praias da Tasmânia. A primeira impressão do lugar foi muito inferior à de Sidney. Essa última pode ser chamada de cidade, enquanto esta aqui, apenas de vilarejo. Fica na base do monte Wellington, uma montanha de 945 metros de altura, mas de pouca beleza pitoresca. Recebe, todavia, dessa fonte, bom suprimento de água. Ao redor da angra, temos alguns belos armazéns e, em um dos lados, um pequeno forte. Vindo dos assentamentos espanhóis, onde um cuidado todo especial é dedicado aos fortes, os meios de defesa nessas colônias pareciam desprezíveis. Ao comparar a cidade com Sidney, chamava muita atenção a quantidade inferior de grandes casas, tanto as já construídas quanto as em construção. Hobart Town, no censo de 1835, tinha 13.926 habitantes, e toda a Tasmânia tinha pouco mais de 36 mil.

Os aborígines foram removidos para uma ilha no estreito de Bass, de forma que a Terra de Van Diemen tem a grande vantagem de não ter população nativa. Essa atitude cruel parece ter sido inevitável, pois era a única forma de parar a temerária sucessão de roubos, queimas e assassinatos cometidos pelos negros e que, mais cedo ou mais tarde, teriam terminado com sua completa destruição. Temo não restar dúvida de que essa sucessão de males é consequência da infame conduta de alguns de nossos conterrâneos. Trinta anos é um período curto para que tenham sido banidos todos os aborígines dessa ilha nativa que é quase tão grande quanto a Irlanda. A correspondência relativa a esse assunto que foi trocada entre o governo da Inglaterra e o da Terra de Van Diemen é muito interessante. Embora muitos nativos tenham sido abatidos e aprisionados nas escaramuças que aconteceram em intervalos de muitos anos, nada parece tê-los convencido da superioridade de nosso poder até que toda a ilha, em 1830, foi posta sob lei marcial e, por proclamação, toda a população ordenada a ajudar em uma grande tentativa de confinar toda a raça. O plano adotado era muito similar àquele das grandes caçadas na Índia. Uma linha foi formada por toda a ilha com a intenção de forçar os nativos para um *cul-de-sac* na península da Tasmânia. A tentativa falhou, os nativos, depois de terem amarrado seus cães, passaram pela linha. Isso não surpreende, quando se pensa em seus sentidos apurados e o jeito como rastejam feito animais. Asseguraram-me que eles conseguem se esconder mesmo em solo quase nu de uma maneira que, mesmo testemunhada, é quase inacreditável. Seus corpos escuros são facilmente confundidos com os tocos de árvores cortadas que estão espalhados por toda a região. Contaram-me de um experimento entre um grupo de ingleses e um nativo, que devia ficar completamente à vista no flanco de uma colina; se os ingleses fechassem os olhos por menos de um minuto, o nativo se acocorava e os ingleses eram incapazes de distingui-lo dos troncos que o cercavam. Mas voltando à caçada, os nativos, ao entenderem esse tipo de combate, ficaram terrivelmente alarmados, pois imediatamente perceberam o poder e o número dos brancos. Pouco depois, um grupo de treze nativos, pertencentes a duas tribos, veio e, ciente de sua condição desprotegida, se entregou. Subsequentemente, pelos intrépidos esforços do sr. Robinson, um homem ativo e benevolente que sem medo visitou ele mesmo o mais hostil dos nativos, o restante do grupo acabou agindo de maneira similar. Foram então removidos para uma ilha onde comida e roupas lhes foram oferecidas. O conde Strzelecki afirma[56] que "na época em que foram deportados, em 1835, os nativos somavam 210. Em 1842, isto é, após um intervalo de sete anos, eles chegavam a apenas 54 indivíduos e, enquanto cada família do interior de Nova Gales do Sul, não contaminada pelo contato com os brancos, tem muitas crianças, essas da ilha de Flinders tiveram em oito anos um aumento em número de apenas catorze!"

O *Beagle* ficou aqui dez dias e, nesse tempo, fiz várias excursões agradáveis, em sua maioria com o objetivo de examinar a estrutura geológica da vizinhança próxima. Os principais pontos de interesse consistem em primeiro lugar de alguns pontos de estratos altamente fossilíferos pertencentes ao período Devoniano ou Carbonífero; em segundo lugar, nas provas de uma recente e pequena elevação da terra, e finalmente em uma porção solitária e superficial de calcário amarelado ou travernito que contém numerosas impressões de folhas de árvores junto com conchas terrestres que agora não existem mais. Não é improvável que nessa pequena fonte de achados se encontre o único registro restante da vegetação da Terra de Van Diemen durante uma época antiga.

O clima aqui é mais úmido do que em Nova Gales do Sul e, por isso, a terra é mais fértil. A agricultura floresce, os campos cultivados parecem progredir bem e os pomares abundam com vicejantes vegetais e árvores frutíferas. Algumas das fazendas situadas em pontos retirados têm uma aparência muito agradável. O aspecto geral da vegetação é similar ao da Austrália, com a diferença de que aqui há mais verde e o pasto entre as árvores é bem mais abundante. Um dia dei uma longa caminhada no lado da baía oposto à cidade. Atravessei em um barco a vapor, em um dos dois que estão constantemente navegando para frente e para trás. O maquinário de um desses barcos tinha sido inteiramente manufaturado nessa

56. *Descrição física de Nova Wales do Sul e da Terra de Van Diemen*, p. 354. (N.A.)

colônia que tem apenas 33 anos desde a sua fundação! Outro dia, subi o Monte Wellington. Levei um guia comigo, pois falhei na primeira tentativa de escalada em função da mata cerrada. Nosso guia era, entretanto, um camarada estúpido e nos conduziu para o lado sul e pantanoso da montanha, onde a vegetação era muito luxuriante e onde o trabalho de subida era, por causa dos troncos apodrecidos, quase tão duro quanto nas montanhas da Terra do Fogo ou de Chiloé. Custou-nos cinco horas e meia de dura escalada até que conseguíssemos alcançar o cume. Em muitas partes, os eucaliptos tinham um bom tamanho e compunham uma nobre floresta. Em algumas das ravinas mais úmidas, fetos cresciam de uma maneira extraordinária. Vi um que devia ter, pelo menos, seis metros da base até a fronde e tinha exatamente um metro e oitenta centímetros de circunferência. As folhagens formavam os mais elegantes para-sóis, produzindo uma sombra melancólica, como aquela da primeira hora da noite. O cume da montanha é largo e plano e é composto de enormes massas anelares de *greenstone* descoberta. Sua altitude é de 940 metros acima do nível do mar. O dia estava esplendidamente limpo e aproveitamos a ótima visibilidade. Ao norte, a região parecia uma massa de montanhas cobertas de florestas com uma altura aparentemente igual àquela em que estávamos e com um horizonte igualmente suave. Ao sul, a terra fragmentada e a água, formando baías muitas intricadas, pareciam nitidamente como um mapa. Depois de ficarmos algumas horas no cume, descobrimos um caminho melhor para descer, mas não chegamos ao *Beagle* antes das oito da noite, depois de um árduo dia de trabalho.

7 de fevereiro – O *Beagle* partiu da Tasmânia e, no sexto dia do mês seguinte, chegou ao canal Rei George, localizado próximo à ponta sudoeste da Austrália. Ficamos lá oito dias, e nunca tivemos durante nossa viagem tempos mais tediosos e desinteressantes. A região, vista de uma eminência, parece uma planície coberta de florestas, com algumas formas de granito parcialmente nuas aqui e ali. Certo dia, saí com um grupo na esperança de caçar um canguru e caminhamos por muitos quilômetros na região. Por toda parte, o solo era arenoso e muito pobre. Tinha uma rala vegetação grosseira, ou baixos arbustos com uma grama filamentosa, ou uma floresta de árvores mirradas. A paisagem se assemelha àquela da alta plataforma de arenito das Montanhas Azuis. Entretanto, a casuarina (uma árvore que lembra um pouco um abeto escocês) aqui é numerosa e o eucalipto aparece bem menos. Nas partes abertas, havia muitas palmeiras, mas, em vez possuírem no topo uma coroa de folhagem nobre, ostentavam apenas um tufo de folhas similares a grama áspera. A cor verde brilhosa dos matos e de outras plantas, vista a uma certa distância, pareciam prometer fertilidade. Uma única caminhada, entretanto, foi suficiente, para desfazer tal ilusão, e aquele que pensa como eu, jamais desejará caminhar novamente em uma região tão pouco convidativa.

Certo dia, acompanhei o capitão Fitz Roy a Bald Head, um lugar tão mencionado por navegadores, onde alguns imaginavam ter visto corais e outros, árvores petrificadas na posição em que supostamente haviam crescido. De acordo com o que vimos, os leitos foram formados pelo desgaste da areia fina sob a ação do vento. A areia é composta de minúsculas partículas arredondadas de conchas e de corais. Durante tal processo, galhos e raízes de árvores, junto com muitas conchas terrestres, se aglomeraram. O conjunto, então, se consolidou pela percolação de matéria calcária, e as cavidades cilíndricas deixadas pela madeira apodrecida foram também preenchidas com uma rocha dura pseudo-estalactítica. O tempo está atualmente desgastando as partes mais macias e, em consequência disso, as partes duras das raízes e dos galhos de árvore estão se projetando sobre a superfície de uma maneira singularmente enganadora, parecendo os tocos de uma moita morta.

Uma grande tribo de nativos chamados "os homens de Cacatua Branca" veio ao assentamento nos fazer uma visita enquanto estávamos aqui. Esses homens, como aqueles da tribo do Cabo Rei George, tentados pela oferta de alguns tonéis de arroz e açúcar, foram persuadidos a apresentar uma grande "*corrobery*", ou uma grande dança festiva. Tão logo escureceu, pequenas fogueiras foram acesas e os homens prepararam sua toalete, que consistia em se pintarem com pontos e linhas brancos. Tão logo tudo estava pronto, as mulheres e as crianças se reuniram como espectadores ao redor das grandes fogueiras. Os cacatuas e os homens do Cabo Rei George formaram dois grupos distintos e dançavam geralmente em resposta uns aos outros. A dança consistia em correr lateralmente ou em fila indiana até um espaço aberto e bater no solo com muita força à medida que marchavam juntos. Seus passos pesados eram acompanhados por uma espécie de grunhido, pela batida de seus tacapes e lanças e por vários outros gestos, tais como estender os braços e contorcer o corpo. Era uma cena extremamente rude e bárbara e, a nosso ver, desprovida de qualquer tipo de significado, mas observamos que as mulheres negras e as crianças observaram a dança com enorme prazer. Talvez essas danças representassem originalmente ações, tais como guerras e vitórias. Havia uma dança chamada *Emu*[57] em que cada homem estendia seus braços em curva, como o pescoço de uma ave. Em outra dança, um homem imitava os movimentos de um canguru pastando nas matas, enquanto um segundo rastejava para perto e fingia trespassá-lo com a lança. Quando as duas tribos se misturaram na dança, o chão tremeu com o peso de seus passos, e os gritos dos selvagens ressoavam no ar. Todos pareciam animados, e o grupo de figuras quase nuas, vistos sob a luz das fogueiras, movendo-se em uma horrível harmonia, dava uma perfeita amostra do que era um festival entre os bárbaros mais primitivos. Na Terra do Fogo, contemplamos muitas cenas curiosas da vida selvagem, mas nunca, creio, uma em que os nativos estivessem tão alterados e tão desprovidos de timidez. Após o término da dança, o grupo formou um grande círculo no chão e o arroz cozido e o açúcar foi distribuído para o prazer de todos.

Após muitos tediosos atrasos por causa do tempo fechado, no dia 14 de março, alegremente partimos do Cabo Rei George e seguimos para a ilha Keeling. Adeus, Austrália! És uma criança em crescimento e sem dúvida algum dia reinarás como uma grande princesa no Sul, mas és grande e ambiciosa demais para que possas ser amada, embora não grande o suficiente para que se tenha respeito por ti. Deixo tuas praias sem arrependimento ou pesar.

---

57. Ave traduzida neste texto anteriormente por casuar. (N.T.)

Capítulo XX

Ilha Keeling – Formações de coral

Ilha Keeling – Aparência singular – Flora escassa – Transporte de sementes – Aves e insetos – Fluxo e refluxo das nascentes – Campos de corais mortos – Pedras transportadas nas raízes de árvores – Grande caranguejo – Corais aferroantes – Peixes comedores de coral – Formações coralinas – Ilhas-lagunas ou atóis – Profundidade a que podem viver os corais que formam recifes – Vastas áreas intercaladas com baixas ilhas de corais – Afundamento de suas fundações – Barreira de recifes – Recifes franjados – Conversão de recifes Franjados em barreiras de recifes e em atóis – Evidência de mudanças de nível – Brechas nas barreiras de recifes – Atóis das Maldivas, sua estrutura peculiar – Recifes submergidos e mortos – Áreas de abaixamento e elevação – Distribuição dos vulcões – Abaixamento lento e contínuo.

1º de abril – Avistamos as ilhas Cocos ou Keeling, situadas no oceano Índico e distantes aproximadamente 965 quilômetros da costa de Sumatra. Essa é uma das ilhas-lagunas (ou atóis) de formação de corais, similar àquelas do arquipélago Low, pelo qual passamos perto. Quando o navio estava no canal perto da entrada, o sr. Liesk, um residente inglês, veio até nós em seu barco. Em resumo, a história dos habitantes deste lugar é a que segue. Aproximadamente nove anos atrás, o sr. Hare, um homem sem valor, trouxe do arquipélago das Índias Orientais um certo número de escravos malaios, que agora, incluindo as crianças, somam mais de uma centena. Pouco depois, o capitão Ross, que tinha antes visitado essas ilhas em seu navio mercante, chegou da Inglaterra trazendo com ele sua família e bens para o assentamento. Junto veio o sr. Liesk, que tinha sido oficial em seu navio. Os escravos malaios logo fugiram da ilhota em que o sr. Hare estava assentado e se juntaram ao grupo do capitão Ross. Por causa disso o Sr. Hare, foi obrigado a abandonar o lugar.

Os malaios estão agora nominalmente em um estado de liberdade, e esta é certamente a sua condição no que diz respeito ao tratamento pessoal, mas, em muitos outros pontos, ainda são considerados escravos. Por seu descontentamento, por suas repetitivas remoções de uma ilhota para outra e talvez também por um pouco de mau gerenciamento, as coisas não se mostram muito prósperas. As ilhas não têm nenhum quadrúpede doméstico, excetuado o porco, e o principal produto vegetal é o coco. A prosperidade do lugar depende dessa árvore. Os únicos produtos de exportação são o óleo de coco e os próprios cocos que são levados para Singapura e Maurício, onde são usados principalmente, quando ralados, na produção de molhos condimentados. Os porcos, que são muito gordos, também subsistem comendo coco. O mesmo acontece com patos e demais aves domésticas. Até um enorme caranguejo terrestre é suprido pela natureza com ferramentas para abrir e se alimentar desse produto muito útil.

O recife com forma de anel da ilha-laguna tem, na maior parte de sua extensão, ilhotas lineares de uma altura um pouco maior. Ao norte ou sotavento, há uma abertura pela qual os navios podem passar para o ancoradouro do lado interno. Ao entrar, a cena era muito curiosa e bonita. Tal beleza, entretanto, dependia inteiramente do brilho das cores ao redor. A água da laguna rasa, clara e calma em sua maior parte sobre a areia branca do fundo, e era do mais vívido verde quando iluminada por um sol vertical. Essa amplitude verde com muitos quilômetros de largura é dividida em todos os lados ou por uma linha de espumas brancas das ondas escuras e pesadas do oceano, ou da abóbada celeste pelas tiras de terra coroadas nos topos planos com coqueiros. Da mesma forma que uma nuvem branca aqui e acolá faz um agradável contraste com o céu azul, também na laguna os corais vivos contratavam com a água verde-esmeralda.

Na manhã seguinte à nossa ancoragem, fui à costa da ilha Direction. A tira de terra seca tem apenas algumas centenas de metros de largura. No lado da laguna, há uma praia branca e calcária. A radiação solar debaixo desse clima sufocante era muito opressiva. Na costa exterior, uma superfície plana, sólida e larga de rochas de corais servia de quebra-mar para a violência do oceano. Exceto nas proximidades da laguna, onde há um pouco de areia, o terreno é inteiramente composto de fragmentos de coral arredondados. Em um solo tão solto, seco e pedregoso, o clima das regiões intertropicais produziria sozinho uma vigorosa vegetação. Em algumas das ilhotas menores, nada poderia ser mais elegante do que a maneira com que os coqueiros jovens e maduros, sem destruir a simetria uns dos outros, misturavam-se em uma mata. Uma praia de areia branca e brilhante formava o limite desses pontos feéricos.

Farei agora um esquema da história natural dessas ilhas que, por sua própria escassez, gera um interesse peculiar. O coqueiro, à primeira vista, parece compor toda a mata. Há, entretanto, cinco ou seis outras árvores. Uma delas atinge uma altura muito grande, mas é inútil por causa da extrema maciez de sua madeira. Outro tipo fornece excelente madeira para a construção de navios. Além das árvores, o número de plantas é extremamente limitado e consiste apenas de ervas insignificantes. Em minha coleção que inclui, creio, quase que toda a flora, há vinte espécies sem se ver um musgo, líquen ou fungo. A esse número, devem ser acrescentadas duas árvores, uma que não estava em floração e outra da qual apenas ouvi falar. A última é uma árvore solitária dessa ilha e nasce perto da praia, onde sem dúvida uma semente foi atirada pelas ondas. Uma guilandina também cresce em apenas uma das ilhotas. Não incluo na lista acima a cana-de-açúcar, a banana, alguns outros vegetais, árvores frutíferas e pastos importados. Como as ilhas consistem inteiramente de coral e em alguma época devem ter sido meros recifes banhados pela a água, todos os produtos terrestres devem ter vindo para cá pelas ondas do mar. De acordo com isso, a Flórula tem a característica exata de um refúgio de desamparados: o professor Henslow me informa que das vinte espécies, dezenove pertencem a gêneros diferentes, e essas a não menos que dezesseis famílias![58]

Nas *Viagens de Holman*[59] é dado, com a autoridade do sr. A. S. Keating, que residiu doze meses nestas ilhas, um relato sobre várias sementes e outros corpos que sabidamente vieram dar à praia naquela costa. “Sementes e plantas da Sumatra e

58. Essas plantas estão descritas nos *Anais de História Natural*, volume I, 1838, p. 337. (N.A.)

59. *Viagens de Holman*, vol. IV, p. 378. (N.A.)

de Java foram trazidas pela arrebentação no lado barlavento das ilhas. Entre elas foi encontrado o Kimiri, nativo da Sumatra e da península de Malcca; o coco de Balci, conhecido por sua forma e tamanho; o *dadass*, que é plantado pelos malaios junto com a pimenta ampelidácea que envolve seu tronco sustentando-se em seus acúleos; a árvore-sabão; a mamona; troncos de sagueiro e vários tipos de sementes desconhecidas dos malaios assentados nas ilhas. Tudo isso supostamente foi trazido pela monção noroeste para a costa da Nova Holanda e dessa forma para essas ilhas pelo alísio sudeste. Grandes massas de teca javanesa e madeira amarela também foram encontradas, além de imensas árvores de cedro vermelho e branco e a árvore de goma azul da Nova Holanda em perfeitas condições de saúde. Todas as sementes duras, tais como as das trepadeiras, mantém sua capacidade de germinar, mas os tipos mais macios, entre os quais o mangostão, são destruídos na passagem. Canoas de pesca, aparentemente vindas de Java, foram encontradas algumas vezes na praia." É interessante descobrir assim como são numerosas as sementes que, vindas de várias regiões, estiveram à deriva em mar aberto. O professor Henslow me diz que acredita que quase todas as plantas que eu trouxe dessas ilhas sejam espécies comuns no arquipélago das Índias Orientais. Parece pouco provável, entretanto, por causa da direção dos ventos e correntes, que elas pudessem ter vindo para cá por uma linha reta. Se elas foram primeiramente carregadas, como sugerido com muita probabilidade pelo sr. Keating, em direção à costa da Nova Holanda e daí derivaram juntamente com os produtos daquela região, as sementes, antes de germinar, devem ter viajado entre 2.896 quilômetros e 3.861 quilômetros.

Chamisso[60], quando descreve o arquipélago Radack, situado na parte ocidental do Pacífico, afirma que "o mar traz a essas ilhas as sementes e frutas de muitas árvores, a maioria das quais ainda não germinou por aqui. A maior parte dessas sementes parece não ter perdido ainda a sua capacidade de germinar".

60. *Primeira viagem de Kotzebue*, vol III, p. 155. (N.A.)

Também é dito que palmeiras e bambus de alguma parte da zona tórrida e troncos de abetos boreais são trazidos até a praia: esses abetos devem ter vindo de muito longe. Esses fatos são altamente interessantes. Não há duvida que, se houvesse pássaros terrestres capazes de pegar as sementes assim que são depositadas na costa e um solo mais bem adaptado para o crescimento de tais sementes, esses blocos soltos de corais e a mais isolada das ilhas-lagunas, com o tempo, possuiriam uma flora muito mais abundante do que têm agora.

A lista de animais terrestres é ainda mais pobre do que a das plantas. Algumas das ilhotas são habitadas por ratos que foram trazidos em um navio de Maurício que naufragou aqui. Esses ratos são considerados pelo sr. Waterhouse idênticos ao tipo que existe na Inglaterra, mas são menores e têm cores mais brilhantes. Não há aves terrestres verdadeiras, pois uma narceja e uma condoriz (*Rallus Phillippensis*), embora vivam inteiramente de ervas secas, pertencem à ordem das palustres. Dizem que aves dessa ordem ocorrem em várias das ilhas baixas do Pacífico. Em Ascensão, onde não há aves terrestres, uma condoriz (*Porphyrio simplex*) foi abatida perto do cume de uma montanha e era evidentemente um errante solitário. Em Tristan d'Acunha, onde, de acordo com Carmichael, existem apenas duas aves terrestres, há uma gaivota. Por esses fatos, creio que as palustres, assim como as inumeráveis espécies de aves com pés membranosos, são geralmente as primeiras colonizadoras de pequenas ilhas isoladas. Posso acrescentar que sempre que notei aves de espécies não oceânicas muito longe da terra, elas pertenciam a essa ordem e, dessa forma, naturalmente se tornariam as primeiras colonizadoras de qualquer ponto remoto de terra.

De répteis vi apenas um pequeno lagarto. De insetos, tive muito trabalho em coletar cada tipo. Fora as aranhas, que eram numerosas, havia treze espécies[61]. Dessas, apenas uma era um escaravelho. Uma pequena formiga enxameava aos milhares

61. As treze espécies pertencem às seguintes ordens: Um minúsculo elátero na ordem da *Coleóptera*; *Orthoptera*, um *Gryllus* e uma *Blatta*; *Hemiptera*, uma espécie; *Homoptera*, duas; *Neuroptera*, uma *Chrysopa*; *Hymenoptera*, duas formigas; *Lepidóptera nocturna*, uma *Diopaea* e um *Pterophorus* (?); *Diptera*, duas espécies. (N.A.)

os blocos soltos de coral seco e era o único inseto verdadeiramente abundante. Embora as produções da terra sejam por isso escassas, se olharmos às águas do mar ao redor, o número de seres orgânicos é de fato infinito. Chamisso descreveu[62] a história natural de uma ilha-laguna no arquipélago Radack e é notável quão intimamente seus habitantes, em número e tipo, se assemelham aos da ilha Keeling. Há um lagarto e duas palmípedes, a saber: uma narceja e um maçarico. De plantas, há dezenove espécies, incluindo um feto, e algumas dessas são as mesmas daqui, embora em um ponto tão imensamente remoto e em um oceano diferente.

As longas faixas de terra, que formavam ilhotas lineares, foram elevadas apenas a uma altura na qual a arrebentação possa arremessar fragmentos de coral e o vento possa acumular areia calcária. A parte plana e sólida de rocha coral na parte exterior enfraquece, com sua extensão, a primeira violência das ondas que, de outra forma, em um dia teriam varrido essas ilhotas e tudo o que elas possuem. Aqui o oceano e a terra parecem brigar por poder, e embora a terra firme tenha obtido alguma solidez, os entes marítimos julgam que suas reivindicações são igualmente válidas. Em toda a parte se encontram caranguejos ermitões de mais de uma espécie[63] carregando em suas costas as conchas que roubaram das praias vizinhas. Mais alto, nas árvores, empoleiram-se numerosos gansos-patola, fragatas e andorinhas-do-mar. E a mata pode ser chamada de um viveiro do mar, pela grande quantidade de ninhos e pelo cheiro da atmosfera. Os gansos-patola em seus enormes ninhos observam quem passa com um olhar estúpido, mas bravo. Os bobos, como o nome já indica, são criaturas pequenas e bobas. Mas há uma ave charmosa: é uma andorinha pequena e branca como a neve que suavemente paira alguns metros acima da cabeça do visitante, escrutinando, com seus olhos grandes e

62. *Primeira viagem de Kotzebue*, vol. III, p. 222. (N.A.)

63. As grandes garras ou pinças de alguns desses caranguejos são maravilhosamente bem adaptadas, quando retraídas, para formar um opérculo para a concha quase tão perfeito quanto o que originalmente pertencia ao animal molusco. Foi-me garantido, e descobri o mesmo em minhas observações, que certas espécies do caranguejo-ermitão sempre usam certos tipos de conchas. (N.A.)

negros e com uma discreta curiosidade, seu rosto. Necessita-se de pouca imaginação para fantasiar que um corpo tão leve e delicado deve ser ocupado por algum espírito de fada.

Domingo, 3 de abril – Depois da missa, acompanhei o capitão Fitz Roy ao assentamento localizado a uma distância de alguns quilômetros, na ponta de uma ilhota coberta por altos coqueiros. O capitão Ross e o sr. Liesk vivem em uma grande casa similar a um celeiro, aberta nas duas extremidades e forrada com esteiras feitas de cascas de árvores. As casas dos malaios estão dispostas ao longo da costa da laguna. Todo o lugar tinha um aspecto um tanto desolador, pois não havia jardins que dessem sinais de cultivo e cuidado. Os nativos pertencem a diferentes ilhas no arquipélago das Índias Orientais, mas falam a mesma língua. Vimos os habitantes de Bornéu, Celebes, Java e Sumatra. Em cor, todos lembram os taitianos, de quem não diferem muito em características. Algumas das mulheres, entretanto, mostram uma predominância de traços chineses. Gostei tanto de sua expressão geral quanto do som de suas vozes. Pareciam pobres, e suas casas eram destituídas de móveis, mas era evidente pela gordura de suas crianças que cocos e tartarugas fornecem um bom sustento.

Nesta ilha há poços onde os navios obtêm água. À primeira vista não parece nem um pouco digno de nota que a água fresca flua regularmente com as marés, e já se imaginou que a areia teria a capacidade de filtrar o sal da água do mar. Esses poços de vazante são comuns em algumas das ilhas baixas das Índias Ocidentais. A areia comprimida, ou rocha coral porosa, é permeada de água salgada como uma esponja, mas a chuva que cai na superfície provavelmente afunda até o nível do mar ao redor e deve assim se acumular ali, desalojando uma mesma quantidade de água salgada. Como a água na parte inferior das grandes massas de corais esponjosos sobe e desce com as marés, assim também a água próxima da superfície, mantendo-se doce. Isso ocorre quando a massa é suficientemente compacta para evitar mistura mecânica, mas quando a terra consiste de grandes blocos soltos de corais com interstícios abertos, se um poço for cavado, a água, como vi, será salobra.

Após o jantar ficamos para ver uma peça curiosa que as mulheres malaias encenaram, baseada em parte em uma de suas superstições. Uma grande colher de madeira vestida com peças de roupa, e que tinha sido levada à sepultura de um homem morto, durante a lua cheia ganha vida e sai dançando e pulando por aí. Após a preparação adequada, a colher, controlada por duas mulheres, entrou em convulsão e dançou por um bom tempo ao som da música entoada pelas crianças e mulheres presentes. Foi um espetáculo muito tolo, mas o sr. Liesk sustentou que muitos dos malaios acreditam nesses movimentos espirituais. A dança não começou até que a lua estivesse alta, e valia a pena contemplar aquela esfera brilhante que tão calmamente brilhava através dos longos braços dos coqueiros que ondulavam ao sopro da brisa suave. Essas cenas dos trópicos são tão deliciosas que quase igualam aquelas queridas cenas da Inglaterra às quais estamos ligados pelos melhores sentimentos da alma.

No dia seguinte, me dediquei a examinar as interessantíssimas, ainda que simples, estrutura e origem destas ilhas. Estando a água muito mais calma do que o usual, vaguei pela parte mais externa e plana das rochas mortas até o ponto em que havia montes de corais, no qual as ondas quebram. Em algumas das valas e dos buracos havia belos peixes verdes e outros coloridos, e a forma e os tons de muitos dos zoófitos eram admiráveis. É perdoável o entusiasmo que cresce diante do infinito número de seres orgânicos que proliferam no mar dos trópicos tão prodigiosamente. Devo confessar, ainda assim, que acho que aqueles naturalistas que descreveram em palavras bem conhecidas as grutas submarinas com milhares de belezas usaram uma linguagem excessivamente exuberante.

6 de abril Acompanhei o capitão Fitz Roy a uma ilha no fundo da laguna. O canal era muito intricado e se retorcia através de campos de corais delicadamente ramificados. Vimos várias tartarugas e dois barcos ocupados em capturá-las. A água era tão clara e rasa que, embora uma tartaruga a princípio rapidamente saísse de vista, seus perseguidores, em uma canoa ou um barco, após uma curta caçada, alcançavam-nas. Um homem, de prontidão na proa, no momento preciso, lança-se à água sobre as costas da tartaruga. Então, segurando-se firmemente ao casco perto do pescoço, ele se deixa arrastar até que o animal se canse e seja capturado. Era uma perseguição bastante interessante de se observar: os dois barcos em sua caçada simultânea e os homens mergulhando de cabeça na água em busca da sua presa. O capitão Morseby diz que no arquipélago Chagos, neste mesmo oceano, os nativos, através de um processo horrível, tiram a concha das costas da tartaruga ainda viva. "O animal é coberto com carvão ainda em brasa que faz com que o casco se curve para cima e seja então retirado, antes que esfrie, com a ajuda de uma faca. Após esse bárbaro processo, o animal é solto em seu *habitat* natural e, depois de algum tempo, outra casca se forma, mas essa é frágil demais para ter qualquer serventia e o animal parece sempre lânguido e doente."

Quando chegamos ao fundo da laguna, atravessamos uma ilhota estreita e vimos uma grande rebentação quebrando na costa barlavento. Não sei bem por quê, mas em minha mente a visão das costas exteriores dessas ilhas-lagunas ficou associada à ideia de uma enorme grandeza. Há uma certa simplicidade na praia em forma de barreira, nas margens de arbustos verdes e altos coqueiros, na sólida barreira de rochas corais mortas com grandes fragmentos rochosos espalhados aqui e ali, e na linha da furiosa rebentação que a circunda em todas as direções. O oceano atirando suas águas sobre o largo recife parece um inimigo invencível e poderoso, entretanto, o veremos sofrer uma forte resistência e até mesmo ser derrotado por meios que a princípio pareciam fracos e ineficientes. Não é que o mar poupe as rochas de coral: os enormes fragmentos espalhados sobre o recife e empilhados junto à praia onde crescem os altos coqueiros dão prova do poder incansável das ondas. Também não há períodos de trégua. A grande ressaca causada pela lenta mas constante ação do alísio, que sempre sopra em uma direção sobre o mar aberto, faz com que a arrebentação quase iguale em força aquelas que surgem durante um vendaval nas regiões temperadas e que nunca cessam de rugir. É impossível contemplar essas ondas sem ter a convicção de que um ilha, mesmo construída da mais dura rocha, seja de pórfiro, granito ou quartzo, fatalmente capitulará e será destruída por um poder tão irresistível. Ainda assim, essas baixas ilhotas coralinas resistem e são vitoriosas, pois aqui outro poder toma parte na disputa como antagonista. As forças orgânicas separam um por um os átomos de carbonato de cálcio das espumantes ondas e os unem em uma estrutura simétrica. Mesmo que um furacão devaste os enormes fragmentos, o que isso significa em oposição ao trabalho acumulado de muitos arquitetos trabalhando noite e dia, mês após mês? Dessa forma, vemos o corpo macio e gelatinoso de um pólipo, através da atuação das leis vitais, conquistando o grande poder mecânico das ondas de um oceano que nem a arte do homem nem os trabalhos inanimados da natureza puderam controlar.

Não voltamos a bordo até tarde, pois ficamos um longo tempo na laguna, examinando os campos de corais e as gigantescas conchas do *chama*, nas quais, se um homem enfiasse a mão, não seria capaz de retirá-la enquanto o animal estivesse vivo. Perto do fundo da laguna, fiquei muito surpreso ao encontrar uma área considerável, com mais de um quilômetro quadrado, coberta com uma floresta de corais que se ramificavam delicadamente, os quais, embora eretos, estavam todos mortos e apodrecendo. A princípio fiquei confuso e não conseguia entender a causa disso, depois me ocorreu que se devia a esta curiosa combinação de circunstâncias. Deve-se afirmar, entretanto, que os corais não sobrevivem nem mesmo por uma curta exposição à ação direta dos raios do sol, de forma que seu limite de crescimento é determinado pela mais baixa das marés. Parece, por alguns desenhos antigos, que a longa ilha a barlavento era antigamente separada por largos canais em muitas ilhotas. Esse fato é também indicado pela circunstância das árvores serem mais jovens nesses locais. Sob a condição anterior do recife, uma forte brisa tenderia a elevar o nível da laguna, atirando mais água sobre a barreira. Agora ela age de uma maneira contrária, pois a água dentro da laguna não apenas não sobe por causa das correntes externas, mas acaba ela mesma sendo soprada para fora pela força do vento. Assim se observa que a maré perto do final da laguna não se eleva tanto enquanto sopra uma forte brisa como o faz quando o tempo está calmo. Creio que a diferença no nível, embora sem dúvida seja muito pequena, causou a morte daqueles bosques coralinos que na parte antiga e mais aberta do recife exterior tinham chegado ao limite máximo de crescimento vertical.

Alguns quilômetros ao norte de Keeling há outro pequeno atol, cuja laguna está quase completamente coberta com lama coralina. O capitão Ross descobriu um fragmento bem arredondado de *greenstone* incrustado no conglomerado da costa externa, medindo um pouco mais que a cabeça de um homem. Ele e o homem que o acompanhava ficaram tão surpresos com isso que trouxeram a rocha e a preservaram como uma curiosidade. A ocorrência dessa rocha onde todas as outras partículas de matéria são calcárias é certamente muito intrigante. A ilha pouco foi visitada e é improvável que algum navio tenha afundado aqui. Pela ausência de qualquer explicação, cheguei à conclusão de que a pedra tinha vindo até aqui emaranhada nas raízes de alguma grande árvore. Quando considerei, contudo, a grande distância do ponto de terra mais próximo, a combinação de possibilidades contrárias à pedra ter viajado dessa forma, a árvore ter sido levada ao mar, flutuado até tão longe, aterrado em segurança e finalmente se incrustado de forma a permitir sua descoberta, fiquei receoso de imaginar meios de transporte aparentemente mais improváveis do que estes. Foi, portanto, com grande interesse que descobri as afirmações de Chamisso, o famoso naturalista que acompanhou Kotzebue, de que os habitantes do arquipélago Radack, um grupo de ilhas lagunares em meio ao Pacífico, conseguiram pedras para afiar seus instrumentos procurando nas raízes das árvores que haviam sido lançadas à praia. Fica evidente que isso deve ter acontecido várias vezes, pois foram estabelecidas leis garantindo que tais pedras pertençam ao chefe, sendo que uma punição é imposta a qualquer um que tente roubá-las. A ocorrência desses seixos assim transportados parece realmente maravilhosa, quando consideramos estes fatores: a posição isolada dessas pequenas ilhas em meio a um oceano vasto, a grande distância a que estão de qualquer outro ponto de terra que não seja de formação coralina, como atestada pelo valor que os habitantes, ousados navegadores, dão a uma pedra de qualquer tipo[64], e a lentidão das correntes do mar aberto. Pedras frequentemente podem ser transportadas dessa forma e, se a ilha em que elas encalharem for construída de qualquer outra substância que não seja coral, mal chamariam atenção e sua origem jamais seria adivinhada. Além disso, a atuação de tal meio de transporte pode, por muito tempo, passar sem ser notada, por causa da probabilidade das árvores, especialmente aquelas carregadas de pedras, flutuarem abaixo da superfície. Nos canais da Terra do Fogo, grandes quantidades de madeira são lançadas nas praias, ainda assim é extremamente raro encontrar uma árvore boiando na água. Esses fatos podem lançar alguma luz nas pedras solitárias, tanto angulares quanto arredondadas, ocasionalmente encontradas incrustadas a belas massas sedimentárias.

Durante outro dia, visitei a ilhota Oeste, em que a vegetação era talvez mais luxuriante do que em qualquer outra. Os coqueiros geralmente crescem separados, mas aqui os jovens floresciam embaixo de seus parentes altos e eram, com suas frondes longas e curvadas, as árvores que mais faziam sombra. Apenas os que já tiveram essa experiência sabem quão delicioso é ficar sentado sob uma dessas sombras bebendo uma água de coco fresca e deliciosa. Nessa ilha existe um espaço similar a uma grande baía composto da mais bela areia branca. Esse local é bem plano e é coberto apenas pela maré alta. Várias reentrâncias menores vindas dessa baía penetram o bosque. Ver um campo de areia branca e brilhante representando a água com os coqueiros estendendo seus altos e ondulantes troncos ao redor da margem, formava uma paisagem muito bonita e singular.

Antes aludi a um caranguejo que vive dos coqueiros. Ele é muito comum na terra seca e cresce a um tamanho monstruoso. Está intimamente relacionado ou é até mesmo idêntico ao *Birgus latro*. O par dianteiro de patas termina em pinças muito fortes e pesadas, e o último par é muito mais fraco e fino. A princípio poderia se considerar impossível para um caranguejo

64. Alguns nativos transportados por Kotzebue até Kamtschatka coletaram pedras para levarem-nas a seu país. (N.A.)

abrir um forte coco coberto com casca, mas o sr. Liesk garante que viu esse feito mais de uma vez. O caranguejo começa destroçando a casca fibra por fibra e sempre começando pelo lado em que se situam os três buracos. Quando isso está feito, o caranguejo começa a martelar um dos buracos com suas pesadas garras até que consiga abrir um furo. Então, virando o corpo com a ajuda de seu par de garras posteriores e mais finas, ele extrai a substância branca e albuminosa. Creio que esse é o caso de instinto mais curioso que eu já ouvi falar e também de adaptação, no que diz respeito à estrutura, entre dois objetos aparentemente tão distantes um do outro no esquema da natureza: um caranguejo e um coco. O *Birgos* tem hábitos diurnos, mas dizem que visita todas as noites o mar, sem dúvida com o intuito de umedecer suas guelras. Os jovens da mesma forma incubam e vivem por algum tempo na costa. Esses caranguejos habitam tocas profundas que cavam entre as raízes das árvores e onde acumulam surpreendentes quantidades de fibras de cascas de coco, nas quais se deitam como em uma cama. Os malaios algumas vezes se aproveitam disso e coletam a massa fibrosa para usá-la na fabricação de cordames. Esses caranguejos são muito bons de comer, além do mais, sob a parte posterior dos maiores há uma massa de gordura que, quando derretida, algumas vezes rende tanto quanto um quarto de garrafa de um óleo puro. Foi afirmado por alguns autores que o *Birgos* escala os coqueiros com o propósito de roubar os cocos. Duvido muito disso, mas com o Pandanus[65] a tarefa seria muito mais fácil. O sr. Liesk me disse que nessas ilhas o Birgos vive apenas dos cocos que caem no chão.

O capitão Moresby me informa que esse caranguejo habita os grupos de Chagos e Seycheles, mas não na vizinhança do arquipélago das Maldivas. Antigamente abundava em Maurício, mas atualmente apenas alguns do tipo pequeno podem ser encontrados por lá. No Pacífico, essa espécie ou uma com hábitos muito parecidos habita, segundo dizem[66], uma única ilha-coral ao norte do grupo de Society. Para mostrar o

65. Ver *Proceedings of Zoological Society*, 1832, p. 17. (N.A.)

66. Tyerman e Bennett. *Voyage*, etc., vol. II, p. 33. (N.A.)

maravilhoso poder do par de pinças frontais, posso mencionar que o capitão Moresby prendeu um caranguejo em uma forte caixa de metal, na qual armazenava biscoitos, com o fecho preso por um fio, mas o caranguejo arrancou as pontas e escapou. Ao arrancar as pontas, ele chegou a fazer uma quantidade de pequenos buracos no metal!

Fiquei muito surpreso ao descobrir duas espécies de coral do gênero *Millepora* (*M. complanata e alcicornis*) com poder de aferroar. Os ramos ou lâminas duras, quando tirados frescos da água, são ásperos e rugosos, e possuem um cheiro forte e desagradável. A propriedade urticante parece variar entre os diferentes espécimes. Quando um pedaço era pressionado ou esfregado contra a pele sensível do rosto ou do braço, uma sensação urticante era geralmente sentida e essa surgia após o intervalo de um segundo e durava apenas por alguns minutos. Um dia, entretanto, ao apenas tocar meu rosto com um dos ramos, a dor foi sentida instantaneamente e aumentou, como de costume, após alguns segundos, mantendo-se aguda por alguns minutos, e ainda perceptível meia hora depois. A sensação era tão ruim quanto a de uma urtiga, mas mais similar àquela causada pela *Physalia* ou pela *Caravela*. Pequenos pontos vermelhos surgiram na pele suave do braço que pareciam bolhas, mas não eram. M. Quoy menciona esse caso do *Millepora*, e ouvi falar de corais urticantes nas Índias Ocidentais. Muitos animais marinhos parecem ter este poder urticante. Afirma-se na viagem do Astrolábio que, além da Caravela, muitas medusas e a *Aplysia*, ou lesma do mar, das Ilhas de Cabo Verde, uma actínia ou anêmona do mar, da mesma forma que uma coralina aliada ao *Sertularia*, possuem essa capacidade de ataque ou defesa. No mar das Índias Orientais, dizem que existe uma alga urticante.

Duas espécies de peixe, uma delas do gênero *Scarus*, comuns por aqui, alimentam-se exclusivamente de coral. Ambas são de um colorido esplêndido, azul-esverdeado; uma vive invariavelmente na laguna e a outra entre os rochedos externos. O sr. Liesk nos garantiu ter visto, repetidamente, cardumes inteiros se alimentando com seus maxilares ossudos e fortes dos topos dos ramos de corais. Abri os intestinos de vários e os encontrei dilatados, com uma lama arenosa, calcária e amarelada. Os viscosos e repugnantes *Holuthuriae* (relacionados com a nossa estrela-do-mar), tão apreciados pelos *gourmets* chineses, também se alimentam em grande escala, como me informa o dr. Allan, de corais, e o sistema ósseo em seus corpos parece bem adaptado a esse fim. Esses *Holuthuriae*, os peixes, as numerosas conchas de proteção, e as formas de nereidas, que perfuram cada bloco de coral morto, devem ser agentes muito eficientes na produção da bela lama branca que jaz no fundo e nas margens da laguna. O professor Ehrenberg descobriu, entretanto, que uma porção dessa lama, que quando úmida lembra giz triturado, era parcialmente composta de protozoários ciliados de proteção silícica.

12 de abril – Pela manhã, saímos da laguna em nossa passagem para a ilha de França. Estou feliz de termos visitado essas ilhas. Tais formações com certeza estão entre os objetos mais lindos deste mundo. O capitão Fitz Roy não encontrou o fundo do mar com uma linha de 2.194 metros de comprimento a uma distância de apenas 22 mil metros da costa. Assim, concluímos que essa ilha forma uma alta montanha submarina com laterais mais íngremes do que as do mais abrupto cone vulcânico. O cume em forma de pires tem quase dezesseis quilômetros de fora a fora e cada átomo[67], da menor partícula até o maior fragmento de rocha, nessa grande pilha, que é pequena se comparada com muitas das outras ilhas lagunares, carrega o selo de ter sido submetido a uma organização orgânica. Ficamos surpresos quando os viajantes nos contam das grandes dimensões das pirâmides e de outras grandes ruínas, mas quão absolutamente insignificante a maior dessas pode ser quando comparadas àquelas montanhas de rochas acumuladas pela atuação de vários animais minúsculos e gentis! Essa é uma maravilha que, a princípio, não chama atenção do olho

---

67. Excluo obviamente um pouco do solo que se importou para cá em navios de Malacca e Java e também alguns pequenos fragmentos de pedras-pomes que foram trazidos para cá pelas ondas. O único bloco de *greenstone* encontrado ao norte da ilha deve ser excluído também. (N.A.)

do corpo, mas, após uma reflexão, chama grande atenção ao olho da razão.

***

Agora darei um breve relato das três grandes classes de recifes de corais, a saber: atóis, barreiras e corais de orla, e explicar minhas ideias[68] a respeito de sua formação. Quase todo viajante que cruzou o Pacífico expressou seu irrestrito assombro com as ilhas-lagunas ou atóis, como deverei chamá-las doravante seguindo a nomenclatura indiana, e tentou explicá-los. Já no ano de 1605, Pyrard de Laval exclamou: "É uma maravilha observar cada um desses atóis, cercados de um grande banco de pedra, sem uma marca da arte humana"[69].

O desenho acima da ilha Whitsunday no Pacífico, copiado da *Admirável viagem do capitão Beechey*, nos dá apenas uma suave ideia do singular aspecto de um atol. É um dos menores e tem suas estreitas ilhotas unidas em forma de anel. A imensidão do oceano, a fúria da arrebentação contrastada com a pouca elevação da terra e a calmaria da água clara e esverdeada dentro da laguna mal pode ser imaginada sem ter

68. Lido pela primeira vez diante da Sociedade Geológica em maio de 1837, e desde então desenvolvido em um volume separado sobre a *Estrutura e distribuição dos recifes de Coral*. (N.A.)

69. Em francês no original. "C'est une merveille de voir chacun de ces atollons, environné d'un grand banc de pierre tout autout, n'y ayant point d'artifice humain". (N.T.)

sido vista. Os antigos viajantes fantasiaram que os animais construtores de corais construíram instintivamente esses grandes círculos para garantirem a si mesmos proteção nas partes internas. Mas isso está muito distante da verdade, visto que a própria existência do recife depende das espécies maciças que crescem nas costas externas e expostas ao mar. Essas espécies não podem viver dentro da laguna, onde outras espécies delicadas florescem em ramos. Além disso, para essa interpretação, seria necessário que muitas espécies de gêneros e famílias distintas se combinassem com um propósito, e não se encontra nenhum único caso disso em toda a natureza. A teoria que tem sido mais aceita é que os atóis estão fundados em crateras submarinas, mas, quando consideramos a forma, o tamanho de alguns, o número, a proximidade e a posição relativa em relação aos outros, essa ideia deixa de ser plausível. O atol Suadiva dista 70 quilômetros, em um diâmetro, em outro, 55 quilômetros; Rimsky mede 86 por 32 quilômetros e tem uma margem estranhamente sinuosa; o atol Bow tem 48 quilômetros de comprimento e apenas 10 quilômetros de largura em média; o atol Menchicoff consiste de três atóis reunidos. Essa teoria, ademais, é totalmente inaplicável aos atóis ao norte das Maldivas no oceano Índico (um dos quais tem 140 quilômetros de comprimento e algo entre 16 e 32 quilômetros de largura), pois eles não se ligam uns aos outros através de recifes estreitos como atóis comuns, mas por um vasto número de pequenos atóis, e outros pequenos atóis surgem no grande espaço central em forma de laguna. Uma terceira e melhor teoria foi proposta por Chamisso, que pensou que, pelo fato dos corais crescerem mais vigorosamente onde estão expostos ao mar aberto, como sem dúvida é o caso, as partes exteriores cresceriam, a partir da base geral, antes de qualquer outra parte e que isso seria o motivo para a estrutura anelar ou em forma de taça. Mas imediatamente se vê que nessa, como também na teoria das crateras, uma consideração muito importante foi deixada de lado. A saber: em que os corais construtores de recifes estariam fixados, visto que não podem viver a uma grande profundidade?

Numerosas sondagens foram cuidadosamente feitas pelo capitão Fitz Roy no declive externo do atol Keeling e descobriu-se que, até uma profundidade de dez braças, o preparado sebáceo colocado na parte baixa da sonda invariavelmente voltava com marcas de corais vivos, mas tão limpo como se tivesse passado por um tapete de turfa. À medida em que a profundidade aumentava, as marcas se tornavam menos numerosas, mas as partículas de areia aderidas ao preparado sebáceo se tornavam mais e mais numerosas até que finalmente ficou evidente que o fundo consistia de uma camada lisa de areia. Para manter a analogia da turfa, as lâminas da grama ficavam mais e mais finas até que finalmente o solo era tão estéril que nada saía dele. Dessas observações, confirmadas por muitos outros, pode-se inferir seguramente que a maior profundidade a que os corais podem construir recifes é entre vinte e trinta braças. Existem, entretanto, nos oceanos Pacífico e Índico, enormes áreas em que as ilhas são de formação coralina e se elevam apenas a uma altura em que as ondas podem atirar fragmentos e os ventos empilharem a areia sobre elas. Assim, o grupo de atóis Radack forma um quadrado irregular com 836 quilômetros de comprimento e 386 de largura; o arquipélago Low tem uma forma elíptica com 1.350 quilômetros em seu eixo maior e 675 no menor. Existem outros grupos pequenos e algumas ilhas baixas isoladas entre esses dois arquipélagos que ocupam um espaço linear de oceano de efetivamente 6.436 quilômetros de comprimento em que nem uma ilha se eleva acima da altura especificada. Novamente no oceano Índico, há um espaço de oceano com 2.413 quilômetros de comprimento, que inclui três arquipélagos, em que cada ilha é baixa e de formação coralina. Pelo fato dos corais construtores de recifes não poderem viver em grandes profundidades, é absolutamente certo que por todas essas vastas áreas, onde quer que exista um atol, deve ter existido originalmente uma fundação numa profundidade entre vinte a trinta braças. É sumariamente impossível que bancos sedimentares largos, altos, isolados e com laterais íngremes tenham se depositado nas partes mais centrais e profundas dos oceanos Pacífico e Índico, a uma distância imensa do continente e onde a água é totalmente límpida. É improvável também que as forças elevatórias tenham erguido, através das vastas áreas acima, inumeráveis e grandes bancos de rocha até a altura indicada entre vinte e trinta braças, ou 36 a 54 metros da superfície do mar e nenhum ponto acima do mesmo: pois onde, em toda a superfície do globo, podem-se encontrar cadeias de montanhas, mesmo que de apenas alguns quilômetros de comprimento, que tenham muitos cumes a uma altura similar a dos outros e nenhum que acima do limite médio? Se as fundações em que os corais construtores de atóis se proliferam não foram formadas por sedimentação e não se ergueram do fundo até a altura necessária, devem necessariamente ter afundado, e isso resolve imediatamente o problema, pois à medida que montanha após montanha e ilha após ilha afundavam lentamente abaixo da superfície novas bases teriam sido sucessivamente oferecidas para o crescimento dos corais. É impossível aqui entrar em todos os detalhes necessários, mas arrisco desafiar[70] qualquer um a explicar de outra forma como é possível que tantas ilhas se distribuam por vastas áreas, sendo todas baixas, construídas de corais que absolutamente requerem uma fundação em uma profundidade limitada a partir da superfície.

Antes de explicar como os recifes formadores de atol adquirem sua peculiar estrutura, devemos tratar da segunda grande classe, a saber, os recifes em forma de barreira. Estes se estendem em linhas retas na frente das costas de um continente ou de uma grande ilha ou cercam ilhas menores. Em ambos os casos, estão separados da terra por um largo e profundo canal de água, similar à laguna dentro do atol. É notável quão pouca atenção foi dedicada a esses recifes que se constituem como barreiras. Ainda assim, trata-se de estruturas verdadeiramente maravilhosas. O desenho a seguir representa parte da barreira que cerca a ilha de Bolabola no Pacífico, vista de um dos picos centrais. Nesse caso, toda a linha do recife foi convertida em terra, mas usualmente uma linha de grandes ondas brancas como a neve, com uma ilhota baixa coroada com

70. É notável que o sr. Lyell, mesmo na primeira edição de seus *Principles of Geology*, inferisse que a quantidade de abaixamento no Pacífico deva ter excedido a de elevação, com base no fato de a área de terra ser muito pequena relativamente aos agentes que tendiam a se formar ali, a saber: o crescimento de corais e ação vulcânica. (N.A.)

coqueiros aqui e ali divide as fortes águas escuras do oceano e as do canal verde-claro. A água calma desse canal geralmente banha uma margem de solo aluvial carregado com os mais belos produtos dos trópicos e se estende aos pés das montanhas centrais abruptas e selvagens.

Esses recifes que formam barreiras se apresentam em variados tamanhos, podendo ter de cinco até não menos de setenta quilômetros de diâmetro, e aquele que faz frente para um lado e contorna as duas pontas da Nova Caledônia tem 640 quilômetros de comprimento. Cada recife inclui uma, duas ou várias ilhas rochosas de alturas variadas e, em um dos casos, chega a ter doze ilhas separadas.

O recife corre a uma distância maior ou menor da terra cercada. No arquipélago Society, geralmente de 1 a 5 quilômetros, mas em Hogoleu o recife está a 32 quilômetros no lado sul e a 22 no lado oposto, ou seja, ao norte das ilhas que ali se encontram. A profundidade dentro dos canais-lagunas também varia muito. Podemos tomar como média uma profundidade de dez a trinta braças, mas em Vanikoro há espaços com não menos de 56 braças ou 110 metros de profundidade. Internamente o recife se inclina gentilmente para o canal lagunar ou termina em uma parede perpendicular, algumas vezes de sessenta a noventa metros de altura abaixo d'água. Externamente o recife se eleva, como um atol, muito abruptamente das profundezas do oceano. O que pode ser mais singular do que essas estruturas? Vemos uma ilha que pode ser comparada a um castelo situada no cume de uma alta montanha submarina, protegida por uma grande muralha de rocha-coral que é constante e íngreme externamente e algumas vezes também internamente, com um cume largo e plano, possuindo, aqui e ali, uma estreita passagem pela qual até os maiores navios podem entrar na larga e profunda vala.

No que diz respeito propriamente ao recife de coral, não há a menor diferença entre uma barreira e um atol quanto ao tamanho geral, contorno, agrupamento e nem mesmo nos menores detalhes da estrutura. O geógrafo Balbi bem salientou que uma ilha cercada é um atol com terras altas surgindo de sua laguna. Remova a terra da parte interior e o que resta é um perfeito atol.

O que fez, porém, com que esses recifes se localizassem a distâncias tão grandes das costas das ilhas centrais? Não pode ser porque os corais não crescem próximos a terra, pois as praias dentro do canal lagunar, quando não estão cercadas por solo aluvial, são frequentemente margeadas por recifes vivos e, como veremos em breve, existe toda uma classe que chamei de Recifes de Orla ou Margeantes por causa de sua íntima ligação com as praias, tanto dos continentes quanto das ilhas. Repito: em que os corais construtores de recifes, que não podem viver em grandes profundidades, fundearam suas estruturas circundantes? Essa é aparentemente uma grande dúvida, análoga àquela dos atóis que tem sido geralmente negligenciada. Isto será percebido mais claramente ao se examinar as secções seguintes, que são reais, tiradas em linhas norte-sul, das ilhas Vanikoro, Gambier e Maurua, e os desenhos estão na mesma escala de um quarto de polegada para cada milha, tanto vertical quanto horizontalmente.

Deve-se observar que as secções poderiam ter sido tiradas em qualquer direção dessas ilhas ou de muitas outras ilhas cercadas e, no entanto, as características gerais teriam sido as mesmas. Agora, tendo em mente que os corais construtores de recifes não podem viver em profundidades superiores a vinte ou trinta braças e que a escala é tão pequena que os prumos no lado direito mostram uma profundidade de duzentas braças, em que essas barreiras de recife se fundeiam? Devemos supor que cada ilha é cercada por uma saliência rochosa em forma de colar ou por um grande banco de sedimentos que termina abruptamente onde também termina o recife?

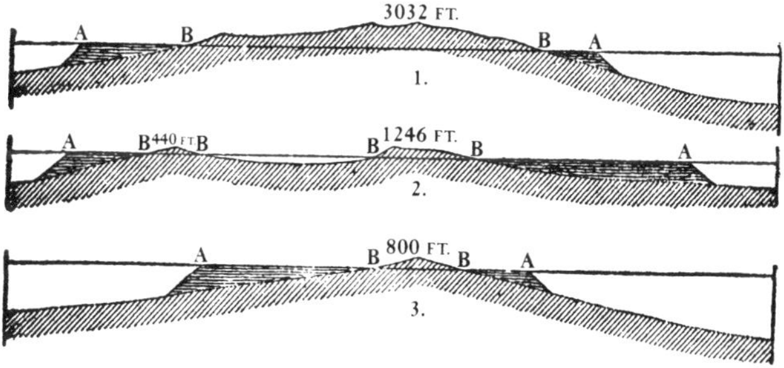

1.Vanikoro. 2. Ilhas Gambier. 3. Maurua.
O sombreamento horizontal mostra a barreira de recifes e os canais lagunares. O sombreamento inclinado acima do nível do mar (AA) mostra a real forma da terra. O sombreamento inclinado abaixo dessa linha mostra seu provável prolongamento abaixo da água.

Se o mar antigamente tivesse erodido profundamente, essas ilhas, antes que elas fossem protegidas por recifes, de forma que tivessem uma orla rasa ao redor delas sob a água, as atuais costas teriam sido invariavelmente limitadas por grandes precipícios, mas esse é muito raramente o caso. Além do mais, com essa noção, não é possível explicar por que os corais teriam se desenvolvido como uma parede a partir da margem externa do recife, deixando frequentemente um grande espaço de água do lado interno, muito profundo para o crescimento de corais. Um largo banco de sedimento acumulado ao redor dessas ilhas, geralmente mais largo onde as ilhas internas são menores, é altamente improvável, considerando suas posições expostas nas partes mais centrais e profundas do oceano. No caso da barreira de recife da Nova Caledônia, que se estende por 240 quilômetros além do ponto norte das ilhas, ao longo da mesma linha reta com que faz frente à costa oeste, é quase impossível acreditar que um banco sedimentar possa ter se depositado de modo tão linear e frontal a uma ilha elevada e tão além de seu término no mar aberto. Finalmente, se olharmos para outras ilhas oceânicas com aproximadamente a mesma altura e constituição geológica, mas que não sejam cercadas por recifes de corais, procuraremos em vão por um circum-ambiente com uma profundidade de trinta braças, exceto muito perto de suas praias. Pois normalmente a terra que se eleva abruptamente da água, como ocorre na maioria das ilhas oceânicas circundadas e não circundadas, mergulha abruptamente nela. Onde se fundeiam, então, repito, essas barreiras de recifes? Por que ficam tão longe da terra interna, com seus largos e profundos canais em forma de fosso? Em breve, veremos quão facilmente essas dificuldades desaparecem.

Chegamos agora à nossa terceira classe de recifes margeantes que requererão uma pequena nota. Onde a terra se inclina abruptamente sob a água, esses recifes têm apenas alguns metros de largura e formam uma faixa simples ou franja ao redor das praias. Onde a terra se eleva gentilmente sob a água, o recife se estende mais, algumas vezes até a um quilômetro e meio da terra, mas em tais casos as sondagens externas do recife sempre mostram que o prolongamento submarino da terra se inclina suavemente. Na verdade, os recifes se estendem apenas até certa distância da costa, em que uma fundação, dentro do requisito de profundidade de vinte a trinta braças, pode ser encontrada. No que diz respeito ao próprio recife, não há diferença substancial entre esses e aqueles que formam uma barreira ou um atol. Contudo, é geralmente menor em largura, e consequentemente poucas ilhotas se formaram nele. Devido ao crescimento vigoroso dos corais na parte externa e ao efeito nocivo do sedimento arrastado para o lado interno, o contorno externo do recife é a parte mais alta. Entre essa parte e a terra há geralmente um canal raso e arenoso com poucos metros de profundidade. Nos locais onde os bancos ou sedimentos se acumularam até perto da superfície, como em partes das Índias Ocidentais, tornaram-se algumas vezes franjados com corais e assim, em algum grau, lembram as ilhas-lagunas ou atóis, da mesma forma que os recifes de franjamento, cercando sutilmente ilhas íngremes, em algum grau se parecem com as barreiras de recifes.

***

Nenhuma teoria sobre a formação dos recifes de coral pode ser considerada satisfatória se não incluir as três grandes classes. Vimos que somos levados a acreditar no afundamento daquelas vastas áreas, intercaladas por ilhas baixas, das quais nenhuma se eleva acima da altura a que o vento e as ondas podem cobrir com matéria e, ainda assim, são construídas por animais que necessitam de uma fundação, sendo que essa fundação está a uma profundidade não muito grande. Tomemos então uma ilha cercada por recifes margeantes, que não oferecem dificuldades em sua estrutura; imaginemos agora que essa ilha com seus recifes, representados pelas linhas contínuas no desenho, afunde lentamente. Bem, à medida que a ilha afunda, mesmo um metro de cada vez ou de forma imperceptível, podemos inferir com segurança, pelo que se sabe das condições favoráveis para o crescimento de coral, que as massas vivas, banhadas pela rebentação na margem de um recife, logo voltarão à superfície. A água, entretanto, vai invadir pouco a pouco a costa, a ilha se tornará mais baixa e menor, e o espaço entre a crista interna do recife e a praia, proporcionalmente mais largo.

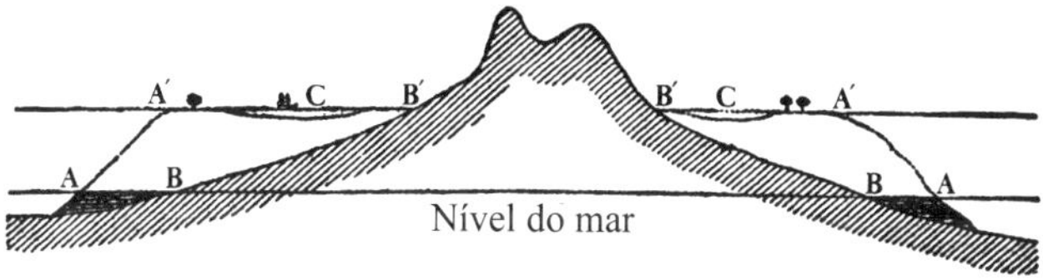

AA. Cristas externas do recife margeante ao nível do mar.
BB. As praias da ilha margeada.
A'A'. Cristas externas do recife, após seu crescimento para cima durante um período de abaixamento, agora convertido em barreira com ilhotas.
B'B'. As praias da ilha agora cercada.
CC. Canal lagunar.
Nota: Neste desenho e no seguinte, o abaixamento da terra pode ser representado apenas por uma aparente elevação do nível do mar.

Uma secção do recife e da ilha nesse estado, após o afundamento de várias centenas de metros, é dada pelas linhas pontilhadas. Ilhotas-corais supostamente se formaram no recife e vê-se um navio ancorado no canal-laguna. A profundidade desse canal será proporcional à taxa de afundamento, à quantidade de sedimento que se acumular nele e ao crescimento dos corais delicadamente ramificados que podem viver ali. A secção nesse estado parece, em todos os aspectos, a de uma ilha cercada. De fato, trata-se de uma secção real (numa escala de 1,313 centímetros para cada 1,609 quilômetros) de Bolabola, no Pacífico. Podemos imediatamente ver por que o cercamento da barreira de recifes fica tão longe das praias a que fronteia. Também podemos perceber que uma linha desenhada perpendicularmente para baixo da crista externa do novo recife, até a fundação de rocha sólida abaixo do velho recife margeante, excederá o pequeno limite de profundidade em que os corais podem efetivamente viver por tantos metros quanto forem os metros do afundamento, sendo que os pequenos arquitetos construíram suas grandes massas similares a muralhas, enquanto o todo afundava, sobre uma base formada de outros corais e seus fragmentos consolidados. Assim, a dificuldade desse tema, que parecia tão grande, desaparece.

Se, em vez de uma ilha, tivéssemos tomado a costa de um continente margeado com recifes e imaginássemos um afundamento dos recifes, evidentemente que o resultado teria sido uma grande barreira reta, como aquela da Austrália ou da Nova Calêdonia, separada da terra por um largo e profundo canal.

Tomemos nossa nova barreira de coral cercante, da qual uma secção está agora representada por uma linha contínua – e que, como já mencionei, é uma secção real de Bolabola – e deixemos que continue afundando. À medida que a barreira lentamente afunda, os corais continuam a crescer vigorosamente para cima; mas, à medida que a ilha afunda, a água ganhará a costa centímetro por centímetro.

As montanhas separadas formam primeiramente ilhas dentro de um grande recife e, finalmente, o mais alto e último pináculo desaparece. No instante em que isso ocorre, um perfeito atol está formado. Tal como afirmei, remova a terra

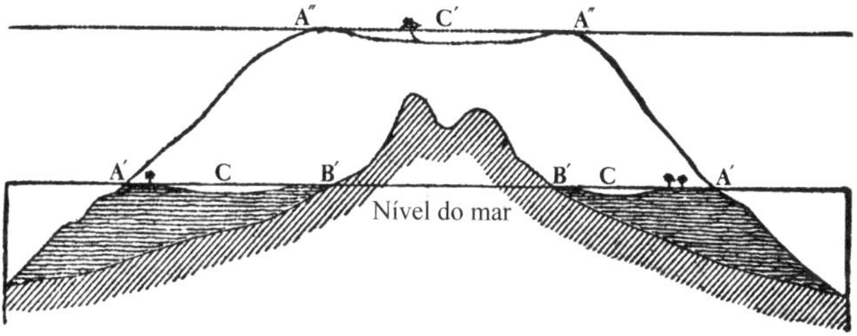

A'A'. Cristas externas da barreira de coral ao nível do mar com ilhotas.
B'B'. Praias da ilha interna.
CC. O canal-laguna.
A"A". Cristas externas do recife agora convertido em um atol.
C'. A laguna do novo atol.
Nota: De acordo com a escala verdadeira, as profundidades do canal-laguna e da laguna estão muito exagerados.

alta da parte interna de um recife de barreira circundante e o que resta é um atol. Pois bem, a terra foi removida. Podemos agora entender como é que atóis, tendo crescido de recifes de barreira circundantes, parecem com esses em seu tamanho geral, na forma, na maneira em que se agrupam e em sua disposição em linhas únicas ou duplas, pois podem ser chamados de contornos grosseiros das ilhas afundadas sobre as quais estão. Podemos também ver por que os atóis nos oceanos Índico e Pacífico se estendem em linhas paralelas ao curso predominante das ilhas altas e das grandes linhas costeiras desses oceanos. Arrisco, então, afirmar que tanto a teoria do crescimento para cima dos corais durante o afundamento da terra[71], quanto todas as principais características dessas maravilhosas estruturas, – sejam as ilhas-lagunas ou os atóis, que por tanto

71. Foi-me altamente satisfatório encontrar a seguinte passagem em um panfleto escrito pelo sr. Couthouy, um dos naturalistas na grande Expedição Antártica dos Estados Unidos: "Tendo examinado pessoalmente um grande número de ilhas corais e residido oito meses entre a classe vulcânica que possui costas e recifes parcialmente circundantes, é-me permitido afirmar que minhas próprias observações criaram em mim uma certeza da correção da teoria do sr. Darwin". Os naturalistas dessa expedição discordam de mim, entretanto, em relação a alguns pontos das formações coralinas. (N.A.)

tempo prenderam a imaginação dos viajantes, como também as não menos maravilhosas barreiras de recifes, mesmo que estejam cercando pequenas ilhas ou se estendendo por centenas de quilômetros ao longo da costa de um continente – estão basicamente explicadas.

Pode-se perguntar se tenho alguma evidência direta do afundamento das barreiras de corais ou dos atóis, mas deve-se ter em mente o quão difícil é detectar um movimento cuja tendência é ocultar sob a água a parte afetada. No atol Keeling, não obstante, observei, em todos os lados da laguna, velhos coqueiros debilitados e prestes a cair e, em um lugar, os postes de sustentação de um barraco que de acordo com seus habitantes sete anos atrás ficava bem acima da marca da maré-cheia, mas que agora era diariamente golpeado pelas marés. Ao perguntar, descobri que três terremotos, sendo um deles intenso, foram sentidos aqui durante os últimos dez anos. Em Vanikoro, o canal-laguna é notavelmente profundo, e quase nenhum solo aluvial se acumulou ao pé das altas montanhas internas. Notavelmente, também, poucas ilhotas se formaram pelo acúmulo de fragmentos e areia no recife de barreira similar a uma muralha. Esses fatos, somados a outros análogos, levaram-me a crer que essa ilha deve ter afundado recentemente e o recife deve ter crescido. Aqui novamente terremotos são frequentes e severos. No arquipélago Society, por outro lado, onde os canais-lagunas estão quase obstruídos, onde muita terra aluvial e baixa se acumulou, onde longas ilhotas, em alguns casos, se formaram nos recifes de barreira e apenas choques fracos são sentidos muito raramente, os fatos demonstram que as ilhas não sofreram afundamento recentemente. Nessas formações coralinas, onde a terra e a água parecem lutar pela supremacia, deve ser muito difícil decidir entre os efeitos de uma mudança nas marés e um pequeno afundamento. Mas é certo que muitos desses recifes e atóis estão sujeitos a mudanças de algum tipo. Em alguns atóis, as ilhotas parecem ter aumentado muitíssimo dentro do período recente; em outros, elas parecem ter sido, parcial ou completamente, tragadas pelo mar. Os habitantes de partes do arquipélago das Maldivas sabem a data da primeira formação de algumas ilhotas. Em outras partes, os corais estão agora florescendo em recifes banhados pelo mar, onde buracos de sepulturas confirmam a antiga existência de uma ilha habitada. É difícil acreditar em frequentes mudanças nas marés de um oceano aberto, considerando que temos, nos terremotos registrados pelos nativos de alguns atóis e nas grandes fissuras observadas em outros atóis, claras evidências das mudanças e distúrbios em progresso nas regiões subterrâneas.

É evidente, pela nossa teoria, que as costas apenas margeadas por recifes não afundaram de modo perceptível e, portanto, devem ter permanecido, desde o crescimento de seus corais, estacionárias ou em elevação. É notável quão facilmente pode ser demonstrado, pela presença de restos orgânicos que sofreram elevação, o quanto as ilhas margeadas foram elevadas e, até agora, isso é uma evidência indireta em favor de nossa teoria. Muito me impressionou descobrir que as descrições dadas por MM. Quoy e Gaimard, aplicavam-se não aos recifes em geral como eles propunham, mas apenas àqueles da classe margeante. Minha surpresa cessou, entretanto, quando mais tarde descobri, por um estranho acaso, que todas as várias ilhas visitadas por esses eminentes naturalistas haviam sido elevadas em uma era geológica recente, como podia ser demonstrado pelas suas próprias afirmações.

Não apenas as grandes particularidades na estrutura dos recifes-barreira e atóis como também a semelhança desses em forma, tamanho e outras características são explicadas pela teoria do afundamento – teoria que somos independentemente forçados a admitir nas áreas em questão por causa da necessidade de encontrar bases para os corais dentro da profundidade requerida –, mas que também pode, dessa forma, facilmente explicar muitos outros detalhes na estrutura e nos casos excepcionais. Darei apenas alguns exemplos. Nos recifes-barreiras, o fato de as passagens pelo recife ficarem exatamente em frente aos vales da terra que é circundada tem, há muito tempo, sido motivo de surpresa, mesmo nos casos em que o recife está separado da terra por um canal-laguna tão largo e muito mais profundo do que a passagem em si, a ponto de parecer muito improvável que a pequena quantidade de água ou sedimento trazida possa prejudicar os corais no recife. Agora, cada recife da classe margeante possui estreitas passagens inclusive em frente ao menor arroio, mesmo que este fique seco na maior parte do ano, pois a lama, areia ou cascalho ocasionalmente levados pelas águas matam os corais em que se depositam. Consequentemente, quando uma ilha cercada dessa forma afunda, é provável que mesmo as mais estreitas passagens se fechem devido ao crescimento para fora e para cima dos corais. Ainda assim, qualquer espaço que permaneça aberto (e alguns devem ser mantidos abertos pelos sedimentos e pela água impura que flui para fora do canal-laguna) continuará exatamente em frente às partes altas daqueles vales, nas fozes onde originalmente a franja basal foi rompida.

Podemos facilmente ver como uma ilha fronteada em apenas um lado ou fronteada em um lado com uma ponta ou duas pontas cercadas pelos recifes-barreira pode, após um afundamento longo e continuado, ser convertida ou em um recife similar a uma única muralha ou em um atol com uma grande ramificação, projetando-se em linha reta a partir desse ou em dois ou três atóis unidos por recifes retos – casos esses que, apesar de excepcionais, de fato ocorrem. Como os corais construtores de recife precisam de comida, são predados por outros animais, morrem por contato com sedimentos, não podem se fixar em um fundo que não seja firme e podem facilmente ser levados para baixo a grandes profundidades onde talvez não possam crescer novamente, não devemos nos surpreender com o fato de que tanto os recifes de atóis como os de barreiras sejam imperfeitos. A grande barreira da Nova Caledônia é assim imperfeita e quebrada em muitas partes; consequentemente, após longo afundamento, esse grande recife não produzirá um grande atol de 643 quilômetros de comprimento, mas sim uma cadeia ou um arquipélago de atóis com quase as mesmas dimensões daqueles no arquipélago das Maldivas. Além do mais, em um atol que já foi perfurado nos lados opostos, por causa da probabilidade das correntes oceânicas e periódicas passarem reto pela abertura, é extremamente improvável que os corais, especialmente durante um afundamento continuado, sejam novamente capazes de se unir à borda. Se isso ocorrer, enquanto o conjunto afunda, um atol será dividido em dois ou mais. No arquipélago Maldiva, há atóis distintos tão próximos e separados por canais insondáveis ou muito profundos (o canal entre os atóis Ross e Ari tem 150 braças, e aquele entre os atóis norte e sul de Nillandoo têm 200 braças de profundidade) que é impossível olhá-los em um mapa sem pensar que foram um dia, de alguma forma, mais intimamente ligados. E nesse mesmo arquipélago, o atol Mahlos-Mahdoo é dividido por um canal que se bifurca a uma profundidade entre 100 e 132 braças de profundidade, de tal maneira que é muito difícil afirmar se estamos diante de três atóis separados ou de um grande atol que ainda não se dividiu completamente.

Não entrarei mais em muitos detalhes, mas devo ressaltar que a curiosa estrutura dos atóis ao norte das Maldivas recebe (levando em consideração a livre entrada de mar por suas margens partidas) uma explicação simples no crescimento para cima e para fora dos corais, a qual originalmente se baseia em pequenos recifes separados de suas lagunas, tais como ocorrem em atóis comuns, e em porções partidas do recife linear margeante, como os que limitam todo o atol de forma ordinária. Não posso evitar uma vez mais de ressaltar a singularidade dessas complexas estruturas – um grande disco arenoso e geralmente côncavo soergue-se abruptamente do oceano imensurável com sua extensão central cravejada e seu cume simetricamente margeado com depressões de rocha-coral apenas tocando a superfície do mar, algumas vezes cobertas com vegetação e contendo cada uma um lago de água pura!

Mais um detalhe: como, em dois arquipélagos próximos, corais florescem em um e não em outro, e como as tantas condições antes enumeradas devem afetar sua existência, seria um fato inexplicável se durante as mudanças a que são submetidas a terra, o ar e a água, os corais construtores de recifes se mantivessem vivos para sempre em qualquer ponto ou área. E como, de acordo com nossa teoria, as áreas que incluem os atóis e recifes-barreiras estão afundando, devemos ocasionalmente encontrar recifes mortos e submergidos. Em todos os recifes, devido ao fato de o sedimento ser levado para fora do canal-laguna a sotavento, essas regiões afundadas são menos favoráveis ao crescimento continuado e vigoroso dos corais. Consequentemente porções mortas dos corais ocorrem frequentemente a sotavento, e elas, embora ainda retenham sua forma adequada de muralha, estão agora, em muitas partes, afundadas várias braças abaixo da superfície. O grupo Chagos atualmente apresenta, possivelmente por ter afundado muito rápido, condições muito menos favoráveis ao crescimento de recifes do que antigamente possuía: um atol tem a parte mais marginal de seu recife, com quinze quilômetros de comprimento, morta e submersa; um segundo tem apenas alguns pontos vivos que se elevam à superfície, e um terceiro e um quarto estão inteiramente mortos e submersos; um quinto é meramente uma ruína com sua estrutura quase obliterada. É notável que, em todos esses casos, os recifes mortos e as porções de recife jazem quase que à mesma profundidade, a saber, de seis a oito braças abaixo da superfície, como se tivessem sido puxados para baixo por um movimento uniforme. Um desses "atóis semiafogados", assim chamado pelo capitão Moresby (a quem muito devo por tantas informações valiosas) é de um tamanho imenso, a saber, 144 quilômetros em uma direção e 112 em outra, e é, em muitos aspectos, eminentemente curioso. Como de nossa teoria segue que novos atóis se formarão geralmente em cada nova área de afundamento, duas pesadas objeções podem surgir, a saber: que atóis devem aumentar infinitamente em número e, segundo, que em áreas de afundamento antigo cada atol separado deverá engrossar indefinidamente, caso provas de sua ocasional destruição não puderem ser apresentadas. Assim traçamos a história desses grandes anéis de rochas-corais, desde sua primeira origem, passando por suas mudanças normais e pelos ocasionais acidentes de sua existência até sua morte e obliteração final.

***

No meu volume sobre *Formação de coral*, publiquei um mapa em que colori todos os atóis de azul-escuro, os recifes-barreira de azul-claro e os recifes margeantes de vermelho. Os recifes mais recentes foram formados enquanto a terra estava estacionária ou, como parece pela frequente presença de restos orgânicos soerguidos, enquanto ela estava lentamente se elevando. Atóis e recifes-barreiras, por outro lado, cresceram durante o movimento diretamente oposto, de afundamento, que deve ter sido bem gradual, e, no caso de atóis, esses movimentos foram em tão grande quantidade ao ponto de terem enterrado os cumes de montanhas sobre grandes espaços oceânicos. Agora, nesse mapa vemos que os recifes pintados de azul, tanto em tom claro, quanto em escuro, que foram produzidos pelos mesmos tipos de movimentos, ficam, de forma geral, próximos uns aos outros. Novamente vemos que, em áreas com grandes extensões dos dois tons de azul situadas longe das linhas das costas e separadas por extensas linhas coloridas de vermelho, os dois casos podem naturalmente ter sido inferidos pela teoria da natureza dos recifes ter sido governada pela natureza dos movimentos da terra. Merece atenção que em mais de um caso em que círculos vermelhos e círculos azuis se aproximam uns dos outros, posso demonstrar que houve oscilações de nível, pois em tais casos os círculos vermelhos ou franjados consistem de atóis, formados originalmente em nossa teoria por afundamento, mas soerguidos na sequência; por outro lado, algumas das ilhas circuladas com azul-claro são compostas de rocha-coral que deve ter sido erguida a sua altura atual antes que um afundamento ocorresse, durante o qual o recife-barreira existente cresceu para cima.

Autores notaram com surpresa que, embora os atóis sejam as estruturas-corais mais comuns por extensas partes oceânicas, eles são completamente ausentes em outros mares, como nas Índias Ocidentais. Podemos agora saber a causa, pois onde não houve afundamento, os atóis não puderam se formar e, no caso das Índias Ocidentais e partes das Orientais, sabe-se que essas partes têm se elevado dentro do período recente. As áreas maiores, coloridas de vermelho e azul, são todas alongadas, e entre as duas cores há um grau de brusca alternância, como se a elevação de uma tivesse afetado o afundamento de outra. Levando em consideração as provas da recente elevação, tanto nas costas franjadas quanto em algumas outras (por exemplo, na América do Sul) onde não há recifes, somos levados a concluir que os grandes continentes são, em maioria, áreas em elevação e, pela natureza dos recifes de coral, que as partes centrais dos grandes oceanos são áreas de afundamento. O arquipélago Indiano Oriental, a terra mais fragmentada do mundo, é, em sua maior parte, uma área de elevação, mas cercada e penetrada, provavelmente em mais de uma linha, por estreitas áreas de afundamento.

Marquei com pontos rubros todos os muitos vulcões ativos conhecidos dentro dos limites desse mesmo mapa. Sua completa ausência em qualquer das regiões em afundamento, coloridas tanto de azul-claro como azul-escuro, é muito surpreendente e não menos é a coincidência das principais cadeias vulcânicas com as partes coloridas de vermelho, o que nos leva a concluir que ou permaneceram estacionárias por muito tempo ou mais geralmente têm sido soerguidas. Embora alguns poucos pontos rubros ocorram a uma distância não muito grande dos círculos coloridos de azul, nenhum vulcão ativo localiza-se dentro de centenas de quilômetros de um arquipélago ou mesmo de um pequeno grupo de atóis. É, portanto, um fato surpreendente que no arquipélago Friendly, que consiste de um grupo de atóis soerguidos e desde então parcialmente desgastados, dois vulcões, e talvez mais, são historicamente conhecidos por estarem ativos. Por outro lado, embora a maioria das ilhas do Pacífico, que são cercadas por recifes-barreiras, sejam de origem vulcânica, e frequentemente ainda se pode divisar suas crateras, não se sabe de nenhuma delas que tenha entrado em erupção. Assim, parece, pelos casos citados, que os vulcões entram em erupção e se extinguem no mesmo lugar, de acordo com os movimentos de elevação ou afundamento que prevalecem no local. Inúmeros fatos poderiam ser apresentados para provar que restos orgânicos soerguidos são comuns onde quer que haja vulcões ativos, mas até que se possa demonstrar que, em áreas de afundamento, vulcões são ausentes ou inativos, a afirmação de que sua distribuição está relacionada à elevação ou queda da superfície terrestre, apesar de provável por si só, seria perigosa. Mas por ora, penso, podemos livremente admitir essa dedução importante.

Observando o mapa pela última vez, e tendo em mente as afirmações feitas com respeito aos restos orgânicos soerguidos, ficaremos surpresos com a vastidão das áreas que têm sofrido mudanças de nível, tanto para baixo quanto para cima, dentro de um período geologicamente não tão remoto. Também pareceria que os movimentos de elevação e afundamento seguem praticamente as mesmas leis. Por todos os espaços intercalados com atóis, onde nem ao menos um pico de terra alta permaneceu acima do nível do mar, o afundamento deve ter se dado de forma expressiva. O afundamento, além disso, quer contínuo ou periódico, com intervalos suficientemente longos para que os corais novamente edifiquem seus prédios vivos até a superfície, deve ter sido necessariamente lento. Essa conclusão é provavelmente a mais importante a que se pode chegar a partir do estudo das formações de corais – e é muito difícil imaginar como se poderia chegar a ela de outro modo. Também não posso deixar de referir-me à probabilidade da existência de grandes arquipélagos ou ilhas muito altas anteriormente, onde agora apenas anéis de rocha-coral discretamente rompem a grande extensão de mar aberto, lançando alguma luz sobre a distribuição dos habitantes das outras terras altas, que hoje permanecem tão imensamente distantes umas das outras em meio a grandes oceanos. Os corais construtores de recifes de fato edificaram e preservaram maravilhosos memoriais das oscilações subterrâneas de nível. Vemos em cada recife-barreira uma prova de que a terra ali se afundou, e em cada atol um monumento sobre uma ilha agora perdida. Podemos assim, como um geólogo que viveu seus dez mil anos e registrou as mudanças, ganhar alguma compreensão do grande sistema pelo qual a superfície do globo tem sido fragmentada e sobre como a terra e a água se interpenetraram.

Capítulo XXI

Das ilhas Maurício à Inglaterra

As ilhas Maurício e sua bela aparência – Grandes anéis de montanhas crateriformes – Hindus – Santa Helena – História das mudanças na vegetação – Causa da extinção de conchas terrestres – Ilha da Ascensão – Variação dos ratos importados – Bombas vulcânicas – Leitos de infusórios – Bahia – Brasil – Esplendor do cenário tropical – Pernambuco – Recife singular – Escravidão – Retorno à Inglaterra – Retrospectiva da nossa viagem

29 de abril – Pela manhã, contornamos a ponta norte das ilhas Maurício, ou Ilha de França. Dessa perspectiva, o aspecto da ilha correspondia às expectativas criadas pelas muito bem conhecidas descrições de seu belo cenário. A planície inclinada de Pamplemousses, entremeada com casas e colorida pelos grandes campos verde-brilhantes de cana-de-açúcar, compunha o primeiro plano de visão. A vivacidade do verde era a mais notável, porque essa é uma cor que é geralmente apenas conspícua a uma curta distância. Em direção ao centro da ilha, grupos de montanhas repletas de bosques se elevavam dessa planície bastante cultivada. Seus cumes, como usualmente acontece com as rochas vulcânicas, são dentados, com picos muito escarpados. Massas de nuvens brancas estavam reunidas ao redor desses pináculos, como se justamente para agradar aos olhos do estranho. Toda a ilha com suas margens inclinadas e montanhas centrais tinha um ar de perfeita elegância. A paisagem, se posso usar tal expressão, era harmoniosa ao olhar.

Passei a maior parte do dia seguinte caminhando pela cidade e visitando pessoas diferentes. A cidade é de um tamanho considerável e dizem ter vinte mil habitantes. As ruas são muito limpas e regulares. Embora a ilha tenha estado por muitos anos sob o governo inglês, o aspecto geral do lugar é bem francês. Ingleses falam com seus criados em francês e as lojas são todas francesas. É possível afirmar, de fato, que Calais ou Boulogne eram bem mais anglicizadas. Há um teatro pequeno muito bonito onde óperas são muito bem representadas. Também nos surpreendemos ao ver grandes livrarias com prateleiras bem supridas. A música e a leitura anunciavam nossa aproximação do velho mundo, pois, na verdade, tanto a Austrália quanto a América fazem parte do novo mundo.

As várias raças de homens que caminham nas ruas propiciam um espetáculo muito interessante em Port Louis. Criminosos da Índia são banidos para cá por toda a vida. Atualmente, aproximadamente oitocentos estão aqui e se empregam em várias obras públicas. Antes de ver essa gente, eu não tinha ideia de que os habitantes da Índia tinham uma aparência tão nobre. Possuem uma pele extremamente escura, e muitos dos idosos têm grandes bigodes e barbas de uma cor branca como a neve. Isso, junto com a vivacidade de suas expressões, dava a eles um aspecto bastante imponente. A maioria havia sido banida por assassinato e por crimes ainda piores, outros por causas que dificilmente poderiam ser consideradas como faltas morais, tais como não obedecer, por superstição, às leis inglesas. Esses homens são geralmente quietos e bem-comportados. Por sua conduta pública, seu asseio e fiel obediência aos seus estranhos ritos religiosos, era impossível olhar parar eles com os mesmos olhos que víamos os nossos miseráveis criminosos em Nova Gales do Sul.

1º de maio – Domingo. Dei uma caminhada tranquila ao longo da praia ao norte da cidade. A planície, nesse ponto, não é cultivada. Consiste de um campo de lava negra suavizado por grama e arbustos grosseiros, sendo esses últimos principalmente de mimosas. O cenário pode ser descrito como intermediário entre Galápagos e Taiti, mas apenas algumas poucas pessoas conseguirão imaginar tal coisa. É um país muito agradável, mas não tem o charme do Taiti, nem a grandeza do Brasil. No dia seguinte, escalei La Pouce, uma montanha assim chamada por causa de uma projeção em forma de polegar que se eleva a uma altura de 790 metros, bem próximo e atrás da cidade. O centro da ilha consiste de uma grande plataforma cercada por velhas e fragmentadas montanhas basálticas, cujos estratos se inclinam na direção do mar. A plataforma central, formada por rios de lava comparativamente recentes, possui uma forma oval com 21 quilômetros no eixo menor. As montanhas que fazem o limite externo entram na classe de estruturas chamadas de Crateras de Elevação que supostamente não se formaram como crateras comuns, mas por uma grande e súbita elevação. Parece-me existir objeções insuperáveis a essa ideia, por outro lado, não posso acreditar, nesse e em outros casos, que essas montanhas marginais e crateriformes sejam apenas os resquícios basais de imensos vulcões, dos quais os cumes foram desgastados pelo vento ou engolidos por grandes abismos subterrâneos.

De nossa posição elevada, apreciamos uma excelente visão da ilha. A região nesse lado parece bonita e bem cultivada, sendo dividida em campos e pontilhadas de casas de fazenda. Afirmaram-me, entretanto, que de toda a terra, não mais da metade consiste de propriedades produtivas. Se esse for o caso, considerando atualmente a grande exportação de açúcar, essa ilha, em algum período futuro, quando estiver bem povoada, será de grande valor. Desde que a Inglaterra tomou posse da ilha, um período de apenas 25 anos, a exportação de açúcar, segundo dizem, aumentou 75 vezes. Uma grande causa da sua prosperidade é a excelente condição das estradas. Na ilha vizinha, Bourbon, que permanece sob o governo francês, as estradas ainda se encontram no estado miserável em que estavam as daqui alguns anos atrás. Embora os residentes franceses tenham obtido grande lucro com a crescente prosperidade de sua ilha, o governo inglês continua longe de ser popular.

3 de maio – À tarde, o capitão Lloyd, o agrimensor geral, tão bem conhecido por seu estudo sobre o istmo do Panamá, convidou a mim e ao sr. Stokes para sua casa de campo que fica na beira das Planícies Wilheim e a aproximadamente dez quilômetros do Porto. Ficamos dois dias nesse agradável lugar. Localizado a quase 250 metros acima do nível do mar, o ar era fresco e puro e podíamos dar agradáveis caminhadas por todos os lados. Ali perto, havia uma grande ravina a uma profundidade de 150 metros em meio aos rios de lava, levemente inclinados, que fluíram da plataforma central.

5 de maio – O capitão Lloyd nos levou para a Rivière Noire, que fica vários quilômetros ao sul, e pude examinar algumas rochas de corais soerguidos. Passamos por agradáveis pomares e belos campos de cana-de-açúcar que crescia em meio a enormes blocos de lava. As estradas eram margeadas com cercas de mimosa e, nas proximidades de muitas das casas, havia avenidas ladeadas por mangueiras. Algumas das paisagens, onde se podia ver tanto as colinas pontudas quanto as fazendas cultivadas, eram extremamente pitorescas, e a todo momento nos sentíamos tentados a exclamar: "Que agradável seria passar a vida em resdiências tão tranquilas!" O capitão Lloyd tinha um elefante e o mandou conosco até o meio do caminho para que pudéssemos experimentar um passeio à verdadeira moda indiana. O que mais me surpreendeu foi o seu passo quase sem ruído. Esse elefante é o único da ilha, mas dizem que já mandaram buscar outros.

9 de maio – Navegamos de Port Louis e, fazendo escala no Cabo da Boa Esperança, chegamos à ilha de Santa Helena no oitavo dia de julho. Essa ilha que foi tantas vezes descrita por seu aspecto desagradável, eleva-se abruptamente do oceano como um enorme castelo negro. Perto da cidade, como se para completar sua defesa natural, pequenos fortes e armas preenchem cada vão nas rochas sulcadas. As cidades se espalham por um vale plano e estreito. As casas parecem respeitáveis e são intercaladas com poucas árvores verdes. Quando estávamos nos aproximando do ancoradouro, tivemos uma vista surpreendente: um castelo irregular situado no cume de uma grandiosa montanha, cercado por abetos esparsos, se projetava ousadamente contra o céu.

No dia seguinte, obtive hospedagem à distância de um arremesso de pedra do túmulo de Napoleão[72]. Era um ponto bem central, de onde eu poderia fazer excursões para todas as direções. Durante os quatro dias em que fiquei aqui, va-

72. Após os eloquentes volumes que se derramaram sobre esse assunto, é perigoso até mesmo mencionar o túmulo. Um viajante moderno, em doze linhas, sobrecarrega a pobre e pequena ilha com os seguintes títulos: "É uma sepultura, um túmulo, uma pirâmide, cemitério, sepulcro, catacumba, sarcófago, minarete e mausoléu!" (N.A.)

guei pela ilha da manhã até a noite e examinei sua história geológica. Minhas acomodações ficavam a uma altura de aproximadamente seiscentos metros. Aqui o tempo era frio e tempestuoso, com constantes pancadas de chuva, e de vez em quando a paisagem era velada por grossas nuvens.

Perto da costa, a lava bruta está quase nua. Nas partes centrais e mais altas, rochas feldspáticas produziram, através de sua decomposição, um solo argiloso que, onde não tem vegetação, está manchado em largas faixas de muitas cores. Nessa estação, a terra umedecida pelas chuvas constantes produz um pasto singularmente verde que desaparece completamente à medida que o terreno vai baixando. Na latitude 16º e à pequena elevação de 457 metros, é surpreendente contemplar uma vegetação com traços decididamente britânicos. As colinas são coroadas com plantações irregulares de abetos escoceses e os flancos são extensamente preenchidos com tojos espalhados, cobertos com suas brilhantes e amarelas flores. Salgueiros-chorões são comuns nas margens dos córregos, e as cercas são feitas de sarças, produzindo sua conhecida fruta, a amora preta. Quando consideramos que o número de plantas agora encontradas na ilha é de 746 e que dessas apenas 52 são espécies nativas, tendo sido as restantes importadas, a maioria delas da Inglaterra, descobrimos a razão para o caráter britânico da vegetação. Muitas dessas plantas inglesas parecem florescer melhor aqui do que em seu país nativo. Algumas, do quadrante oposto da Austrália, também crescem notavelmente bem. As muitas espécies importadas devem ter destruído algumas das espécies nativas, e é apenas nas mais altas e íngremes vertentes que a flora nativa ainda predomina.

O caráter inglês, ou ainda galês, do cenário é mantido pelas numerosas cabanas e pequenas casas brancas. Algumas ficavam enterradas na base dos vales mais profundos, e outras, montadas nas cristas das altas colinas. Algumas vistas são surpreendentes; por exemplo, aquela de perto da casa de *Sir* W. Doveton, onde o alto pico chamado Lot é visto sobre uma negra mata de abetos, tudo contra o fundo vermelho das montanhas, desgastadas pela água na costa do sul. Ao ver a ilha de uma eminência, a primeira circunstância que chama atenção é o número de estradas e fortes. O trabalho aplicado nas obras públicas parece desmedido em relação a sua extensão ou seu valor, se esquecemos que se trata de uma prisão. Há tão pouca terra plana e utilizável que é surpreendente que tanta gente, aproximadamente cinco mil pessoas, possa subsistir aqui. As camadas mais baixas, os escravos emancipados, são, creio, extremamente pobres. Reclamam de falta de emprego. Devido à redução no número de servidores públicos, pelo fato de a ilha ter sido dada à Companhia das Índias Orientais, e à consequente emigração de muitos dos mais ricos, provavelmente a pobreza aumentará. O prato principal da classe trabalhadora é arroz com um pouco de carne salgada. Como nenhum desses artigos é produzido aqui, mas devem ser comprados com dinheiro, os salários baixos afetam terrivelmente os pobres. Agora que as pessoas foram abençoadas com a liberdade, um direito que creio que eles valorizem muito, é provável que aumentem rapidamente em número. Se de fato isso acontecer, o que será do pequeno estado de Santa Helena?

Meu guia era um homem velho que tinha sido pastor de cabras quando garoto e conhecia cada palmo da parte rochosa da ilha. Era de uma raça que havia sido muito cruzada e, embora tivesse uma pele escura, não tinha a expressão desagradável de um mulato. Era muito educado e quieto, e tal parece ser a característica geral da maioria das pessoas das classes baixas. Era estranho aos meus ouvidos escutar um homem quase branco e respeitosamente vestido falar com indiferença dos tempos em que fora escravo. Junto com meu companheiro, que carregava nossa comida e um odre de água – que é muito necessário aqui, visto que toda a água nos vales inferiores é salina – fiz, todos os dias, longas caminhadas.

Abaixo dos grandes círculos verdes superior e central, os vales selvagens são bastante desolados e inabitados. Há aqui, para o geólogo, cenas altamente interessantes mostrando sucessivas mudanças e complicados distúrbios. De acordo com minhas análises, Santa Helena existe como uma ilha desde uma época muito remota. Algumas provas obscuras, entretanto, da elevação da terra ainda estão presentes. Creio que os mais altos picos centrais formam partes da borda de uma grande cratera, cuja metade sul foi inteiramente removida pelas ondas do mar; há, além do mais, uma parede externa de rochas basálticas e negras, como a costa montanhosa das ilhas Maurício, que é mais velha que as correntes vulcânicas centrais. Nas partes mais altas da ilha, grandes quantidades de uma concha, que por muito tempo se pensou ser uma espécie marinha, aparecem incrustadas no solo.

Tratava-se de uma *Cochlogena*, ou concha terrestre de uma forma muito peculiar[73]. Junto a essa, encontrei seis outros tipos e, em outro ponto, uma oitava espécie. É notável que nenhuma delas seja atualmente encontrada viva. Sua extinção provavelmente foi causada pela inteira destruição das matas e a consequente perda de alimento e abrigo que ocorreu durante o começo do século passado.

A história das mudanças sofridas pelas planícies elevadas de Longwood e Deadwood, conforme o relato do general Beatson sobre a ilha, é extremamente curiosa. As duas planícies eram, supostamente, em tempos remotos, cobertas com matas e então chamadas de Grande Mata. Até o ano de 1716, havia muitas árvores, mas, em 1724, as árvores velhas definharam quase completamente e as jovens foram destruídas pelas cabras e porcos que se criavam soltos. Segundo os registros oficiais, parece que as árvores foram inesperadamente, alguns anos depois, sucedidas por uma grama fibrosa que se espalhou por toda a superfície[74]. O general Beatson acrescenta que agora essa planície "está coberta com uma bela relva e se tornou o melhor pasto da ilha". A extensão da superfície, provavelmente coberta por matas em um período anterior, é estimada em não menos de duzentos acres. Atualmente mal pode-se encontrar uma árvore ali. Também é dito que em 1709 houve grandes quantidades de árvores mortas na baía Sandy. Esse lugar é tão deserto que nada exceto um relato confiável poderia me fazer acreditar que algo algum dia teria crescido ali. O fato de cabras e porcos terem destruído todas as árvores em crescimento e que, durante o curso do tempo, as velhas, que estavam protegidas dos ataques dos animais, pereceram

---

73. Merece atenção que todos os muitos espécimes dessa concha que encontrei em um ponto diferem, como uma variedade bem marcada, de outro conjunto de espécies obtidas em um ponto diferente. (N.A.)

74. Santa Helena de Beatson. Capítulo Introdutório, p. 4. (N.A.)

por causa da idade, parece nitidamente coerente. As cabras foram introduzidas no ano de 1502; 86 anos depois, no tempo de Cavendish, sabe-se que elas eram extremamente numerosas. Mais de um século depois, em 1731, quando o mal estava completo e era irreversível, foi dada uma ordem para que se destruíssem todos os animais errantes. É muito interessante verificar assim que a chegada dos animais em Santa Helena, em 1501, não alterou o aspecto da ilha até que um período de 220 anos tivesse passado, pois as cabras foram introduzidas em 1502, e em 1724 é dito que "as velhas árvores caíram quase completamente". Pode haver pouca dúvida de que essa grande mudança na vegetação afetou não apenas as conchas terrestres, causando a extinção de oito espécies, mas também uma vasta gama de insetos.

Santa Helena, situada tão longe de qualquer continente, em meio a um grande oceano com uma flora única, desperta nossa curiosidade. As oito conchas terrestres, embora estejam agora extintas, e uma que vive em Succinea, são espécies que não existem em nenhum outro lugar. O sr. Cuming, entretanto, informa-me que uma *Helix* inglesa é comum aqui. Seus ovos sem dúvida foram importados junto com alguma das muitas plantas que foram introduzidas aqui. O sr. Cuming coletou na costa dezesseis espécies de conchas do mar, das quais sete, até onde ele sabe, estão restritas a esta ilha. Pássaros e insetos[75],

---

75. Entre esses poucos insetos, fiquei surpreso ao encontrar um pequeno *Aphodius* (*nov. spec.*) e um *Oryctes*, ambos extremamente numerosos sob esterco. Quando a ilha foi descoberta, ela certamente não possuía nenhum quadrúpede, exceto *talvez* um rato. Torna-se, portanto, um ponto difícil de averiguar se esses insetos coprófagos foram importados por acidente ou, se eram aborígines, com o que se alimentavam. Nas margens do Prata, onde, pelo vasto número de bois e cavalos, as belas planícies de turfa são ricamente estrumadas, é inútil procurar por muitos tipos de besouros coprófagos que ocorrem tão abundantemente na Europa. Observei apenas um *Oryctes* (os insetos desse gênero, na Europa, geralmente se alimentam de matéria vegetal decomposta) e duas espécies de *Phanaeus*, comuns nessas situações. No lado oposto da cordilheira, em Chiloé, outra espécie de *Phanaeus* é extremamente abundante e ele enterra o estrume do gado em grandes bolas misturadas com terra embaixo do solo. Há razão para crer que o gênero *Phanaus*, antes da introdução do gado, agia como um gari para os homens. Na Europa, besouros que se alimentam da matéria que já contribuiu para a vida de outros animais maiores são tão numerosos que deve existir muito mais do (continua na p. 302)

como era de se esperar, são poucos numerosos. Creio, de fato, que todas as aves foram introduzidas nos últimos anos. Perdizes e faisões são toleravelmente abundantes. A ilha se parece muito com a Inglaterra no que diz respeito às leis de caça. Contaram-me de sacrifícios injustos feitos pelos ordenanças sem precedentes mesmo na Inglaterra. As pessoas pobres antigamente tinham por hábito queimar uma planta que cresce nas costas rochosas e exportar a soda extraída das cinzas, mas uma ordem peremptória foi baixada proibindo essa prática e dando como razão o fato de que as perdizes não teriam onde fazer seus ninhos.

Em minhas caminhadas, passei mais de uma vez sobre a planície herbórea cercada por profundos vales onde fica Longwood. A uma curta distância, ela parece uma respeitável mansão de algum cavalheiro. Em frente a ela há alguns campos cultivados e além deles uma suave colina de rochas coloridas chamada Flagstaff, e a massa rugosa e quadrada de Barn. No geral, a vista era muito desanimadora e desinteressante. O único inconveniente por que passei durante minhas caminhadas foram os ventos impetuosos. Um dia, notei um fato curioso: estando em pé à margem de uma planície que terminava em um grande penhasco de aproximadamente trezentos metros, vi, à distância de alguns metros, bem na direção em que sopra o vento, uma andorinha-do-mar que lutava contra a ventania, enquanto que, onde eu estava, o ar estava bem cal-

---

(continuação da p. 301) que cem diferentes espécies. Considerando isso e observando a quantidade de comida dessa espécie que está perdida nas planícies do Prata, imagino que estou diante de um caso onde o homem perturbou essa cadeia pela qual tantos animais estão unidos em suas regiões nativas. Na Terra de Van Diemen, entretanto, encontrei quatro espécies de *Onthophagus*, dois de *Aphodius* e uma de um terceiro gênero, muito abundante sob o estrume das vacas; esses animais, apesar de tudo, foram introduzidos há apenas 33 anos. Antes disso, o canguru e alguns outros animais pequenos eram os únicos quadrúpedes, e seu estrume era de uma qualidade muito diferente daquela de seus sucessores introduzidos pelo homem. Na Inglaterra, o maior número de besouros coprófagos é limitado em seu apetite, isto é, não dependem indiferentemente de qualquer quadrúpede para subsistência. A mudança na Terra de Van Diemen, que deve ter acontecido nos hábitos, é, portanto, altamente notável. Devo ao reverendo F. W. Hope, a quem espero que me permita chamar de meu professor de Entomologia, o conhecimento dos insetos antecedentes. (N.A.)

mo. Ao me aproximar da beira do penhasco, onde a corrente parecia ser defletida para cima pela parede do abismo, espichei o meu braço e imediatamente senti toda a força do vento: uma barreira invisível de dois metros de largura separava um ar totalmente calmo de uma forte rajada.

Aproveitei tanto minhas andanças pelas montanhas rochosas de Santa Helena que quase senti pena de descer para a cidade na manhã do dia 14. Antes do meio-dia, eu já havia embarcado e o *Beagle* partia.

No dia 19 de julho, chegamos à ascensão. Aqueles que já contemplaram uma ilha vulcânica em um clima árido poderão imediatamente imaginar a aparência dessa ilha: colinas cônicas e suaves de uma coloração vermelha e brilhante com seus cumes geralmente truncados se elevando separadamente de uma superfície plana de lava negra e sulcada. Um morro principal no centro da ilha parece ser o pai dos cones menores. É chamado de Colina Verde. Seu nome está relacionado ao tom suave dessa cor que, nessa época do ano, mal é percebido do ancoradouro. Para completar a desolação do cenário, as rochas negras na costa são açoitadas por um vento e um mar turbulentos.

O assentamento se localiza perto da praia e consiste de várias casas e barracas posicionadas irregularmente, mas bem construídas com pedras brancas de cantaria. Os únicos habitantes são marinheiros e alguns negros libertados de navios negreiros, que recebem um salário e suprimentos do governo. Não há um cidadão comum na ilha. Muitos dos marinheiros pareciam contentes com sua situação, julgando que era melhor servir seus 21 anos em terra, seja ela qual fosse, do que em um navio. Sobre essa escolha, se eu fosse um marinheiro, concordaria de coração.

Na manhã seguinte, escalei a Green Hill, de 865 metros de altura, e então atravessei a ilha até o ponto a barlavento. Uma boa estrada de carroças vai do assentamento costeiro até as casas, jardins e campos localizados próximos ao cume da montanha central. Ao lado da estrada existem marcos e também cisternas, onde cada passante sedento pode beber boa água. Cuidado similar é exibido em cada parte do estabelecimento e especialmente no gerenciamento das fontes, de forma que não se perde nem uma gota de água. A ilha toda pode, de fato, ser comparada com um enorme navio mantido em excelente ordem. Enquanto admirava o descomunal empenho de fazer tanto de tão pouco, não pude deixar de lamentar o fato de que se desperdiçasse tanta energia em um local tão pobre e insignificante. M. Lesson ressaltou com justiça que apenas a nação inglesa teria pensado em fazer da ilha da Ascensão um local produtivo; ali qualquer outro povo teria visto apenas uma mera fortaleza no oceano.

Perto da costa nada cresce. Mais para o interior, ocasionalmente se pode encontrar uma mamona e alguns poucos gafanhotos, verdadeiros amigos do deserto. Alguma grama está espalhada sobre a superfície da região central e elevada e no geral se parece muito com as piores partes das montanhas Welsh. Por mais escassa que a grama pareça, aproximadamente seiscentas ovelhas, muitas cabras, algumas vacas e cavalos conseguem viver muito bem do pasto. De animais nativos, abundam ratos e caranguejos terrestres. Se o rato é realmente nativo é algo bastante duvidoso. Também há duas variedades descritas pelo sr. Waterhouse: uma preta, com uma bela pelagem brilhante e que vive no cume relvado; e outra marrom e menos brilhante, com pelos longos e que vive perto do assentamento, na costa. Essas duas variedades são um terço menores do que o rato preto comum (*M. rattus*) e diferem tanto na cor como no tipo de pelagem, mas em nenhum outro aspecto importante. É difícil duvidar que esses ratos (como o camundongo comum que também se tornou selvagem) não tenham sido importados e, como nas Galápagos, se modificaram devido ao efeito das novas condições a que foram expostos. Assim, a variedade no cume da ilha difere daquela da costa. Não há nenhuma ave nativa, mas a galinha d'angola, importada das ilhas de Cabo Verde, é abundante, e a ave comum também se tornou selvagem. Alguns gatos que foram originalmente trazidos para destruírem ratos e camundongos se multiplicaram e agora se tornaram uma grande praga. A ilha é completamente desprovida de árvores, no que, como em todos os outros aspectos, é muito inferior a Santa Helena.

Uma das minhas excursões me levou para a extremidade sudoeste da ilha. O dia estava limpo e quente e vi a ilha, em vez de sorrir-me com beleza, encarar-me com sua hedionda nudez. Os córregos de lava estão cobertos com pequenos morros de terra e estão enrugados a um grau que, geologicamente falando, não é fácil de ser explicado. Os espaços intercalados estão ocultos por camadas de pedra-pomes, cinzas e tufo vulcânico. Quando passei, por mar, por essa parte da ilha, não conseguia imaginar o que eram as manchas brancas que sarapintavam toda a planície. Descobri agora que eram as aves marinhas, dormindo com tamanha sensação de segurança que mesmo ao meio-dia um homem pode caminhar e capturá-las. Essas aves foram as únicas criaturas vivas que vi durante todo o dia. Na praia, grandes ondas quebravam sobre as rochas partidas de lava, embora a brisa estivesse suave.

A geologia desta ilha é, em muitos aspectos, interessante. Em vários locais, notei bombas vulcânicas, ou seja, massas de lava que haviam sido arremessadas pelo ar enquanto ainda estavam líquidas e que assumiram, consequentemente, uma

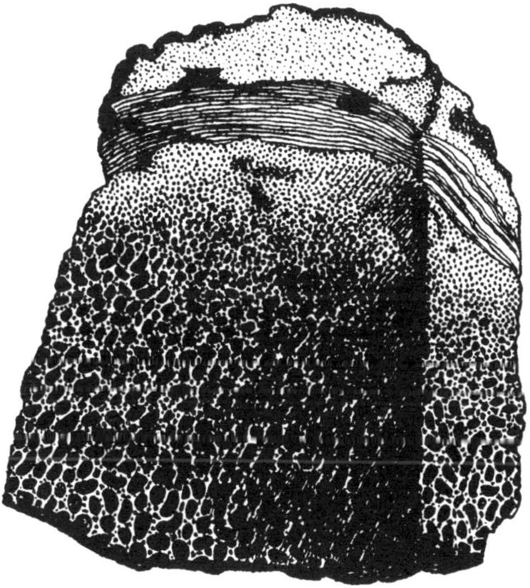

forma esférica ou de pera. Não só as suas formas externas, mas, em vários casos, suas estruturas internas, demonstram que elas devem ter se revolvido de forma muito peculiar em seu percurso aéreo.

A estrutura interna de uma dessas bombas, quando partida, está muito bem representada pela gravura da página anterior. A parte central é grosseiramente celular, as células diminuem de tamanho em direção à parte exterior, onde há um encaixe em forma de concha com aproximadamente 84 centímetros de espessura, feito de pedra compacta, que mais uma vez é revestida pela crosta exterior de lava finamente celular. Penso que pode haver pouca dúvida de que, primeiro a crosta externa se resfriou rapidamente ao estado em que agora a vemos; depois, a lava ainda fluida no lado interno, carregada de força centrífuga gerada pela revolução da bomba e se pondo contra a crosta externa resfriada, produziu a concha de rocha sólida; até que por fim a força centrífuga, aliviando a pressão nas partes mais centrais da bomba, permitiu que os vapores aquecidos expandissem suas células, formando assim a grosseira massa celular do centro.

Uma colina formada das séries mais antigas de rochas vulcânicas, e que foi incorretamente considerada como a cratera de um vulcão, faz-se notar por seu cume largo, levemente côncavo e circular, estar coberto com muitas camadas sucessivas de cinzas e fina escória. Essas camadas em forma de pires emergem da terra ao redor da colina, formando perfeitos anéis de muitas cores diferentes e dando ao cume uma aparência fantástica. Um desses anéis é branco e largo, semelhante a um picadeiro, e por isso recebeu o nome de Escola de Equitação do Diabo. Trouxe espécimes de uma das camadas tufosas de uma coloração rosácea, e o fato mais extraordinário é que o professor Ehrenberg[76] tenha descoberto que a amostra era composta exclusivamente de matéria orgânica: alguns invólucros silícios de protozoários ciliados de água doce e não menos de 25 tipos de tecido vegetal silício, na maior parte de gramíneas. Devido à ausência de qualquer matéria carbonada, o professor Ehrenberg crê que esses corpos orgânicos passaram

76. *Monats. der König. Akad. d. Wiss. zu Berlin. Vom April*, 1845. (N.A.)

por fogo vulcânico e foram expelidos na forma em que agora os encontramos. A aparência das camadas me levou a crer que elas tenham sido depositadas embaixo da água, embora em função da extrema secura do clima eu tenha sido forçado a imaginar que pancadas de chuva tenham caído durante alguma grande erupção e que assim um lago temporário tenha se formado, o lago onde caíram as cinzas. De qualquer forma, podemos ter certeza que em alguma época passada o clima e as produções da ilha Ascensão eram muito diferentes do que são agora. Onde na face da terra encontraremos um ponto em que uma investigação mais apurada não descubra sinais do perpétuo ciclo de mudança a que essa terra foi, é e será submetida?

Ao deixar Ascensão, navegamos para a Bahia, na costa do Brasil, para completarmos nossa medição cronométrica do mundo. Chegamos no dia 1º de agosto e ficamos lá por quatro dias, durante os quais dei longas caminhadas. Fiquei feliz ao descobrir que o meu prazer no cenário tropical não tinha diminuído pelo desejo de novidade, nem mesmo no menor grau. Os elementos da paisagem são tão simples que valem a pena ser mencionados como prova das insignificantes e raras circunstâncias de que depende a beleza natural.

A região pode ser descrita como uma planície leve de aproximadamente noventa metros de altura que foi desgastada até assumir a forma de vales a base chata. Essa estrutura pode ser notável em terra granítica, mas é quase universal em todas aquelas formações macias das quais as planícies geralmente são compostas. A superfície é coberta por vários tipos de árvores majestosas, entremeadas com trechos de solo cultivado onde casas, conventos e capelas se erguem. Devemos lembrar que, nos trópicos, a selvagem exuberância da natureza não se perde nem mesmo nas proximidades de grandes cidades, pois a vegetaçao natural das cercanias e dos flancos das colinas subjuga, num efeito pitoresco, os trabalhos do homem. Dessa forma, há apenas alguns pontos onde o solo vermelho brilhante contrasta com a universal cobertura verde. Das beiras da planície, tem-se vistas distantes do oceano ou da grande baía com suas praias de uma vegetação rasteira e na qual numerosos barcos e canoas exibem suas velas brancas. Excetuando-se esses pontos, a paisagem é extremamente limitada. Seguindo as trilhas planas, em cada lado, pode-se ter apenas vislumbres dos vales verdes que se estendem abaixo. As casas, posso acrescentar, e especialmente os edifícios sagrados são construídos em um estilo arquitetônico peculiar e muito fantástico. São todos caiados de branco de forma que, quando iluminados pelo brilhante sol do meio-dia e vistos contra o céu azul e claro do horizonte, se elevam mais como vultos do que como prédios reais.

Tais são os elementos do cenário, mas é inútil tentar pintar uma visão geral. Naturalistas eruditos descrevem essas cenas dos trópicos nomeando uma infinidade de objetos e mencionando algumas características peculiares dos mesmos. Para um viajante erudito isso pode produzir algumas ideias definidas, mas quem mais, ao ver uma planta em um herbário, consegue imaginar sua aparência no solo nativo? Quem poderia, vendo plantas escolhidas em uma estufa, imaginar algumas com o tamanho das florestas e aumentar os números de outras até ter a imagem de uma mata fechada? Quem, quando examinando no gabinete de um entomologista as alegres e exóticas borboletas e singulares cigarras associará a esses objetos desprovidos de vida a incessante e dura música das últimas e o voo preguiçoso das primeiras – acompanhamentos seguros do pacato e brilhante meio-dia nos trópicos? É quando o sol atinge sua maior altura que tais cenas devem ser vistas. A esplêndida e densa folhagem das mangueiras oculta, então, o solo com sua mais escura sombra, enquanto os ramos superiores ficam tonalizados com o mais brilhante verde por causa da profusão de luz. Nas zonas temperadas a situação é diferente. Lá a vegetação não é tão escura nem tão rica, assim a luz adequada será a do pôr do sol, que dará às plantas um tom vermelho, roxo ou amarelo.

Enquanto eu caminhava calmamente ao longo das trilhas bem sombreadas e admirava cada vista que se sucedia, desejei encontrar uma linguagem capaz de expressar minhas ideias. Epíteto após epíteto, descobria-os fracos para transmitir, àqueles que não visitaram as regiões intertropicais, a sensação de deleite que a mente experimenta. Eu disse que as plantas em uma estufa não conseguem dar uma ideia justa da vegetação, ainda assim devo recorrer a elas. A terra é uma grande, selvagem, desorganizada, luxuriante estufa feita pela natureza para ela mesma, mas tomada pelos homens, que a encheram com muitas casas alegres e jardins formais. Quão magnífico seria o desejo de qualquer admirador da natureza contemplar, se tal fosse possível, o cenário de outro planeta! Ainda assim, para todas as pessoas na Europa, pode ser verdadeiramente dito que, a uma distância de apenas alguns graus de seu solo nativo, as glórias de outro mundo aqui se abrem. Em minha última caminhada, parei novamente e pasmei diante dessas belezas e me empenhei em fixá-las para sempre em minha mente, mas sabia então que mais cedo ou mais tarde elas se apagariam. As formas da laranjeira, do coqueiro, da palmeira, da mangueira, do feto, da bananeira permaneceram claras e distintas, mas as belezas infinitas que as unem em uma cena perfeita desaparecerão. Restará, no entanto, em minha mente, como a lembrança que temos de um conto ouvido na infância, uma imagem que, ainda que composta por figuras confusas, resplandecerá em sua extrema beleza.

6 de agosto – À tarde, saímos para o mar com a intenção de fazer um curso direto para as ilhas de Cabo Verde. Ventos desfavoráveis, entretanto, atrasaram-nos, e no dia 12 chegamos a Pernambuco, uma grande cidade na costa do Brasil, na latitude 8° Sul. Ancoramos fora da baía, mas logo um piloto veio a bordo e nos levou para dentro do porto, onde ficamos perto da cidade.

Pernambuco é construída sobre alguns bancos de areia, baixos e estreitos, separados uns dos outros por canais rasos de água salgada. As três partes da cidade se ligam por duas longas pontes construídas sobre pilares de madeira. A cidade é nojenta. As ruas são estreitas, mal pavimentadas e imundas; as casas, altas e sombrias. A estação das pesadas chuvas mal terminou e, portanto, toda a região ao redor da cidade, que mal se eleva acima do nível do mar, está inundada, e todas as minhas tentativas de dar caminhadas falharam.

O terreno plano e pantanoso em que fica Pernambuco é cercado, a alguns quilômetros de distância, por um semicírculo de morros baixos ou ainda por uma região elevada talvez a sessenta metros acima do nível do mar. A velha cidade de Olinda fica numa extremidade dessa cadeia. Um dia peguei uma canoa e subi por um dos canais para visitar tal cidade. Descobri que a velha cidade é, por causa de sua posição, mais agradável e limpa que Pernambuco. Devo aqui observar algo que aconteceu pela primeira vez em quase cinco anos de andanças: deparei-me com uma falta de cortesia. Fui recusado, de forma bastante rude, em duas casas e em uma terceira obtive com dificuldade permissão para passar por seus jardins e chegar até uma colina não cultivada com o intuito de ver a região. Fico feliz que isso tenha acontecido na terra dos brasileiros, pois não nutro por eles qualquer simpatia – uma terra de escravidão e, portanto, de corrupção moral. Um espanhol teria sentido vergonha só de pensar em recusar um pedido como o meu ou de se comportar rudemente com um estranho. O canal pelo qual fomos e retornamos de Olinda era ladeado por mangues que crescem das margens lamacentas como uma floresta em miniatura. A cor verde brilhante desses arbustos me lembrava sempre a do capim de um cemitério: ambos exalam odores pútridos, um fala de mortes passadas e o outro muito frequentemente de mortes que estão por vir.

O objeto mais curioso que vi nos arredores foi o recife que forma o porto. Duvido que qualquer outra estrutura natural no mundo todo tenha uma aparência[77] tão artificial. Essa barreira se estende por muitos quilômetros em uma linha absolutamente reta, paralela e não muito distante da costa. Varia em largura de trinta a sessenta metros e sua superfície é plana e lisa. É composta de arenito duro de estratificação obscura. Na maré cheia, as ondas quebram por cima da barreira, e na maré baixa, seu cume fica seco e pode, então, ser confundido com um quebra-mar construído por Ciclopes. Nessa costa, as correntes do mar tendem a formar em frente à terra longos braços e barras de areia solta, e é em uma dessas que se localiza parte da cidade de Pernambuco. Antigamente um longo braço dessa natureza se consolidou pela percolação de matéria cal-

---

77. Descrevi essa barreira com detalhes no *Lond. and Edin. Phil. Mag.* Vol. XIXI. (1841), p. 257. (N.A.)

cária e mais tarde foi gradualmente soerguido. As partes frouxas e altas, pela ação do mar, se desgastaram nesse processo e o núcleo sólido foi deixado como agora vemos. Embora as ondas do Atlântico, turvadas por sedimentos, se choquem dia e noite contra a borda íngreme dessa parede de pedra, nem os navegadores mais idosos sabem de alguma mudança em sua aparência. Essa durabilidade é o fato mais curioso nessa história e se deve a uma dura camada de matéria calcária com algumas polegadas de grossura formada exclusivamente pelo sucessivo crescimento e morte de pequenas conchas de *Serpulae* junto com alguns *bernaclas* e *nulliporae*. Essas nuliparas são plantas marítimas duras com uma organização muito simples que fazem um papel análogo e desempenham uma parte importante na proteção das superfícies superiores dos recifes de coral, atrás e dentro dos quebra-mares, onde os verdadeiros corais, durante o seu crescimento para fora, morrem pela exposição ao sol e ao ar. Esses insignificantes seres orgânicos, especialmente o *Serpulae*, fizeram um bom serviço ao povo de Pernambuco, pois, sem a sua ajuda protetora, a barreira de arenito inevitavelmente teria se desgastado há muito tempo, e sem a barreira não haveria porto.

No dia 19 de agosto, finalmente deixamos as praias do Brasil. Agradeço a Deus e espero nunca visitar outra vez um país escravocrata. Até hoje, se ouço um grito longínquo, lembro com dolorosa nitidez do que senti quando passei por uma casa perto de Pernambuco. Ouvi os mais terríveis gemidos e suspeitei que algum pobre escravo estivesse sendo torturado mas sabia que não havia nada que eu pudesse fazer, senti-me impotente como uma criança. Suspeitei que esses gemidos fossem de um escravo sendo torturado porque me disseram numa situação semelhante, que era isso que se passava. Perto do Rio de Janeiro, morei em frente a uma velha senhora que guardava tarraxas para esmagar os dedos de suas escravas. Fiquei em uma casa onde um jovem mulato era diariamente e a cada hora maltratado, espancado e atormentado, de um modo suficiente para aniquilar o espírito do animal mais miserável. Vi um garotinho de seis ou sete anos de idade ser atingido três vezes na cabeça por um chicote de açoitar cavalos (antes que eu pudesse interferir) simplesmente por ter me alcançado um copo de água que não estava bem limpo. Vi seu pai tremer apenas com um relance do olhar de seu mestre. Testemunhei essas últimas crueldades numa colônia espanhola em que sempre foi dito que os escravos são mais bem tratados que pelos portugueses, ingleses ou membros de outras nações europeias. Vi, no Rio de Janeiro, um negro forte temeroso de se proteger de um golpe direcionado, como ele pensou, a seu rosto. Estive presente quando um homem de bom coração estava prestes a separar para sempre homens, mulheres e crianças de um grande número de famílias que por muito tempo haviam vivido juntas. Nem mesmo aludirei às muitas atrocidades de revoltar a alma que ouvi de fonte segura. Em verdade, nem teria mencionado tais revoltantes detalhes, se não tivesse encontrado tantas pessoas cegas pela alegria de viver associada ao negro, a ponto de falarem da escravidão como um mal tolerável. Tais pessoas normalmente frequentam as casas das classes superiores, onde os escravos domésticos são em geral bem tratados, e não testemunharam, como eu, o que são as condições nas classes mais baixas. Esses inquiridores perguntam aos escravos sobre suas condições; esquecem que somente um escravo muito estulto não considera a probabilidade de sua resposta chegar aos ouvidos de seu dono.

Argumenta-se que o interesse pessoal evitará a crueldade excessiva, como se o interesse pessoal houvesse alguma vez tivesse protegido nossos animais domésticos, que são muito menos propícios a despertar a fúria de seus mestres selvagens do que os escravos degradados. É um argumento que há muito foi refutado por aqueles de sentimentos nobres, notavelmente exemplificado pelo ilustríssimo Humboldt. Frequentemente se usa na argumentação a favor da escravidão a comparação com os nossos mais pobres compatriotas: se a miséria dos nossos pobres fosse causada não pelas leis da natureza, mas por nossas instituições, grande seria o nosso pecado, mas não posso ver como isto se relaciona com a escravidão, como também não vejo como é possível defender a prática do esmagamento de dedos em uma terra, como se isso fosse paralelo às mazelas representadas por doenças horríveis que afligem os homens de outras terras. Os que possuem um olhar benevolente para os senhores e um olhar frio para os escravos nunca se viram na posição dos últimos. Que perspectiva desanimadora, desprovida de qualquer esperança de mudança! Imagine a probabilidade, sempre pairando sobre você, de sua esposa e seus pequenos filhos – coisas que pelo comando da natureza até mesmo os escravos clamam possuir – sendo separados de você e vendidos como animais ao primeiro comprador! Esses atos são praticados e mitigados por homens que professam amar o próximo como a si mesmos, acreditar em Deus e rezar para que Sua vontade seja feita na terra! Faz o sangue ferver e o coração palpitar pensar que nós ingleses, e nossos descendentes americanos com seu orgulhoso grito de liberdade, foram e são tão culpados em relação a esta hediondez. Mas é um consolo pensar que nós pelo menos fizemos o maior sacrifício já feito por qualquer nação a fim de expiar nosso pecado.

***

No último dia de agosto, ancoramos pela segunda vez em Porto Praya, no arquipélago de Cabo Verde; dali prosseguimos para Açores, onde ficamos seis dias. No segundo dia de outubro, chegamos às praias da Inglaterra, e em Falmouth deixei o *Beagle*, tendo vivido a bordo do pequeno e bom navio por quase cinco anos.

***

Tendo a nossa viagem chegado ao fim, farei um pequeno retrospecto das vantagens e desvantagens, dores e prazeres de nossa circunavegação do mundo. Se uma pessoa me pedisse um conselho antes de embarcar numa longa viagem, minha resposta dependeria do fato de o inquiridor possuir ou não um decidido gosto por qualquer ramo de conhecimento que poderia, através da viagem, ser ampliado. Sem dúvida é uma grande satisfação contemplar vários países e as muitas raças de homens, mas os prazeres ganhos no momento não contrabalançam os males. É necessário ter o olhar que se lança a uma colheita futura, não importando quão distante ela possa estar, quando algum fruto será finalmente colhido e algum bem seja feito.

Muitas das privações que devem ser experienciadas são óbvias, tais como a privação da companhia de todos os velhos amigos e da paisagem daqueles lugares com que cada memória íntima está associada. Essas perdas, contudo, são momentânea e parcialmente resolvidas pelo inexaurível deleite de prever o muito desejado dia do retorno. Se, como o poeta diz, a vida é um sonho, tenho certeza que em uma viagem dessas há visões que são melhores para passar a longa noite. Outras perdas, entretanto, não são sentidas no começo, mas após um período caem pesadamente sobre o viajante. São elas: a falta de um quarto, de privacidade, de descanso; a estafante sensação de constante pressa; a privação dos pequenos luxos, a perda do convívio doméstico e até mesmo da música e de outros prazeres da imaginação. Quando essas insignificâncias são mencionadas fica evidente que as queixas reais da vida no mar, excetuando-se os acidentes, chegaram ao fim. O curto espaço de sessenta anos fez uma impressionante diferença na facilidade da navegação à distância. Nos tempos de Cook, um homem que deixasse sua lareira por tais expedições passava por privações mais severas. Um *yacht* agora, com todos os confortos da vida, pode circunavegar o globo. Além das vastas melhorias nos navios e nos recursos navais, as costas ocidentais da América estão agora abertas, e a Austrália se tornou a capital de um continente em ascensão. Como são diferentes as circunstâncias para um náufrago atualmente no Pacífico do que eram no tempo de Cook! Desde sua viagem, um hemisfério foi acrescentado ao mundo civilizado.

Se uma pessoa sofre muito com enjoos no mar, isso vai pesar fortemente na balança. Falo por experiência própria. Não é um mal menor que se cura em uma semana. Se, por outro lado, tem apreço pelas táticas navais, certamente encontrará um escopo completo para seu gosto. Mas deve se ter em mente quanto tempo, durante uma longa viagem, se passa no mar em comparação aos dias que se passam no porto. E quais são as glórias de um oceano sem limites? Um tedioso desperdício, um deserto de água, como dizem os árabes. Sem dúvida há algumas cenas maravilhosas. Um luar à noite com céus limpos e o negro mar brilhante, as velas brancas tocadas pelo sopro brando de um vento alísio, uma calmaria absoluta com o mar polido como um espelho e o silêncio total exceto a eventual batida das velas. É bom contemplar uma vez uma rajada de vento se levantando e vindo com fúria, ou um pesado vendaval e ondas gigantescas. Confesso, todavia, que minha imaginação pintou algo mais grandioso e extraordinário do que é, de fato, uma tempestade em alto-mar. É um espetáculo incomparavelmente melhor quando a contemplado da costa, onde as árvores balançam e há o voo selvagem dos pássaros, as sombras escuras e as luzes brilhantes, a precipitação de torrentes, tudo a proclamar a disputa entre os elementos libertos. No mar, o albatroz e o pequeno petrel voam como se a tempestade estivesse em sua própria esfera, a água se ergue e baixa como se cumprisse sua tarefa usual, somente o navio e seus tripulantes parecem sofrer com a fúria. Em uma costa longínqua e afligida pelas intempéries, a paisagem é realmente diferente, mas os sentimentos compartilhados são mais de horror do que de deleite selvagem.

Vejamos agora o lado positivo do passado. O prazer de contemplar uma paisagem e o aspecto geral de várias regiões que visitamos foram decididamente as maiores e mais constantes fontes de prazer. É provável que a pitoresca beleza de muitas partes da Europa supere qualquer coisa que tenhamos visto. Mas há um prazer crescente em comparar as características das paisagens em diferentes regiões que, em certo grau, é diferente da mera admiração de sua beleza. Depende majoritariamente do conhecimento das partes de cada paisagem. Sou fortemente induzido a crer, que como na música, a pessoa que entende as notas, se também possuir o gosto adequado, aproveitará mais profundamente o conjunto, assim como aquele que examinar parte por parte de uma bela paisagem também poderá entender melhor o efeito do conjunto. Consequentemente um viajante deverá ser um botânico, pois em todas as paisagens a beleza principal está nas plantas. As massas agrupadas de rocha nua, mesmo nas formas mais selvagens, podem fornecer por um tempo um espetáculo sublime, mas logo elas se tornam monótonas. Pinte-as com várias cores brilhantes, como no Norte do Chile, e elas se tornam fantásticas, cubra-as então com vegetação e elas formarão uma imagem decente, senão bela.

Quando digo que a paisagem de partes da Europa é provavelmente superior a qualquer coisa que eu tenha contemplado, excetuo, como uma classe em si, os cenários das zonas intertropicais. As duas classes não podem ser comparadas, mas por diversas vezes já enalteci a grandeza dessas regiões. Como a força das impressões geralmente depende das ideias preconcebidas, posso acrescentar que as minhas foram tiradas de vívidas descrições da *Narrativa Pessoal* de Humboldt, que de longe excedia em mérito qualquer outra coisa que li. Ainda assim, com essas ideias elevadas, meus sentimentos estavam longe de ter um traço de decepção no meu primeiro e último desembarque nas praias do Brasil.

Entre as cenas que estão profundamente gravadas em minha mente, nenhuma excede em seu caráter sublime as florestas prístinas não tocadas pela mão do homem, sejam as do Brasil, onde os poderes da Vida são predominantes, ou as da Terra do Fogo, onde a Morte e a Decadência prevalecem. Ambas são templos repletos com variados produtos do Deus da Natureza. Ninguém consegue permanecer naqueles ermos sem sentir que há mais no homem do que a mera vida de seu corpo. Ao lembrar de imagens do passado, percebo que as planícies da Patagônia frequentemente passam diante de meus olhos, ainda assim todos dizem que essas planícies são muito pobres e inúteis. Podem ser descritas apenas com características negativas: sem habitações, sem água, sem árvores, sem montanhas, sustentando apenas algumas plantas pequenas. Por que, então, e isso não se restringe apenas a mim, essas terras áridas se fixaram tão firmemente em minha memória? Por que o pampa, ainda mais plano, verde, fértil e útil aos homens não provocou um efeito semelhante? Não consigo analisar esses sentimentos, mas são provavelmente fruto da liberdade que dei à imaginação. As planícies da Patagônia não têm fronteiras, pois mal podem ser atravessadas e permanecem, portanto, desconhecidas. Portam o selo de terem permanecido como são agora por eras, e parece não haver limite para a sua duração no futuro. Se, como supunham os antigos, a terra plana fosse cercada por uma intransponível porção de água ou por desertos intoleravelmente quentes, quem não olharia para essas últimas fronteiras do conhecimento humano com profundas, mas mal-definidas sensações?

Por último, sobre os cenários naturais, as passagens das altas montanhas, embora certamente não sejam, em um sentido, bonitas, são memoráveis. Quando olhávamos para baixo do mais alto cume da cordilheira, a mente, sem ser perturbada pelos minúsculos detalhes, logo se preenchia com as estupendas dimensões das massas ao redor.

Em relação aos indivíduos, talvez nada crie mais perplexidade do que a visão de um bárbaro em sua terra nativa, o homem em seu estado mais baixo e mais selvagem. A mente corre pelos séculos passados e então pergunta: nossos progenitores teriam sido homens como esses? Homens cujos sinais e expressões são menos inteligíveis para nós do que aqueles de nossos animais domesticados; homens que não possuem o instinto daqueles animais, mas parecem ainda desprovidos do raciocínio humano ou ao menos das artes consequentes de tal raciocínio. Não creio que seja possível descrever ou pintar a diferença entre um homem selvagem e um civilizado. É a diferença entre um animal selvagem e um domado, e parte do interesse em contemplar um selvagem é a mesma que levaria qualquer um a desejar ver um leão em seu deserto, o tigre despedaçando sua presa na selva ou um rinoceronte vagando pelas selvagens planícies da África.

Entre os outros mais notáveis espetáculos que contemplamos, posso classificar o Cruzeiro do Sul, a nebulosa de Magalhães e as outras constelações do hemisfério sul, as trombas d'água, o *iceberg* e seu rastro, projetando seu escarpado precipício de gelo sobre o mar, uma ilha-laguna soerguida pelos corais construtores de recifes, um vulcão ativo e os pujantes efeitos de um terremoto violento. Esses últimos fenômenos talvez possuam um interesse peculiar para mim por sua íntima conexão com a estrutura geológica do mundo. O terremoto, todavia, deve ser um evento muito impressionante para qualquer um. Ao sentir a terra, que consideramos desde a mais tenra infância como exemplo de solidez, oscilando como uma fina camada sob nossos pés, ao vermos os trabalhos do homem derrubados em um momento, sentimos a insignificância de nosso ufanado poder.

Foi dito que o amor à caça é inerente ao homem, uma lembrança de uma paixão instintiva. Se for assim, tenho certeza de que o prazer de viver ao ar livre com o céu por telhado e o chão como mesa é parte do mesmo sentimento, é o selvagem retorno aos hábitos nativos e selvagens. Sempre lembro de nossas viagens de barco e das minhas jornadas por terra, quando por regiões bravias, com um extremo deleite que nenhuma cena da civilização poderia ter provocado. Não tenho dúvidas de que todo viajante lembra da ardente sensação de alegria que experimentou quando respirou pela primeira vez em um clima exótico, onde o homem civilizado jamais ou raramente esteve.

Existem muitas outras fontes de prazer em uma longa viagem que são de uma natureza mais razoável. O mapa do mundo deixa de ser um vazio e se torna uma imagem cheia das mais variadas e animadas figuras. Cada parte assume suas dimensões adequadas. Continentes não são vistos como ilhas, nem as ilhas consideradas como meros pontos, que são, em verdade, maiores que muitos reinos da Europa. A África ou a América do Norte e a do Sul são nomes que soam bem e facilmente pronunciáveis, mas só depois de ter velejado por semanas por pequenas partes de suas costas que se tem um entendimento completo dos vastos espaços que esses nomes implicam no nosso imenso mundo.

Ao ver o estado atual, é impossível não criar grandes expectativas em relação progresso futuro de quase um hemisfério inteiro. A marcha do progresso, resultado da introdução do Cristianismo pelo Mar do Sul, provavelmente não tem comparativos nos registros da história. Isso é ainda mais surpreendente quando lembramos que faz apenas sessenta anos que Cook, cujo excelente julgamento ninguém discute, previu não haver nenhuma perspectiva de mudança. Ainda assim, essas mudanças foram agora efetivadas pelo espírito filantrópico da nação britânica.

No mesmo quarto do mundo, a Austrália está prosperando ou de fato pode ser dito que já prosperou e se tornou um grande centro de civilização e que, em um período não muito distante, irá governar como uma imperadora sobre o hemisfério sul. É impossível para um inglês contemplar essas distantes colônias sem ser tomado por muito orgulho e satisfação. Içar a bandeira britânica parece resultar quase que de maneira direta em riqueza, prosperidade e civilização.

Em conclusão, parece-me que nada pode ser mais produtivo para um jovem naturalista do que uma jornada a países distantes. Uma viagem como esta tanto aguça como apura, como ressalta *Sir* J. Herschel, as experiências sensíveis de um homem diante da vida. A novidade dos objetos e a chance de sucesso o estimulam a um incremento nas atividades. Além disso, como alguns fatos isolados logo se tornam desinteressantes, o hábito de compará-los leva à generalização. Por outro lado, como um viajante fica pouco tempo em cada lugar, suas descrições geralmente consistem de meros esquemas, em vez de observações detalhadas. Assim surge, como descobri às minhas próprias custas, uma constante tendência a preencher os vazios de conhecimento através de hipóteses imprecisas e superficiais.

Entretanto, apreciei sobremaneira esta viagem para não recomendá-la a qualquer naturalista, embora não creia que ele tenha tanta sorte com seus companheiros como eu tive. De qualquer modo, recomendo que ele aproveite todas as oportunidades e que comece por terra, se possível, uma longa viagem. Ele pode estar seguro de que não vai encontrar dificuldades ou perigos exceto em casos raros que não serão tão ruins quanto ele possa imaginar. De um ponto de vista moral, o efeito deve ser ensiná-lo a ter uma paciência bem-humorada, a libertá-lo do egoísmo, a adquirir o hábito de agir por si próprio e de tirar o melhor de cada evento. Em resumo, ele deverá compartilhar as qualidades típicas da maioria dos marujos. Viajar também deverá ensiná-lo a desconfiar, mas ao mesmo tempo ele irá descobrir a grande quantidade de pessoas verdadeiramente bem intencionadas que existe com quem ele nunca tinha se comunicado ou nunca irá se comunicar novamente e que ainda assim estarão prontas para lhe oferecer a mais desinteressada ajuda.

IMPRESSÃO:

PALLOTTI
GRÁFICA

Santa Maria - RS | Fone: (55) 3220.4500
www.graficapallotti.com.br